广西审判实务与探索

2021年　第2辑　总第20辑

卢上需／主编

GUANGXI JUDICIARY
PRACTICE AND STUDIES

法律出版社
LAW PRESS·CHINA
北京

图书在版编目(CIP)数据

广西审判实务与探索. 2021 年. 第 2 辑 : 总第 20 辑 / 卢上需主编. -- 北京 : 法律出版社, 2021
ISBN 978-7-5197-6126-4

Ⅰ. ①广… Ⅱ. ①卢… Ⅲ. ①法院-审判-工作-研究-广西 Ⅳ. ①D926.22

中国版本图书馆 CIP 数据核字(2021)第 220023 号

广西审判实务与探索(2021 年第 2 辑)(总第 20 辑)
GUANGXI SHENPAN SHIWU YU TANSUO
(2021 NIAN DI 2 JI)(ZONG DI 20 JI)

卢上需 主编

责任编辑 慕雪丹 章 雯
装帧设计 汪奇峰

出版发行 法律出版社
编辑统筹 法商出版分社
责任校对 赵明霞
责任印制 胡晓雅
经　　销 新华书店

开本 710 毫米×1000 毫米 1/16
印张 18.5 **字数** 310 千
版本 2021 年 12 月第 1 版
印次 2021 年 12 月第 1 次印刷
印刷 固安华明印业有限公司

地址:北京市丰台区莲花池西里 7 号(100073)
网址:www.lawpress.com.cn
投稿邮箱:info@lawpress.com.cn
举报盗版邮箱:jbwq@lawpress.com.cn
销售电话:010-83938349
客服电话:010-83938350
咨询电话:010-63939796

书号:ISBN 978-7-5197-6126-4
定价:48.00 元
凡购买本社图书,如有印装错误,我社负责退换。电话:010-83938349

《广西审判实务与探索》编辑委员会

目　录

Contents

借贷纠纷等专题研究

相关指引性文件

卷首语

2019年我们首次尝试征稿、编辑、出版以商事审判为主题的专辑，开启了就广西商事审判重点疑难问题进行集体性思考、深层剖析以及归纳总结提炼抽象性规则的良好开端。承继着这样美好的开始，我们在今年年初继续有序推进这项工作，借助于本丛书所搭建的权威性、专业化平台，一以贯之地实践着此行的初心：强调理论探讨的重要性，激发干警对实务疑难问题展开理论研讨，通过理论共识来统一裁判尺度，通过理论统一来实现司法统一。

在围绕民商事审判相关问题进行研究的过程中，我们也进一步了解和认识广西商事审判的特点：金融领域纠纷仍然集中于以民间借贷为主的民间金融活动，金融借款纠纷次之，证券、期货、信托、票据、保险、信用证等常规类资本市场纠纷鲜少。与公司有关的纠纷集中于以有限责任公司为目标公司的股权投资和企业破产两大方面。该现象在一定程度上反映出我区资本市场发展缓慢、有限责任公司系主要的组织性市场经营主体、股权交易频繁、中小企业活跃度较高的经济样态。相应地，司法审判中，法院需要更加关注问题的基本面，如注重对参与主体尤其是自然人的合法权益的保护，对群体性问题的社会性效果的考量。同时，我们也必须在大多数的案件审理中坚持通过司法裁判倒逼企业、公司规范治理，发挥制度效能，积极发挥司法审判的指引作用，为营造长期稳定可预期的制度环境、激发各类市场主体的发展活力提供有力的司法保障。

民法典专题研究

坚持以习近平法治思想指导司法实践，正确实施《民法典》，更好保障人民权益

黄海龙*

《民法典》的颁布实施具有重大时代意义。2021 年是《民法典》正式实施的第一年，广西法院要坚持以习近平法治思想为指导，正确实施《民法典》，着力提高运用《民法典》保障人民权益、化解矛盾纠纷、维护社会稳定、服务经济高质量发展的能力水平，以法治力量树一方正气、促一方发展、保一方平安，为加快建设壮美广西、共圆复兴梦想提供有力的司法服务和保障，以优异成绩庆祝中国共产党百年华诞！

一、弘扬法治精神，自觉把社会主义核心价值观融入审判执行工作实践中

习近平总书记提出，要弘扬和践行社会主义核心价值观，把社会主义核心价值观融入法治国家、法治政府、法治社会建设全过程。党的十九届五中全会和《法治社会建设实施纲要》明确提出，要用法律权威来增强人们弘扬和践行社会主义核心价值观的自觉性。最高人民法院印发的《关于深入推进社会主义核心价值观融入裁判文书释法说理的指导意见》明确了法官运用社会主义核心价值观释法说理的方向和方法。

* 黄海龙，广西壮族自治区高级人民法院党组书记、院长。

《民法典》是贯彻落实习近平法治思想的重要制度支撑，是社会主义核心价值观的立法表达，通篇贯穿着弘扬社会主义核心价值观的法典精神。一是全面保护民事主体权利，促进人的全面发展，彰显法典的人民立场和人文关怀；二是维护社会公平正义，定分止争、明辨是非、惩恶扬善；三是始终坚持平等保护，坚持法律地位一律平等，依法维护各类主体合法权益；四是尊重意思自治，鼓励交易、促进发展，充分发挥市场在资源配置中的决定性作用；五是坚持绿色原则，贯彻绿色发展理念，惩治环境污染、保护生态资源；六是坚持与时俱进，回应时代需求，促进科技发展进步。《民法典》从立法目的到基本原则、再到篇章结构以及具体条文，都浸润了社会主义核心价值观的要求，承载着引导规范人们践行社会主义核心价值观的重要使命。

在贯彻实施《民法典》实践中，广西法院要深入贯彻坚持依法治国与以德治国相结合的要求，充分发挥司法的教育、评价、指引、规范功能，体察国法天理人情，遵循常识常情常理，用社会主义核心价值观指导裁判说理，用法治力量引导人民群众向上向善，让司法有力量、有是非、有温度，深入人心。要准确把握《民法典》中平等保护、意思自治、契约精神、鼓励交易、绿色发展等重要原则理念，坚持系统观念与法治思维，深入理解蕴含在具体条文、逻辑结构、篇章体系中的规范目的与价值导向，努力提升对《民法典》的系统性、全局性、实质性理解；要提升法官在多元价值冲突中的评判能力、在复杂利益平衡时的裁量水平，依据《民法典》立法精神、法律原则、法律规定以及社会主义核心价值观进行判断、选择和权衡，确定适用于个案的价值导向与说理方向，切实推动司法公平正义观转化为社会公众的感情认同和行为习惯；要提高优化释法说理的方式方法，注重规范运用文义解释、逻辑解释、体系解释、目的解释和历史解释等方法，使用简洁达意、深入浅出的语言，讲求繁简得当、焦点突出，适当运用"接地气"的生活语言，不断提升司法裁判的法律认同、社会认同和情理认同。

二、坚持以人民为中心，在家事审判中充分发挥《民法典》维护和谐家庭关系功能

坚持以人民为中心是习近平法治思想的重要内容。《民法典》是坚持以人民为中心、实现人民对美好生活向往的重大法治保障，全面保护人民群众的财产权利与人身权利，调整规范社会经济生活中的各类民事关系，为维护和谐稳定的家庭关系起到规范保障作用。《民法典》通过明确对妇女、未成年人、老年人、残疾人等倾斜保护，明令禁止包办买卖婚姻、禁止有配偶者与他人同居、禁止家庭暴力等不良行为，促进形成平等和谐文明的家德家风；通过明确规范夫妻间的扶养义务、父母对子女的抚养义

务、子女对父母的赡养义务等,有效保障家庭关系有序安宁;通过建立离婚冷静期制度,有效倡导尊重婚姻、珍惜感情的婚姻价值观;通过完善对继承人的宽恕制度,促使继承人之间保持和睦良好的亲情关系;通过明确夫妻共债认定标准与举证责任问题,切实维护婚姻家庭成员的基本财产与物质基础。总之,《民法典》立足维护人民群众合法权益,着力解决婚姻家庭、继承领域出现的新情况新问题,为人民法院做好家事审判工作提供了重要裁判依据。

近年来,广西壮族自治区高级人民法院(以下简称广西高院)坚持以人民为中心,打造家事审判广西品牌取得新进展新成效。加强专业化建设,组建家事合议庭、少年审判团队,建立客厅式家事法庭、圆桌少年法庭、家事调解室,聘任家事调查员、调解员、心理专家等;完善多元解纷机制,把家事纠纷纳入一站式多元解纷和诉讼服务体系建设,推动建立各方参与的诉调对接与联席会议机制,坚持司法办案与社会管理、学校教育、家庭支持相融合;深化家事审判改革向人民法庭延伸,完善集中审理与法庭就地审理有机结合,在法庭成立家事案件审理中心,在社区村屯设立家事纠纷联络站、维权岗,将家事纠纷化解工作向基层延伸覆盖。在今后司法实践中,广西法院将坚持以人民为中心的发展思想,在司法审判中更加注重把依法保障人民权益的根本目标与《民法典》维护家庭成员人身与财产权益的作用结合起来,把增强人民群众获得感、幸福感、安全感的使命与《民法典》倡导平等和谐文明的家德家风结合起来,把积极回应人民群众新要求、新期待与《民法典》对妇女儿童老人等倾斜保护的人文关怀结合起来,把人民法院家事审判改革与《民法典》的制度创新与完善结合起来,把家事审判工作与《民法典》所体现的家事审判规律结合起来,依法妥善审理家事案件,充分发挥《民法典》维护和谐家庭关系功能,用法治保障人民安居乐业。

三、贯彻“两山”理念,在环境资源审判中准确适用《民法典》绿色原则

习近平总书记提出“绿水青山就是金山银山”的发展理念,是习近平生态文明思想的重要内容,为实现发展和保护协同共生指明了方向。《民法典》的绿色原则与规则进一步完善了生态文明领域的法治体系。《民法典》在总则编创设“绿色原则”作为民法典基本原则,并在物权、合同、侵权责任等分编予以系统贯彻。一是明确规定环境污染和生态破坏责任,新增规定惩罚性赔偿责任,创设生态环境损害修复责任,这些是绿色发展理念在分编中最直接、最集中的体现;二是将节约资源、保护生态作为基本的物权规则与合同规范,尽可能充分发挥物的效用、合理开发利用资源,同时避免浪费资源、污染环境和破坏生态,等等。人民法院在审判执行特别是生态环境资

源审判中实施好《民法典》相关规定，是深入贯彻落实“两山”理念的重要抓手，是人民法院为可持续发展贡献司法智慧与力量的重要途径。

近年来，广西法院深入贯彻落实习近平生态文明思想和习近平总书记对广西工作的重要指示精神，积极服务打好污染防治攻坚战，强化自然保护区巡回法庭职能，落实跨省跨域环保司法协作机制，支持环境公益诉讼制度，完善生态环境损害赔偿制度，深化生态环境资源审判体制机制改革，加强司法保护专业化建设，为把广西生态优势转变为发展优势、走出具有广西特色的绿色发展道路提供了有力司法保障。下一步，广西法院要树牢“两山”理念，全面贯彻《民法典》“绿色原则”，坚持系统治理，加强与广东、湖南、贵州、云南等周边跨省区流域联防联控司法协作，主动融入党委领导、政府主导、企业主体、社会组织和公众参与的现代环境治理体系，推进环资民事、行政、刑事责任有机衔接，全方位打造环资审判新格局。要贯彻实施好《民法典》关于节约资源、合理利用、保护环境等“绿色”条款，在物权、合同、承包等纠纷案件中明确“绿色”法定义务，在案件释法说理中引导当事人“绿色”履约、“绿色”行权、“绿色”消费等，不断通过以案说法、发布典型案例或白皮书、召开新闻发布会等形式宣传《民法典》“绿色”条款及相关法律法规，不断推动“两山”理念、“绿色原则”转化为社会公众的意识共识常识以及行为习惯。要贯彻适用好《民法典》关于破坏生态环境的惩罚、索赔、修复责任，妥善适用惩罚性赔偿责任严惩污染环境、破坏生态等违法行为，健全完善生态环境损害鉴定、技术查明等制度，积极运用环境禁止令、补种复绿、增殖放流、替代修复等裁判方式，做到惩治违法、修复生态、赔偿损失“一判三赢”，以有力司法守护绿水青山。

《民法典》与破产法的衔接与协调

王欣新*

摘要:《民法典》自2021年1月1日起施行,《民法典》的部分规定直接或间接涉及破产问题,影响到对破产法的理解与实施。文章从担保物权和合同方面对《民法典》与《企业破产法》的协调与衔接进行研究,并提出完善和实施建议。《民法典》关于最高额抵押债权确定时点以及动产浮动抵押财产范围确定时点的规定,在适用于破产案件时应考虑其特别需要进行调整,以破产申请受理而不是破产宣告作为确定时点。《民法典》对保证合同如一般保证人先诉抗辩权等增加的内容,有助于破产法顺利实施,但对多个保证人间无约定保证份额时,已经承担保证责任的保证人是否有权请求其他保证人清偿相应份额问题,还应予以明确,以便统一实施。《民法典》对委托合同终止的规定,为破产案件中管理人的合同选择履行权对委托合同是否适用提供了解决原则。《民法典》对所有权保留买卖合同中出卖人取回标的物条件和买受人已支付价款处理的规定,较最高人民法院《关于适用〈中华人民共和国企业破产法〉若干问题的规定(二)》(以下简称《破产法解释二》)的规定更为公平合理,应对破产法进行相应修正。

2020年5月28日,《民法典》经第十三届全国人民代表大会第三次会议通过,自2021年1月1日起施行。由于在《民法典》的编纂中未纳入破产法、公司法等商事法律,这些法律将继续独立存在,且在《民法

---

* 王欣新,中国人民大学法学院教授、博士生导师,中国人民大学破产法研究中心主任。

典》施行后将作为优先适用的特别法发挥重要的社会调整作用，所以对原有民事法律中涉及商法的内容，《民法典》在编纂时除从民事角度认为确需添补和调整的之外，没有作过多新的规定，对直接或间接涉及企业破产问题或破产法内容的条款也是如此处理。《民法典》是对当事人在常态下民事权利义务进行调整的基础法律，破产法的许多规定均是在其基础上制定的，但由于破产法是专适用于陷入非常态的债务破产困境者的特别法，其中的诸多权利义务必须针对破产法的特殊适用需要作出调整。有些权利义务的重要内容与行使方式不仅与民事权利义务有所不同，与其他商法上的相关规定也有差异，如破产法关于撤销权、抵销权、保证担保及担保物权的规定等。所以《民法典》中的一些一般性规定在破产程序中是不适用的，而对那些关系到破产法理解与实施的相关规定，也需要从破产法的角度进行解读与分析，对其中存在的个别不协调之处仍有必要进行调整。本文重点分析《民法典》在担保物权和合同方面的规定与我国现行破产法相关规定的衔接与协调，并提出进一步的完善和实施建议。

一、最高额抵押债权与动产浮动抵押财产范围的确定时点问题

（一）最高额抵押债权的确定时点

《民法典》设置有最高额抵押制度，其第420条规定，“为担保债务的履行，债务人或者第三人对一定期间内将要连续发生的债权提供担保财产的，债务人不履行到期债务或者发生当事人约定的实现抵押权的情形，抵押权人有权在最高债权额限度内就该担保财产优先受偿。最高额抵押权设立前已经存在的债权，经当事人同意，可以转入最高额抵押担保的债权范围”。最高额抵押在设置时其抵押债权的范围和总额是尚不确定的，所以《民法典》第423条对最高额抵押债权的确定时点进行了具体规定，“有下列情形之一的，抵押权人的债权确定：（一）约定的债权确定期间届满；（二）没有约定债权确定期间或者约定不明确，抵押权人或者抵押人自最高额抵押权设立之日起满二年后请求确定债权；（三）新的债权不可能发生；（四）抵押权人知道或者应当知道抵押财产被查封、扣押；（五）债务人、抵押人被宣告破产或者解散；（六）法律规定债权确定的其他情形”。此条中对抵押权人债权确定情形的规定除第5项外均是合理的，而涉及破产的第5项规定，即“债务人、抵押人被宣告破产”时抵押权人的债权确定，则存在不妥。

尤其是根据《企业破产法》的规定，破产法发生效力的起始时点，是破产程序启

动,即破产申请受理时。所以,破产债权范围的确定[1]、破产债权的申报[2]、债务人财产范围的确定[3]、个别清偿的中止[4]、管理人对债务人财产和营业事务的接管[5]、管理人对双方均未履行完毕合同的选择履行权的行使等[6],均以破产案件的受理为时点。《企业破产法》中涉及以破产宣告为时点的规定,仅有第107条第2款的规定。[7] 也就是说,破产宣告仅表明对债务人的破产清算程序已经进行到了不可逆转的阶段,同时对此前已经确定存在的债权和财产的称谓予以调整,对各方利害关系人而言,并不存在实质性权利义务的产生或变更。所以,对最高额抵押债权的确定,也应当以债务人或者抵押人进入破产程序时,即破产申请受理时为时点,而不能以债务人、抵押人被宣告破产时作为时点,这是保障破产法正常实施的基本要求。

《民法典》将"债务人、抵押人被宣告破产"作为最高额抵押权人债权的确定时点,与《企业破产法》的规定、原则和实践需要均不相符,存在以下问题。

第一,严重影响最高额抵押债权人的债权申报及相关破产程序的进行。《企业破

[1] 《企业破产法》第44条规定:"人民法院受理破产申请时对债务人享有债权的债权人,依照本法规定的程序行使权利。"

[2] 《企业破产法》第45条规定:"人民法院受理破产申请后,应当确定债权人申报债权的期限。债权申报期限自人民法院发布受理破产申请公告之日起计算,最短不得少于三十日,最长不得超过三个月。"

[3] 《企业破产法》第30条规定:"破产申请受理时属于债务人的全部财产,以及破产申请受理后至破产程序终结前债务人取得的财产,为债务人财产。"

[4] 《企业破产法》第16条规定:"人民法院受理破产申请后,债务人对个别债权人的债务清偿无效。"

[5] 《企业破产法》第17条规定:"人民法院受理破产申请后,债务人的债务人或者财产持有人应当向管理人清偿债务或者交付财产。"第20条规定:"人民法院受理破产申请后,已经开始而尚未终结的有关债务人的民事诉讼或者仲裁应当中止;在管理人接管债务人的财产后,该诉讼或者仲裁继续进行。"第25条规定:"管理人履行下列职责:(一)接管债务人的财产、印章和账簿、文书等资料;(二)调查债务人财产状况,制作财产状况报告;(三)决定债务人的内部管理事务;(四)决定债务人的日常开支和其他必要开支;(五)在第一次债权人会议召开之前,决定继续或者停止债务人的营业;(六)管理和处分债务人的财产;(七)代表债务人参加诉讼、仲裁或者其他法律程序;(八)提议召开债权人会议;(九)人民法院认为管理人应当履行的其他职责。本法对管理人的职责另有规定的,适用其规定。"

[6] 《企业破产法》第18条规定:"人民法院受理破产申请后,管理人对破产申请受理前成立而债务人和对方当事人均未履行完毕的合同有权决定解除或者继续履行,并通知对方当事人。管理人自破产申请受理之日起二个月内未通知对方当事人,或者自收到对方当事人催告之日起三十日内未答复的,视为解除合同。管理人决定继续履行合同的,对方当事人应当履行;但是,对方当事人有权要求管理人提供担保。管理人不提供担保的,视为解除合同。"

[7] 《企业破产法》第107条第2款规定:"债务人被宣告破产后,债务人称为破产人,债务人财产称为破产财产,人民法院受理破产申请时对债务人享有的债权称为破产债权。"

产法》明确规定，在破产案件受理后，而不是破产宣告后，债权人就必须在人民法院规定的债权申报期间内申报债权，而申报与确认债权的基本要求之一就是债权数额必须确定。司法实践中，即使是破产清算案件，在案件的受理与破产宣告的作出之间，同样需要先行完成诸多相关工作，要间隔较长的期间。《全国法院破产审判工作会议纪要》(以下简称《破产审判会议纪要》)第 23 条规定："人民法院受理破产清算申请后，第一次债权人会议上无人提出重整或和解申请的，管理人应当在债权审核确认和必要的审计、资产评估后，及时向人民法院提出宣告破产的申请。"《企业破产法》第 62 条第 1 款规定："第一次债权人会议由人民法院召集，自债权申报期限届满之日起十五日内召开。"因此，人民法院原则上是在债权申报期满、第一次债权人会议召开后，且管理人完成对债权审核确认和必要的审计、资产评估工作，并提出宣告破产申请时，才作出宣告破产裁定。这些工作的一个基础条件，就是必须以破产申请受理为债权数额确定的时点。但按照《民法典》的上述规定，破产案件受理时抵押权人的债权尚不允许得到确定，所以抵押债权人是无法在破产案件受理时法院就已经规定的债权申报期间内及时、正常地申报债权的，管理人当然也就更无法及时进行全面的债权审核确认等工作，其他相关破产程序都难以顺利进行。

第二，损害最高额抵押债权人的合法权益。《企业破产法》第 44 条规定："人民法院受理破产申请时对债务人享有债权的债权人，依照本法规定的程序行使权利。"最高额抵押债权人在法院受理破产申请时对债务人享有债权，有权依照破产法规定的程序行使权利。根据《企业破产法》第 56 条的规定，"债权人未依照本法规定申报债权的，不得依照本法规定的程序行使权利"。该条还规定，"在人民法院确定的债权申报期限内，债权人未申报债权的，可以在破产财产最后分配前补充申报；但是，此前已进行的分配，不再对其补充分配。为审查和确认补充申报债权的费用，由补充申报人承担"。据此，若依《民法典》的上述规定，最高额抵押债权人在破产宣告之前因债权不符合确定条件，无法申报债权，在这阶段的破产程序中便不能行使任何权利，如不能参加债权人会议，不能行使表决权等。虽然最高额抵押债权人可以在破产宣告作出后补充申报债权，但因此产生的所有不利后果，如对此前已进行的分配不再补充分配、承担为审查和确认补充申报债权的费用等，均要由无辜的债权人承受，这显然是不公平、不公正的。

第三，损害最高额抵押债权人的担保债权可以及时受偿的权利。《破产审判会议纪要》第 25 条规定："在破产清算和破产和解程序中，对债务人特定财产享有担保权的债权人可以随时向管理人主张就该特定财产变价处置行使优先受偿权，管理人应及时变价处置，不得以须经债权人会议决议等为由拒绝。但因单独处置担保财产会降低其他破产财产的价值而应整体处置的除外。”据此，最高额抵押债权人作为担保债权人，在破产清算和破产和解程序中，是可以随时向管理人主张就该特定财产变价处置行使优先受偿权的。据此，在破产申请受理后，最高额抵押债权人权利行使的时间与法院是否作出破产宣告是完全没有对应关系的。而依《民法典》的上述规定，最高额抵押债权人因在破产宣告之前债权不能得到确定，无法行使任何权利，尤其是最为重要的债权及时受偿的权利，这会给其权利的保障与实现造成严重的风险。

第四，我国《企业破产法》中规定的破产程序包括清算、重整与和解三种。在由当事人直接申请启动或者通过清算程序转换申请启动的重整程序或者和解程序中，一直到破产程序依法终结，债权清偿完毕，根本就不存在对进入破产程序的债务人、抵押人作出破产宣告的情况。但是，最高额抵押债权的数额在重整与和解程序启动时也必须及时确定，方能保障债权人在重整计划与和解协议中得到清偿，保障其各项权利能够得到顺利行使，保障重整与和解程序的顺利进行。如果以债务人、抵押人被宣告破产作为确定抵押担保债权范围和数额的时点，由于这一时点在重整与和解程序中依法是根本不可能存在的，必然造成本来在司法实践中不存在问题的最高额抵押债权的确定，反而由于《民法典》的规定陷入无法解决的难堪状态。[1]

第五，《民法典》规定，最高额抵押债权人的债权只有在破产宣告时才能得到确定。也就是说，即使债务人、抵押人已经进入破产程序，但在法院作出破产宣告之前，债权人的最高额抵押债权仍处于不确定状态，在法律上仍允许继续发生变动。所谓变动，既包括抵押债权数额可能因新债权的继续发生而增加，也包括债权数额因对已有债权的个别清偿而减少，即个别清偿是不停止的。这也是正常的破产程序所不可想象、不能允许的。前文指出，《破产审判会议纪要》允许担保债权人在清算程序中随时向管理人主张就其享有担保权的特定财产变价处置行使优先受偿权的。此外，债务人也可以通过清偿债务赎回担保物。在担保债权数额因这种个别清偿而减少的同时，担保物上负担的债务数额也会相应减少，因此使原担保物可用于清偿无担保债权人的财产部分增加。所以，对最高额抵押之外的其他类型担保物权而言，这种个别清偿是不会对担保债权人的自身权益和其他债权人尤其是无担保的普通债权人的利益造成不利影响的。但是最高额抵押则有不同，抵押债权人的担保物是确定的，但是其抵押债权在得到确定之前，数额却是不确定的，所以最高额抵押债权的数额可能会低

---

〔1〕 王欣新：《谈民法典各分编编纂中与破产法的正确衔接》，载《人民法院报》2018年10月17日，第7版。

于也可能会高于担保物的市价。当最高额抵押债权的数额高于担保物的市价时，就可能出现在破产案件受理时因抵押债权尚不确定，而且仍允许对债权人进行个别优先清偿，等到破产宣告作出时，其原超过担保物市价不应享有担保权的债权却在破产案件受理后的期间错误地得到优先清偿，使原应用于清偿无担保债权人的部分财产被吞噬，从而损害无担保债权人的权益。

此外，《民法典》第 420 条规定，“最高额抵押权设立前已经存在的债权，经当事人同意，可以转入最高额抵押担保的债权范围”。此项规定也不能适用于破产程序。《企业破产法》第 31 条明确规定，人民法院受理破产申请前 1 年内，对原没有财产担保的债务提供财产担保的，管理人有权请求人民法院予以撤销。而在破产法规定的撤销期间内，将最高额抵押权设立前已经存在的无担保债权转入最高额抵押担保的债权范围，属于对原没有财产担保的债务提供财产担保，将损害其他债权人的利益，即使当事人同意也不能允许，否则应当由管理人依法予以撤销。

（二）动产浮动抵押财产范围的确认时点

《民法典》第 411 条规定：“依据本法第三百九十六条规定设定抵押的，抵押财产自下列情形之一发生时确定：（一）债务履行期限届满，债权未实现；（二）抵押人被宣告破产或者解散；（三）当事人约定的实现抵押权的情形；（四）严重影响债权实现的其他情形。”

《民法典》第 396 条规定了动产浮动抵押问题。[1] “浮动抵押，是指企业以其全部资产包括现在的和将来可以取得的全部资产为标的设定抵押”[2] 的担保制度。“由于动产浮动抵押是不以特定的动产作为担保标的物，因此只有因担保权的实行、债务人违约、约定事件、企业合并或企业破产等确定事由发生而转换为特定担保，才以抵押人当时拥有的全部动产特定为抵押物，抵押权人对于浮动抵押确定时属于抵押人的全部财产，享有优先于其他债权人受偿的权利。浮动抵押在担保事由确定或者抵押权实现前，提供担保的财产处于浮动状态进行流动，各个财产不受担保权的支配。”所以，动产浮动抵押中担保财产范围的确认时点，对当事人权利义务的实现和尤其是抵押债权人权利的保障具有重要的意义。但是，《民法典》第 411 条对动产浮动

〔1〕《民法典》第 396 条规定：“企业、个体工商户、农业生产经营者可以将现有的以及将有的生产设备、原材料、半成品、产品抵押，债务人不履行到期债务或者发生当事人约定的实现抵押权的情形，债权人有权就抵押财产确定时的动产优先受偿。”

〔2〕最高人民法院物权法研究小组编著：《〈中华人民共和国物权法〉条文理解与适用》，人民法院出版社 2007 年版，第 542 页。

抵押担保财产范围的确定时点为破产宣告时的规定，与其第423条对最高额抵押债权数额确定时点的规定存在类似的问题，均有不妥之处。

第一，根据《企业破产法》的相关规定和基本原则，在动产浮动抵押的情况下，应当以抵押人破产案件受理时，作为对其浮动抵押担保的财产范围特定化的确定时点。以抵押人被宣告破产作为确定抵押担保财产范围的时点，与破产法的基本原理和实践需要是相背离的。如前所述，《企业破产法》明确规定破产程序的启动以破产申请（包括清算申请、和解申请、重整申请）的受理为时点。破产程序的启动直接影响到各方当事人的权利和义务以及其行使方式等，破产程序的各项特殊法律效力也是自这一时点发生，尤其是债务人财产的范围和债权的范围与数额原则上均是以破产申请受理时作为确定与权利行使的时点[1]。确认用于浮动抵押的债务人的担保财产范围自然也应当遵循这一基本原则。在债务人财产范围确定的同时，其财产中用于浮动抵押的担保财产范围也应当随之区分确定，而不能再以抵押人被宣告破产这一与破产程序启动和财产范围确定无关的时点作为确定标准。此外，在重整程序与和解程序中，根本就不存在对抵押人的破产宣告，这将使动产浮动抵押担保财产的范围自始至终都无法确认，使抵押债权人的权利无法正常实现，破产程序也难以顺利进行。此点在前文中已经论及，不再赘述。

第二，《民法典》的前述规定使动产浮动抵押的担保财产范围在破产案件受理后至法院作出破产宣告的期间内无法确定，也就是说，债务人的动产仍处于非特定化的浮动变化状态，对各项财产的处分也不受担保权的限制，无法实现对抵押权人以特定化财产担保的效果。根据动产浮动抵押的基本法律特征，当债务人的动产处于浮动状态时是允许发生变化的，即未来用于抵押的动产可能会增加或减少，如管理人将动产变现用于支付各种费用、清偿浮动抵押权人以外的债权人，或者以货币购入新的动产，从而影响到抵押权人和其他利害关系人的利益。

有观点认为，破产受理后到破产宣告之前抵押财产范围仍可变化，管理人可将相关财产作为非抵押财产进行处置，这是一种不应存在的误读。因为《民法典》第411条第1项规定，债务履行期限届满，债权未实现属于浮动抵押财产确定事由之一。根据《企业破产法》第46条的规定，未到期的债权，在破产申请受理时视为到期。因此，

---

〔1〕《企业破产法》第30条规定："破产申请受理时属于债务人的全部财产，以及破产申请受理后至破产程序终结前债务人取得的财产，为债务人财产。"第44条规定："人民法院受理破产申请时对债务人享有债权的债权人，依照本法规定的程序行使权利。"

不必等到抵押人被人民法院作出破产宣告后才确定浮动抵押财产范围，而应在破产案件受理后，根据债权的到期或提前到期的规定，即可确定浮动抵押的财产范围。

这种观点是对《民法典》第411条的曲解，是不能成立的。如果按照此种观点，无论浮动抵押债权人的债权是否到期，在破产申请受理时依据《民法典》或《企业破产法》的规定，均应视为“债务履行期限届满，债权未实现”，并据此确定浮动抵押的财产范围。这一推论将破产案件受理时未到期的浮动抵押债权，通过破产法的加速到期规定解释为属于《民法典》第411条第1项规定的“债务履行期限届满，债权未实现”，这与立法本意不符。因为该项规定中的“期限届满”，明显是指在浮动抵押合同中约定的“债务履行期限届满”，而不包括因破产程序启动的加速到期情况，否则该项规定就应当直接而明确地规定，“在破产申请受理时债权未实现，无论其债务履行期限是否届满”，抵押财产的范围均应当确定。但若如此规定就是公开承认应当以破产申请受理时作为浮动抵押担保财产范围确定的时点，明显与该条第2项以“抵押人被宣告破产”时确定浮动抵押财产范围的规定自相矛盾。关键是按照这一逻辑，《民法典》第411条第2项规定中的“抵押人被宣告破产”就不存在任何可能适用的情况了，完完全全变成了一句废话，显然这不符合《民法典》的立法本意。其实如果联系到《民法典》第423条对最高额抵押债权应当在破产宣告时确定的规定，就可以看出这两条规定采纳的标准是完全相同的，而第411条第2项规定的本意就是指在破产程序启动后，只有法院作出了破产宣告裁定浮动抵押财产的范围才可以确定，与未到期债权是否加速到期无关。

对最高额抵押债权和浮动抵押财产范围确定的时点问题，在《民法典》的编纂制定过程中，笔者曾通过参与立法者以书面方式向立法部门反映，还在《人民法院报》上发表了一篇文章谈这些规定中存在的问题。但可能是由于民法和破产法专业研究领域的差异，加之有的参与《民法典》立法的人对破产法的理论与实践问题并不了解，上述观点未能得到采纳。

二、保证合同与破产法的关系

《民法典》将原《担保法》中的“保证”担保纳入合同编调整，同时对保证合同中需要增加和修改的内容作出相应调整，其中部分内容也直接或间接涉及破产法适用的相关问题，需要对之从破产法的角度进行解读与分析。

（一）保证合同的一般规定

《民法典》第681条规定：“保证合同是为保障债权的实现，保证人和债权人约定，当债务人不履行到期债务或者发生当事人约定的情形时，保证人履行债务或者承担责任的合同。”这一规定与原《担保法》第6条的规定相比较，对保证人应当承担保证责任的情形增加了一项“发生当事人约定的情形”。这一修改具有重要的意义，有助于使保证合同的内容更为精准地体现当事人的订立目的，同时可能使企业破产时的保证责任问题可以得到更为灵活、适当的解决。例如，《民法典》规定债务人不履行到期债务，债权人可以追究保证人的保证责任，但对债务尚未到期时主债务人就已经明显丧失清偿能力，又未进入破产程序的，能否请求保证人提前履行保证责任未作规定。所以如果债权人认为需要及时维护权利，可以在保证合同中约定，当债务未到期时，债务人丧失清偿能力、发生破产原因，但又因种种原因未能及时进入破产程序的，保证人的保证责任加速到期，包括相应取消一般保证人的先诉抗辩权，提前向债权人履行未到期的保证责任，从而更好地保障债权人的正当权益。

《民法典》第686条规定：“保证的方式包括一般保证和连带责任保证。当事人在保证合同中对保证方式没有约定或者约定不明确的，按照一般保证承担保证责任。”而原《担保法》第19条规定，当事人对保证方式没有约定或者约定不明确的，按照连带责任保证承担保证责任。显然，《民法典》规定对保证方式无约定或者约定不明时按照责任孰轻原则推定更为合理。这一对保证责任推定的修改必然会影响到破产程序中对保证人责任的认定与追究，尤其是涉及债务人或保证人进入破产程序时对一般保证人先诉抗辩权的处理。

就一般保证人的先诉抗辩权问题，《民法典》第687条规定，“当事人在保证合同中约定，债务人不能履行债务时，由保证人承担保证责任的，为一般保证。一般保证的保证人在主合同纠纷未经审判或者仲裁，并就债务人财产依法强制执行仍不能履行债务前，有权拒绝向债权人承担保证责任，但是有下列情形之一的除外：（一）债务人下落不明，且无财产可供执行；（二）人民法院已经受理债务人破产案件；（三）债权人有证据证明债务人的财产不足以履行全部债务或者丧失履行债务能力；（四）保证人书面表示放弃本款规定的权利”。

对本条规定中“就债务人财产依法强制执行仍不能履行债务”情节的认定，以法院作出对债务人终结本次执行的裁定书为标准较为明确和适宜。在此需注意的是立法对应取消一般保证人先诉抗辩权各项情形的补充和修改。立法对第1项情形规定的文字进行了调整，以“债务人下落不明，且无财产可供执行”，替换了原《担保法》“债务人住所变更，致使债权人要求其履行债务发生重大困难的”规定，将人之“住所”的变更，改变为人之“下落不明”，对实现债务发生重大困难的表述更为准确，涵盖的范围也得到适当合理扩张,避免了债务人住所未变而人已下落不明,却无法取消一般保证人先诉抗辩权的尴尬局面。第 2 项中,将原《担保法》规定中"人民法院受理债务人破产案件"后面的"中止执行程序的"半句赘语删除,因为人民法院已经受理债务人破产案件时,依法就应当中止执行,不必再予重复。最为重要的是增加了应取消一般保证人先诉抗辩权情形的第 3 项规定,"债权人有证据证明债务人的财产不足以履行全部债务或者丧失履行债务能力"。增加规定此种情况的实践意义在于,有时候债务人事实上已经发生破产原因,丧失履行债务能力,但又因种种当事人主观或社会客观原因而未进入破产程序,此时如继续维持一般保证人的先诉抗辩权,则不利于对债权人权益的及时保护,所以立法规定此时也应取消一般保证人的先诉抗辩权。

此外,本条规定仅指明在"人民法院已经受理债务人破产案件"的情况下,一般保证人的先诉抗辩权应予以取消,但是对"人民法院已经受理保证人破产案件"时,一般保证人的先诉抗辩权应否取消未作规定,应当说这是一个疏漏。最高人民法院《关于适用〈中华人民共和国企业破产法〉若干问题的规定(三)》第 4 条第 2 款规定:"主债务未到期的,保证债权在保证人破产申请受理时视为到期。一般保证的保证人主张行使先诉抗辩权的,人民法院不予支持,但债权人在一般保证人破产程序中的分配额应予提存,待一般保证人应承担的保证责任确定后再按照破产清偿比例予以分配。"据此,在此种情况下,一般保证人的先诉抗辩权也应予以取消。既然在《民法典》中对债务人破产时应取消先诉抗辩权已经作有规定,那么对保证人破产也应取消先诉抗辩权同样应当作出明确规定,以保障破产法的顺利实施。

《民法典》第 690 条规定:"保证人与债权人可以协商订立最高额保证的合同,约定在最高债权额限度内就一定期间连续发生的债权提供保证。最高额保证除适用本章规定外,参照适用本法第二编最高额抵押权的有关规定。"但如前文所述,《民法典》关于最高额抵押权的债权确定时点的规定是存在不妥之处的,会影响破产程序的正常进行。所以,对最高额保证的债权数额确定时点,应当为债务人、保证人进入破产程序时,即破产申请受理时,而不能以债务人、保证人被宣告破产时作为保证债权确定时点,否则就会发生同样的错误。

(二)保证责任

《民法典》第 698 条规定:"一般保证的保证人在主债务履行期限届满后,向债权人提供债务人可供执行财产的真实情况,债权人放弃或者怠于行使权利致使该财产不能被执行的,保证人在其提供可供执行财产的价值范围内不再承担保证责任。"此条规定在债务人进入破产程序后不能再适用。因为在破产程序中债务人的全部财产将用于对所有债权人共同公平清偿,而不能再单独向保证人担保债务的某一债权人个别清偿。所以,即使一般保证的保证人向债权人或法院提供了债务人财产的真实情况,由于这些财产不可能再用于对其保证担保的债权人个别执行,故不能再以此为由免除保证人的保证责任。

《民法典》第701条规定:"保证人可以主张债务人对债权人的抗辩。债务人放弃抗辩的,保证人仍有权向债权人主张抗辩。"此条规定在破产程序中应当继续适用。为此,破产法应当明确规定保证人也有权参加对破产债权的核查,并可以主张债务人对债权人的抗辩。在目前的司法实践中,保证人的此项权利往往被忽视,不允许其参加债权核查程序主张抗辩。而此时的债务人因财产不足以清偿全部债务,债务是否存在、数额多少不影响其实际利益,已经丧失对债务的抗辩动力,这就可能使保证人的权利和利益在债务人消极放弃抗辩的情况下受到损害,并可能失去适当的救济渠道。

《民法典》第699条规定:"同一债务有两个以上保证人的,保证人应当按照保证合同约定的保证份额,承担保证责任;没有约定保证份额的,债权人可以请求任何一个保证人在其保证范围内承担保证责任。"这一规定本身是正确的,但是联系到原《担保法》的有关规定,《民法典》此条的实施可能在实践中出现适用上的副作用问题。原《担保法》第12条规定:"同一债务有两个以上保证人的,保证人应当按照保证合同约定的保证份额,承担保证责任。没有约定保证份额的,保证人承担连带责任,债权人可以要求任何一个保证人承担全部保证责任,保证人都负有担保全部债权实现的义务。已经承担保证责任的保证人,有权向债务人追偿,或者要求承担连带责任的其他保证人清偿其应当承担的份额。"《民法典》在编纂时,删除了原《担保法》中同一债务有两个以上保证人的,"没有约定保证份额的,保证人承担连带责任","已经承担保证责任的保证人,有权向债务人追偿,或者要求承担连带责任的其他保证人清偿其应当承担的份额"的内容,这就使对保证份额无约定的各保证人之间有无追偿权的问题失去了明确的处理法律依据,在实践中可能会出现争议。

如果上述《民法典》对原《担保法》内容的删除,可以理解为已经承担保证责任的保证人,无权要求其他保证人分担其清偿的份额(笔者认为如此理解应当是立法本意),由此产生的保证责任承担的随机性巨大差异难免会使保证人产生各种寻租行为,以获取利益。如贿赂债权人不向其追究保证责任,或在法院作出判决后贿赂执行法官不在多个执行对象中选择其执行,进而影响正常的市场经济秩序。对保证人之间有无追偿权的两种处理方式均有其一定的合理性,但无论立法选择何种解决方式,对因此而可能产生的衍生问题与负面影响，必须在法律上预先设计好防范和解决措施，否则就可能出现新的法律困境。

三、《民法典》其他合同规定与破产法的关系

（一）委托合同

委托合同是委托人和受托人约定，由受托人处理委托人事务的合同。依据《民法典》第934条[1]的规定，除当事人对委托合同的终止事由另作有约定外，并没有将委托人或者受托人进入破产程序（包括被宣告破产），直接列为委托合同终止的事由，但是，委托人或者受托人的终止（包括作为自然人时的死亡），则属于法定委托合同终止的事由。《民法典》第73条规定："法人被宣告破产的，依法进行破产清算并完成法人注销登记时，法人终止。"根据《民法典》第935条[2]、第936条[3]的规定，在委托人、受托人为法人且被宣告破产的情况下，为保障委托人的利益，需要受托人或其继承人等继续处理受托事务或采取必要措施。上述规定中的"宣告破产"，其内涵并非简单地指法院作出了一个破产宣告裁定，而是指因法人被宣告破产而发生解散事由，经清算必然使法人终止，并进而致使委托合同终止。此外，从司法实践需要看，尽管委托人或者受托人的终止才是委托合同的终止事由，但委托合同的终止并非要一直等到委托人或者受托人作出注销登记。因为在委托人或者受托人发生必然导致其终止的事由，实际失去委托合同履行能力时，就需要确定具有合理提前量的适用标准，斩断风险扩大传导链，及时终止委托合同，以免各方当事人的权益因此受到损失。所以从这一角度讲，将《民法典》中的"宣告破产"理解为是对委托合同终止事由的规定也有一定道理。

就委托合同终止时相关事务的处理，《民法典》第935条规定："因委托人死亡或者被宣告破产、解散，致使委托合同终止将损害委托人利益的，在委托人的继承人、遗

---

[1] 《民法典》第934条规定："委托人死亡、终止或者受托人死亡、丧失民事行为能力、终止的，委托合同终止；但是，当事人另有约定或者根据委托事务的性质不宜终止的除外。"

[2] 《民法典》第935条规定："因委托人死亡或者被宣告破产、解散，致使委托合同终止将损害委托人利益的，在委托人的继承人、遗产管理人或者清算人承受委托事务之前，受托人应当继续处理委托事务。"

[3] 《民法典》第936条规定："因受托人死亡、丧失民事行为能力或者被宣告破产、解散，致使委托合同终止的，受托人的继承人、遗产管理人、法定代理人或者清算人应当及时通知委托人。因委托合同终止将损害委托人利益的，在委托人作出善后处理之前，受托人的继承人、遗产管理人、法定代理人或者清算人应当采取必要措施。"

产管理人或者清算人承受委托事务之前,受托人应当继续处理委托事务。"第936条规定:"因受托人死亡、丧失民事行为能力或者被宣告破产、解散,致使委托合同终止的,受托人的继承人、遗产管理人、法定代理人或者清算人应当及时通知委托人。因委托合同终止将损害委托人利益的,在委托人作出善后处理之前,受托人的继承人、遗产管理人、法定代理人或者清算人应当采取必要措施。"

上述关于委托合同终止的规定,仅从《民法典》的角度看是具有合理性的,但要想在破产程序中获得顺利实施,还必须确定其与《企业破产法》的相关规定,尤其是管理人对双方均未履行完毕合同的选择履行权如何协调处理。

《企业破产法》第18条规定:"人民法院受理破产申请后,管理人对破产申请受理前成立而债务人和对方当事人均未履行完毕的合同有权决定解除或者继续履行。"联系《民法典》的有关规定,由此会产生以下问题:第一,管理人的合同选择履行权对委托合同是否适用?第二,在破产重整与和解程序中,自始至终不存在对委托人、受托人的破产宣告,委托合同应如何处理?第三,委托合同应在何时终止,是破产案件受理时还是破产宣告时?

第一,委托合同是以为他人处理事务为目的的合同,所以当事人之间通常都是具有充分的人身信任关系的。也就是说,"委托合同的订立以委托人和受托人之间的相互信任为前提"。[1] 也正因如此,《民法典》对转委托予以限制,同时第933条规定,"委托人或者受托人可以随时解除委托合同",即当事人双方在失去信任时均享有任意解除权(但该权利不得恶意行使)。

《企业破产法》规定,在债务人进入破产程序时,法院指定的管理人将接管债务人企业,负责经营管理等全部事项,并对破产申请受理前成立而双方当事人均未履行完毕的合同享有决定解除或者继续履行的选择履行权。这时委托合同的一方当事人已经从债务人变更为主要由中介机构担任的管理人,尽管该当事人的名称没有改变,但实际上已物是人非,双方之间并无信任关系。由于委托合同已经失去存在基础,符合终止合同的条件,加之若进入的是破产清算程序,债务人随之将被注销终止,仍继续履行委托合同显然是不妥的。所以,在破产程序中,应当将合同当事人发生实质变更以及出现注销终止事由作为委托合同可以终止的事由。根据委托合同的法律属性,管理人不应再享有合同选择履行权,除法律规定为委托人的利益需继续处理委托事务的情况外,无权单方要求继续履行合同。

---

〔1〕 崔建远:《合同法》,北京大学出版社2012年版,第647页。

第二,《企业破产法》中存在三种破产程序,即清算、重整与和解程序。除破产清算程序必然导致债务人企业终止外,重整与和解属于债务人的挽救程序,通常并不使债务人企业终止,而且在这两种程序中均不存在破产宣告。但在重整程序与和解程序中,法院同样要指定管理人接管债务人企业(重整程序中的债务人自行管理模式中仍由债务人负责经营管理,但其法律地位和权利发生明显改变),同样产生委托合同当事人实际已经变更的问题。根据委托合同的法律特性,在此种情况下,即使没有破产宣告作出,也应当及时在破产程序启动后终止委托合同。

第三,委托合同应在何时终止,是破产案件受理时还是破产宣告时?之所以需要在破产程序中终止委托合同,实质性的事由是委托合同当事人实际上发生了变更,在破产清算程序中则更进一步,即当事人之一还发生了终止事由。所以,判断委托合同应否终止的时点应当是委托合同当事人发生实际变更的时点。在破产程序中,这一时点是人民法院受理破产申请,而不是作出破产宣告裁定。据此,在委托合同终止的问题上,应当以破产申请受理为时点。当然,委托合同终止的事由并非只有一种,法人的终止包括委托合同一方当事人因被宣告破产而必然引发的法人终止,也是委托合同终止的事由。

(二)所有权保留合同

所有权保留合同,是指当事人约定买受人未履行支付价款或者其他义务的,标的物的所有权属于出卖人的买卖合同。[1]《民法典》第642条规定:"当事人约定出卖人保留合同标的物的所有权,在标的物所有权转移前,买受人有下列情形之一,造成出卖人损害的,除当事人另有约定外,出卖人有权取回标的物:(一)未按照约定支付价款,经催告后在合理期限内仍未支付;(二)未按照约定完成特定条件;(三)将标的物出卖、出质或者作出其他不当处分。出卖人可以与买受人协商取回标的物;协商不成的,可以参照适用担保物权的实现程序。"第643条规定:"出卖人依据前条第一款的规定取回标的物后,买受人在双方约定或者出卖人指定的合理回赎期限内,消除出卖人取回标的物的事由的,可以请求回赎标的物。买受人在回赎期限内没有回赎标的物,出卖人可以以合理价格将标的物出卖给第三人,出卖所得价款扣除买受人未支付的价款以及必要费用后仍有剩余的,应当返还买受人;不足部分由买受人清偿。"此外,修改前的最高人民法院《关于审理买卖合同纠纷案件适用法律问题的解释》(法

---

〔1〕《民法典》第641条第1款规定:"当事人可以在买卖合同中约定买受人未履行支付价款或者其他义务的,标的物的所有权属于出卖人。"

释〔2012〕8号）第37条第3款规定："出卖人另行出卖标的物的，出卖所得价款依次扣除取回和保管费用、再交易费用、利息、未清偿的价金后仍有剩余的，应返还原买受人；如有不足，出卖人要求原买受人清偿的，人民法院应予支持，但原买受人有证据证明出卖人另行出卖标的物的价格明显低于市场价格的除外。"

《企业破产法》中对所有权保留买卖合同未作规定。《破产法解释二》第34条规定："买卖合同双方当事人在合同中约定标的物所有权保留，在标的物所有权未依法转移给买受人前，一方当事人破产的，该买卖合同属于双方均未履行完毕的合同，管理人有权依据企业破产法第十八条的规定决定解除或者继续履行合同。"同时，按照出卖人破产、买受人破产以及管理人决定继续履行或者解除所有权保留买卖合同，组合为四种情况，分别在第35条、第36条、第37条、第38条中作出规定。其中，需要与《民法典》等规定进行协调的主要是出卖人取回标的物的条件以及买受人已支付价款处理。

《破产法解释二》规定，出卖人主张取回标的物，买受人已经支付标的物总价款75%以上或者第三人善意取得标的物所有权或者其他物权的，人民法院不予支持。修改前的最高人民法院《关于审理买卖合同纠纷案件适用法律问题的解释》第36条作了相同规定。而《民法典》中对此种情况下出卖人能否取回标的物未作规定，是否沿用原有规定需要明确。

在出卖人收回标的物后，需要解决买受人已支付价款的处理和双方买卖合同的结算问题。根据《民法典》及最高人民法院有关司法解释的规定，以出卖人再次出卖标的物为假定前提，就出售价款和买受人已支付价款对买卖合同的权利义务进行多退少补的实际结算，这是合理的处理方式。由于收回的标的物对出卖人来讲是需要通过交换实现价值的商品，而非自用物，所以通常是会再次出售的。《民法典》及相关司法解释未规定出卖人收回标的物后未再次出卖时如何作价结算，虽此种情况较为少见，但立法应作出澄清规定。

《破产法解释二》对此问题规定了不同的处理方式，其第36条第3款规定，在出卖人破产其管理人决定解除所有权保留买卖合同的情况下，"买受人依法履行合同义务并依据本条第一款将买卖标的物交付出卖人管理人后，买受人已支付价款损失形成的债权作为共益债务清偿。但是，买受人违反合同约定，出卖人管理人主张上述债权作为普通破产债权清偿的，人民法院应予支持"。这一规定是不妥的。如果买受人在返还标的物后，其已支付的价款损失形成的债权都可以作为共益债务全额清偿，岂不等于买受人在返还标的物之前可以无偿使用标的物而不支付任何费用，这显然是不公平的。而且,在买受人存在违反合同约定行为的情况下,出卖人管理人可以追究其违约责任,这是正当权利行使,但是将买受人的债权性质从共益债务改变为破产债权就缺乏法律依据了,而且没有合理性可言,除非在合同中作有此项违约责任规定。上述规定与《破产法解释二》第 38 条第 2 款的规定也存在明显的矛盾。《破产法解释二》第 38 条规定,在买受人破产,其管理人决定解除所有权保留买卖合同的情况下,“出卖人取回买卖标的物,买受人管理人主张出卖人返还已支付价款的,人民法院应予支持。取回的标的物价值明显减少给出卖人造成损失的,出卖人可从买受人已支付价款中优先予以抵扣后,将剩余部分返还给买受人;对买受人已支付价款不足以弥补出卖人标的物价值减损损失形成的债权,出卖人主张作为共益债务清偿的,人民法院应予支持”。同样情况却采取不同的方式处理,这是不妥的,而《民法典》及相关司法解释的规定更符合法理原则与实际。此外,《破产法解释二》第 38 条没有以《民法典》规定的出卖人再次出卖标的物的合理价款作为判断是否给出卖人造成损失的标准,而是以“标的物价值明显减少”作为判断标准,从司法实践看缺乏确定性。

民法典背景下个人信息侵权案件的司法适用问题研究

唐海波*

摘要：本文主要围绕个人信息的范围及性质、个人信息侵权行为因果关系证明标准的确立以及利益平衡原则等问题进行分析。本文认为，个人信息权是一种不可处分的自身权利，该权利客观上来源于"个人信息"，个人信息的界定首要特征为能够被识别，其次是与特定自然人发生关联。该项权利受到侵害主要体现在精神影响与经济损失两个方面。在我国《民法典》未对个人信息侵权的归责原则作出过错推定或无过错责任安排的前提下，个人信息侵权案件遵循过错责任的归责原则。又由于个人信息主体往往存在举证不能、举证不力的困难，建议未来进行相关立法时，有必要在数个信息控制者之间创设连带责任，由数个信息控制者共同对信息主体承担连带责任。最后，应注意在个人信息侵权之诉中考虑社会公共利益、社会发展、他人权利维护等维度的价值平衡。

一、问题的提出

由于我国法律关于个人信息保护的规范较少，且没有独立的侵犯个人信息的民事案件案由，所以涉及个人信息的民事纠纷多采用姓名权、隐私权、名誉权和人格权等其他案由进行诉讼。司法审判中较为典型的

* 唐海波，北海海事法院党组书记、院长、审判委员会委员、二级高级法官。

朱某诉百度cookie“偷窥”用户上网踪迹案[1]与庞某诉“去哪儿”网和东航泄露订票信息案[2]两案的案由虽然是隐私权纠纷，但也是典型的个人信息侵权案件。个人信息侵权案件中的争议行为具体类型十分丰富，涵盖了个人信息收集、保存、使用等周期的全流程。相较于其他传统侵权案件，个人信息侵权案件中比较常见的问题主要存在以下三个方面。

1. 个人信息的范围及性质。并非一切与个人有关的信息都属于法律需要承认和保护的“个人信息”。哪些属于法律保护的个人信息、依法应当符合何种条件等问题是个人信息侵权案件需要明确的前提。个人信息是什么性质的权益，即到底是财产利益还是人格利益，是具体人格权还是一般人格利益，则决定了司法救济的方式及程度。朱某诉百度cookie“偷窥”用户上网踪迹案的cookie信息是否属于个人信息，就有赖于个人信息含义的明确。

2. 举证责任。根据“谁主张，谁举证”的规则，个人信息侵权案件中的原告需要承担举证责任。在此类个人信息侵权案件中，对于原告举证义务要求的不同会直接影响判决结果的迥异。例如，庞某诉“去哪儿”网和东航泄露订票信息案，二审法院与一审法院的观点不同，其要求原告举证证明被告存在侵权行为的高度盖然性，在被告未能提出有效反证推翻这种侵权的高度可能情况下，判令被告承担侵权责任。

3. 个人信息保护与其他利益的权衡。个人信息系大数据技术分析与应用的“库藏”，也是社会管理的基础。对个人信息进行过度保护，也可能会带来其他负面影响。

---

[1] 原告朱某在家中和单位登录互联网浏览相关网站时发现，使用“百度搜索引擎”搜索相关关键词后一般会在特定网站上出现与关键词有关的广告。原告朱某认为，被告百度网讯科技有限公司根据关键词有针对性地对他浏览的网页进行广告投放，侵害他的隐私权，由此提起诉讼。本案二审法院认为，利用cookie技术收集、使用的匿名网络偏好信息虽具有隐私属性，但不能与网络用户个人身份对应识别，网络服务提供者和社会公众无法确定该偏好信息的归属主体，不符合个人隐私和个人信息的“可识别性”要求，因此使用cookie技术收集、使用匿名网络偏好信息不构成侵犯隐私权。

[2] 原告庞某委托鲁某在“去哪儿”网（系北京趣拿信息技术有限公司下辖的网站）订购东航公司机票1张。订单详情显示乘机人为庞某及其有关身份、联系信息，报销信息则记载为鲁某及手机联系方式。鲁某在购票时未留庞某的手机号，但收到不知名信息告知航班调整的信息以及东航公司电话告知其有关航班信息。庞某认为趣拿公司和东航公司泄露包括其姓名、尾号××49手机号及行程安排，为此其诉至法院要求双方承担连带责任。北京市海淀区人民法院一审认为，无法确认趣拿公司和东航公司存在泄露信息的侵权行为，故驳回庞某的诉讼请求。北京市第一中级人民法院二审认为，东航公司和去哪儿网存在泄露庞某个人隐私信息的高度可能，应当承担相应侵权责任，判决前述两家公司对庞某公开道歉。

例如,假设对于个人信息的收集、使用都要严格地履行信息主体“知情同意”的义务,是否会对技术的进步与社会的发展形成阻碍?[1]如何在个人信息保护与科技发展、公共利益之间进行有效平衡,也是个人信息侵权案件中需要解决的问题。

二、《民法典》视角下的个人信息侵权案件司法适用困境

(一)《民法典》对个人信息保护的相关规定

随着互联网信息技术的发展,信息交流变得空前简单化和便捷化,给社会生活带来了巨大变化。与此同时,大量的个人信息被收集、处理,给个人信息安全造成了威胁,个人信息保护越来越受到重视。为防范个人信息的收集与处理带来的风险,原《民法总则》在第111条新增了关于个人信息保护的规定,明确自然人的个人信息受法律保护,及列举禁止性行为。此次《民法典》编纂将上述规定完全吸收了进来[2],并在第四编“人格权”中专设“隐私权和个人信息保护”一章(第六章),其中第1034~1035条界定个人信息及其处理所应遵循的原则和条件;第1036~1038条载明自然人及信息处理者各自的基本权利义务,规定特定情形,以合理平衡个人信息保护与公共利益维护间的关系;第1039条则关注国家机关及其工作人员则对自然人的隐私和个人信息负有保护义务。[3] 此外,《民法典》人格权编还在第一章“一般规定”和第五章“名誉权和荣誉权”中分别就个人信息的合理使用(第999条)以及信用信息的法律保护(第1030条)作出了规定。

(二)个人信息侵权案件司法适用的问题管窥

我国《民法典》虽形成个人信息保护的基本制度,但涉个人信息侵权的案件所涉及的法律问题仍需作进一步探讨。

---

〔1〕 案例一中百度公司在二审上诉理由中提到“原审判决将极大阻碍互联网新兴技术和业务的正常健康发展,互联网时代更贴近用户的个性化服务代表着用户的普遍需求,原审判决会扼杀互联网新业务的发展空间”。参见(2014)宁民终字第5028号民事判决书。

〔2〕 《民法典》第111条规定:“自然人的个人信息受法律保护。任何组织和个人需要获取他人个人信息的,应当依法取得并确保信息安全,不得非法收集、使用、加工、传输他人个人信息,不得非法买卖、提供或者公开他人个人信息。”

〔3〕 参见《关于〈中华人民共和国民法典(草案)〉的说明——2020年5月22日在第十三届全国人民代表大会第三次会议上》,载中国人大网,http://www.npc.gov.cn/npc/c30834/202005/50c0b507ad32464aba87c2ea65bea00d.shtml,最后访问日期:2020年9月22日。

1. 个人信息侵权案件中的所侵之"权"的定性存疑

针对此前颁布的原《民法总则》第111条,学界就自然人对个人信息享有的究竟是民事权利还是民事利益表达了不同意见。有学者认为,自然人对个人信息享有的是民事权利,即个人信息权〔1〕;而有的学者则认为,自然人对个人享有的只是受法律保护的利益,而非民事权利〔2〕。鉴于这一问题存在较大争议,《民法典》最终采取折中的办法,继续沿用《民法总则》的相关表述,未明确规定个人信息权这个概念〔3〕。但笔者认为,从长远发展看,明确为"个人信息权"具有积极意义。

《民法典》第1034条第2款采用抽象定义加开放列举的方式对个人信息的概念加以界定。不过,个人信息是相当宽泛的概念,其外延比较广阔,其与隐私权等又存在一定程度的交叉,对于一项信息是否属于受法律保护的个人信息,还需要法官在具体案件的审理中进行个别判断。比如,如何理解该条的"与其他信息结合识别","其他信息"是否也是"个人信息"等,均有待进一步探讨。

2. 个人信息侵权案件中的因果关系证明标准存疑

通常情况下,自然人既不知道自己的个人信息如何被处理,也无法对个人信息加以控制,只能被动等待潜在损害的忽然降临。以常见的个人信息泄露为例,当自然人因个人信息的泄露而遭受损害时,其只知道哪些网站、机构收集过其个人信息,并知道是个人信息的泄露导致其利益受损。至于到底是哪个机构泄露了个人信息、造成信息泄露的机构有没有尽到相应的注意义务以及犯罪分子到底利用了哪家机构泄露的信息实施了违法犯罪行为等事实均具有不确定性。《民法典》并未对个人信息侵权案件作出特别规定,故此类案件属于一般侵权责任纠纷,适用过错责任归责原则,原告需要对侵权法律关系存在的事实承担举证责任。但待证事实的不确定性阻碍了信息主体获得法律的救济。如前所述,原告能证明的仅有损害事实,加害行为、行为人主观上有过错、因果关系等侵权构成要件均具有事实上的不确定性。在许多类似案件中,原告因无法证明是谁泄露了个人信息,而被法院驳回了诉讼请求〔4〕。

在法律没有规定个人信息侵权案件适用举证责任倒置的情况下,前述案例中的

---

〔1〕 杨立新:《个人信息:法益抑或民事权利——对〈民法总则〉第111条规定的"个人信息"之解读》,载《法学论坛》2018年第1期。

〔2〕 王立明主编:《中华人民共和国民法总则详解》(上册),中国法制出版社2017年版,第456页。

〔3〕 最高人民法院民法典贯彻实施工作领导小组主编:《中华人民共和国民法典总则编理解与适用》,人民法院出版社2020年版,第556页。

〔4〕 参见(2016)粤1702民初1098号民事判决书;(2017)粤71民终11号民事判决书。

"高度可能性"的证明标准,在法律框架内为解决个人信息泄露案件中自然人举证能力不足的问题提供了一种思路,值得肯定。但我们应当意识到上述案例的裁判理由中暗含了一个前提,即将因具有紧密的业务往来的掌握个人信息的主体而视为一个整体,再与他方相比较,进而去认定该主体存在泄露个人信息的高度可能。但倘若在一起个人信息泄露案件中存在多个没有关联关系和业务往来的相互独立的信息控制者和处理者,每个主体均有泄露个人信息的可能,是否还可将所有掌握信息的主体视为一个整体,并适用"高度可能性"的证明标准,是否责任的承担系连带责任,这都值得进一步思考。

3. 个人信息侵权案件中的利益平衡原则

在个人信息保护中,个人信息主体若被过度赋权,会给信息收集和处理者带来过重的负担,可能会限制相关产业的发展,并最终影响到广大群众的根本利益。我国《民法典》在确认自然人对个人信息享有人格权益的同时,注重平衡自然人权益的保护与商业利益、社会公共利益等之间关系的协调,规定了个人信息的合理使用制度。比较具有代表性的是《民法典》第 1036 条,基于维护公共利益等正当理由,该条明确了个人信息民事责任的免责事由,对个人权益进行了必要的限制。

但在实践中,对个人信息保护与其他利益的平衡并不容易把握。例如,《民法典》第 1036 条第 3 项就规定,为维护公共利益而合理实施的个人信息处理行为,行为人不承担责任。但公共利益是一个抽象概念,我国《民法典》并没有对个人信息合理使用中公共利益的含义和类型进行具体界定。因此,准确理解《民法典》有关合理使用个人信息的规定,把握好个人信息保护与公共利益等之间的关系平衡并非易事。

三、个人信息侵权案件司法适用的进路探索

(一)个人信息"权"的内涵与外延确定

我国在《民法典》第四编人格权中,将个人信息保护与隐私权规定在第六章。从个人信息保护与隐私权、名誉权、荣誉权等的命名来看,个人信息并未有"权"字紧随其后,但我国已在《民法典》总则编的第五章民事权利中,将个人信息保护写入,是公民的民事权利。需关注的是,在个人信息侵权案件中,所侵的个人信息之"权"的内涵与外延应作何定义,将直接影响个人信息侵权认定与否及由其产生的损害赔偿等相关判定。

笔者认为,个人信息"权"的内涵与外延可作如下分析:

其一,个人信息保护被囊括在《民法典》人格权编,其具备人格权基本构成要素。人格权是一种对自身的"权利",直接关涉人的固有尊严;人格权不得处分,无论让与、

抛弃，皆不发生法律效力[1]。因此，个人信息“权”所具备的维度包含了自身的权利以及其不得处分。

其二，个人信息“权”源于“个人信息”，因此，在普遍性维度之上将存在特殊性维度。对于个人信息的定义，我国《民法典》第 1034 条采用了“概念 + 列举”的方式，对个人信息作出了明确的规定，同时，个人信息中所涉私密信息，除没有规定外适用有关隐私权的规定。

在我国《民法典》中，个人信息是以电子或者其他方式记录的能够单独或者与其他信息结合识别特定自然人的各种信息，其中，“识别”构成个人信息的重要要素。正如前文提及的朱某诉百度公司案，百度公司收集、利用的是未能与网络用户个人身份对应识别的数据信息，该数据信息的匿名化特征不符合“个人信息”的可识别性要求，故其不属于个人信息。在欧盟 Patrick Breyer 诉 Federal Republic of Germany 案对“识别”要素的认定采用了与我国上述案件截然不同的做法：虽然动态 IP 地址不能直接识别到个人，但是其也可能通过其他渠道“识别”到个人从而构成个人信息[2]。可识别与否构成了个人信息认定的关键条件。可识别定义过宽，则会超越原本的法律规定范围，过窄则会不利于对公民权利的保护。结合我国《民法典》对个人信息的界定，有两层含义：首先，应强调能否被识别，是否基于单独或结合的记录让信息有可识别的前提；其次，在能识别的基础上，是与特定自然人发生关联。即通过单一或结合型的信息可反馈出系该特定自然人。这两层含义有先后顺序，达成第一层含义并不必然能认定为个人信息。

其三，个人信息“权”保护的边界。一是需作区分的是个人数据以及个人信息。笔者认为，个人数据与个人信息不能作概念等同。举一例：A 某一年中先后到书店、超市等地方进行消费，并通过刷卡进行支付，那么，他的每一条消费记录都是其个人数据。但将该卡的刷卡记录进行整合，可以形成其完整的消费轨迹，并能从中分析其消费喜好，亦能综合该整合去形成确定为 A 某的个人信息。二是个人信息保护严格遵照合法、正当、必要原则。这是为《民法典》第 1035 条所确定的原则，三者缺一不可。判断是否构成个人信息侵权，亦应从其出发。

其四，《民法典》将个人信息保护编排在人格权编，即表明在个人信息保护中，其

---

[1] 朱庆育：《民法总论》，北京大学出版社 2016 年版，第 402 页。

[2] 欧盟 Case C582/14 号判决书。转引自程德理、赵丽丽：《个人信息保护中的“识别”要素研究》，载《河北法学》2020 年第 9 期。

所要保护的仍是一种人格利益。就个人信息主体这一方来说,其主要的利益是一种防御性利益,即自然人针对个人信息享有的防止因个人信息被非法处理而致人身财产权益遭受侵害甚至人格尊严与人格自由受到侵害或损害的利益〔1〕。那么,对于人格利益的侵权,根据《民法典》第1182~1183条,它体现为两个方面:一是精神安宁;二是经济损失。

(二)个人信息侵权之诉因果关系证明标准的确定

我国《民法典》第1035条对处理个人信息行为的合法、正当、必要原则赋以标准阐明,分别是除法律、行政法规另有规定外均需取得同意、公开处理信息规则、明确处理信息的目的方式范围、不违反法律行政法规规定及双方约定;第1036条则明确行为人不承担民事责任的情形,分别从同意、已公开的个人信息、维护公共利益与自然人合法权益的角度出发,每一项所列举的情形均强调合理;第1037条系个人信息主体在发现信息有错误的或违法、违反双方约定处理个人信息时可采取的救济手段;第1038~1039条是禁止性行为,主体指向信息处理者及国家机关、承担行政职能的法定机构及其工作人员。上述5个法律条文可为个人信息侵权之诉的审理提供相关思路,可作总体归结为:个人信息主体诉称的"个人信息"是否属《民法典》第1034条确定的范畴;行为人是否取得个人信息主体的同意,有无除外情形;行为人是否为某一特定主体;双方之间是否存在约定;行为人采取的信息处理方式、方法等是否合理,是否存在经合理处理仍不能避免损害发生的情形;行为人行为与个人信息主体所称损害是否有因果关系;行为人对个人信息主体提出的救济措施是否及时回应;确定行为人构成侵权与否,如构成侵权的,如何确定损失赔偿。

然而,《民法典》虽确立个人信息保护章节,但个人信息侵权案件往往会遇到因果关系证成难的问题,根源与归责原则相关,因为除法律有明确规定适用过错推定或无过错责任外,应适用过错责任。故在我国《民法典》未对个人信息侵权的归责原则作出过错推定或无过错责任安排的前提下,个人信息侵权案件遵循过错责任的归责原则。随着现代信息技术发展的日新月异,现今的司法实践中,个人信息主体遭受侵权时,在能明确系某一特定主体侵权的个人信息侵权之诉中,其因果关系证成难度会有一定程度的减小。但若是涉及互联网、手机App类型的信息侵权案件,多面临难以确定侵权人或侵权人不止一人的局面,且案件因涉及技术性数据的取证,基于过错责任

〔1〕 程啸:《我国民法典对隐私权和个人信息的保护》,载https://www.chinacourt.org/article/detail/2020/07/id/5383094.shtml。

的归责前提,个人信息主体往往会面临举证不能、举证不力的局面。从上述分析看,该问题与"高空抛物"有一定的类似。可作一假设:A 先后注册使用某手机 App、互联网某软件,可根据其时间先后顺序将该 App、互联网软件归置在不同楼层,并对各楼层收集个人信息的范围进行列明,以及标注 A 在发现被侵权时所采取的救济措施,那么,A 发生个人信息侵权时的时间点可在相应楼层范围进行注明,并根据其所遭受的信息侵权情况进行排查。接下来,作为有可能侵犯 A 信息保护的手机 App 及互联网运营商或服务提供者,则需要对其已征求 A 的同意、采取的信息处理方式、方法尽到合理注意义务、是否及时回应 A 所提出的救济措施。通过逐一对比,去寻求是否有因果关联及如存在因果关系,谁的侵权行为具有更高的可能性。

对于个人信息侵权的因果关系证成问题,确实囿于过错责任的规则前提。因此,未来最高人民法院起草个人信息司法解释时,有必要在数个信息控制者之间创设一个连带责任,在信息主体无法证明究竟是谁造成了个人信息的泄露而引发损害时,由数个信息控制者共同对信息主体承担连带责任[1]。

(三)个人信息侵权之诉利益平衡原则的导向确定

1. 事关社会公共利益的平衡

新冠肺炎疫情期间,大家在出行过程中均需扫码登记自己的个人信息(姓名、性别、身份证号码、住址),填报出行记录,以生成健康码。同时,相关确诊病人的行动轨迹及身份信息也进行了实时公开。在应对突发的、事关社会公共利益的事件中,个人信息在一定程度上让位于公众知情权。在此过程中,我国运用了个人信息保护的适用限制事项,严格依照《突发事件应对法》和《传染病防治法》等相关法规,妥善处理了个人权利与他人权利和社会公共利益之间的关系,实现了法律的良好社会效果[2]。从该事件中,可以直观感受到个人信息利益与社会公众利益的平衡。

2. 事关社会发展的平衡

上文提及对个人信息定义的过宽或过窄,都将产生消极的影响。现今,全球已进入大数据时代,个人信息的整合将为商业社会的决策带来更为高效、科学的分析,其潜藏的商业价值是难以估量的。在鼓励大数据技术发展的同时,要重视个人信息保护,以牺牲个人信息保护所换取的技术进步是不可取的,也不会得到认可。我国《民法典》已确立对个人信息保护所应坚持的合法、正当及必要原则,具体在个案中,可作

---

[1] 程啸、阮神裕:《论侵害个人信息权益的民事责任》,载《人民司法(应用)》2020 年第 4 期。

[2] 朱军:《个人信息保护与社会公共利益关系如何平衡》,载《人民论坛》2020 年第 18 期。

以下的考量：

其一，在获取个人信息前，相关数据的采集者是否有征得个人信息主体的同意，保证该个人信息主体的知情权。采用格式条款进行告知的，相关的格式条款是否存在损害个人信息主体利益的内容、违背《民法典》及相关法律法规对个人信息保护的规定、减轻数据处理者责任的内容。存在以上情形的，有关格式条款应作无效处理。

其二，在从事收集、存储、使用、加工、传输、提供、公开个人信息等行为时，是否达到安全谨慎标准。对于所处理的个人信息，是否已运用安全加密等技术，确保该个人信息不会被泄露，并对个人信息在其处理及可控制的期间内，进行相应的安全监控。

其三，当个人信息主体告知其信息有被泄露的风险或已发生泄露的情况时，相关数据的采处理者是否已及时排查风险及处理该情况以避免个人信息侵权损害的扩大，并将最终结果向个人信息主体进行反馈。

3. 事关他人权利的平衡

在该维度中，是个人信息与他人权利之间所产生的冲突。冲突情境中，利益的“相对重要性”是双方利益的具体重要性的比较结果；利益的具体重要性主要由两个因素决定：利益自身的重要性和利益受干涉（侵害/保障）的程度；在利益冲突个案中，某利益自身的重要性越大、受干涉的程度越大，便越重要[1]。因此，要平衡二者的关系，一是明确双方利益冲突的点在哪里，从而确定双方利益的“争议焦点”；二是在这一冲突点上，对个人信息主体利益与他人利益的重要性进行比较；三是通过比较双方利益具体重要性的结果得出裁判的导向。当然该比较仍需要通过司法实践逐步探索及量化出来。

四、结语

个人信息权益作为公民依法享有的一项基本权利，理应得到尊重与保护。我国《民法典》已将个人信息保护制度载入，为个人信息的合理、正当、合法使用提供了根本遵循。但个人信息保护是一个新生事物，由此产生的侵权案件有其特殊性，相关案件的审理仍面临不少的挑战。我国工业和信息化部于 2020 年 8 月发布了关于侵害用户权益行为的 App 通报，通报中有多款 App 涉及违规使用个人信息，个人信息保护形势依旧严峻，对该问题的探索不能停步。

---

[1] 于柏华：《处理个人信息行为的合法性判准——从〈民法典〉第 111 条的规范目的出发》，载《华东政法大学学报》2020 年第 3 期。

论有限责任公司的浮动人格

——《民法典》中法人人格的现实状态及司法应对

潘玮璘[*]

摘要:有限责任公司属于《民法典》中营利法人的主要类型,较之于《民法典》中法人人格范式,其具有独特的现实状态。法人人格的主要作用是实现团体的独立性,实现该目的须满足以下构成要件:理论上的永续性;名义上的独立性;表意上的集中性;意志上的自利性。但现实中,基于有限责任公司人合性或个性化因素,公司的人格独立性可能遭到减损,进而引发债权人提起法人人格否定之诉。这一现象揭示出,有限责任公司的法人人格在独立性方面具有浮动特性,包括正向充实、反向退化、反复进退等情形。对于现实状态下的浮动人格,应注重债权人权益的司法保护,较优的救济路径为启动企业破产程序。

《民法典》第一编的"法人"章为公司法人勾画了一个标准意义的人格形象。第 57 条赋予法人独立人格,使之能独立作出有效的法律行为,并以自己名义享有权利、承担义务;第 60 条确立了独立责任能力,保护其成员(出资人)免于承担个人责任;第 59 条明确了独立人格有效期与法人存续期完全吻合;第 80 ~ 81 条确立了所有权与经营权各司其职;第 83 条明确了法人与成员(出资人)之间人格、利益、责任等方面存在区隔,等等。这些预设的范式主要体现了共性特征与共通原理,为市场经济的主体制度奠定了根基,具有定标指向之应然意义。但法人以及营利

---

* 潘玮璘,民商法博士,广西壮族自治区高级人民法院研究室四级高级法官助理。

法人项下仍有诸多不同类型，其中有限责任公司更是具有独特个性与现实表现，具有超出预设范式的内容，是该范式的具体化、现实化。若要联结一般性规范、具体类型、实然形象之间的沟壑，就必须衔接《民法典》与《公司法》、《企业破产法》等及其司法解释，进一步剖析法人人格制度，揭示有限责任公司法人人格的现实状态，明确相应的司法救济机制。

一、法人人格独立性的两个层次

法人人格的主要作用就是实现团体的独立性，确保成为独立的法律关系主体。这不仅是名义、利益、财产等方面实现独立，更显著的功能是责任之独立，或称为成员之免责，即所谓“有限责任制”。因此，法人的人格独立性体现出两个层次，独立性越强，就越应当适用有限责任；但其实法人人格与有限责任并非捆绑同步[1]，即使独立性不够强，前者也具有单独的存在意义与制度作用。

（一）法人人格的基本构成要件

根据对《民法典》《公司法》相关规定的归纳，法人人格的基本构成要件体现为三个方面[2]：一是名义上的独立性。法人应以自身专有名称彰显其独立名义，该名义在外观上与成员个人名义不再直接相关。据此，法人应取得司法诉讼中的独立主体资格；应以自己的名义享有财产的所有权，并以自己的名义处分财产及相关债权债务，这在公司日常经营中意味着独立签约权；还应对外承担自己责任，即法人行为即可产生法人责任，而不是他人（如成员）担责，不必然产生成员责任。二是表意上的集中性。法人作为一种组织或团体，应当具备决策和指挥的集中性，同时一致对外表意并承担责任。以公司为例，股东应当通过集体决议的方式将多个且可能相左的个人意志上升为统一的团体意志；同时公司所有者（股东）应当选举产生管理者，而不是直接管理公司，即使股东事实上可以管控公司，也仍应以管理者或经营者的身份来进行，股东不得废除法人的决议机制或治理模式而私自管理。就外部而言，法人成员或管理者对外作出个人表意或行为时，不必然代表公司或代理公司；但是，一旦该表意或行为依法归属于法人，则该法人行为应当视为全体成员集中意志的体现，对每一位

〔1〕 实际上，人们以某一团体或组织的名义独立从事某项事业的历史，远比现代法律设计的“有限责任”早得多。See L. Gower, *Gower's Principles of Modern Company Law*, 5th ed., Sweet & Maxwell, 1992, p. 19 – 36.

〔2〕 邓峰：《普通公司法》，中国人民大学出版社 2009 年版，第 106 – 109 页。

成员均具有约束力。三是理论上的永续性。法人不应依赖于其成员的生命或是否健在，当某一成员死亡时，成员继承人不得当然地取回出资，而仅重新确认该继承人在法人中的身份与财产权利。这意味着法人克服了自然人的生命局限性，使法人事业的存续期限与个人的有限生命得以分离，促进了世代自然人不断投入法人之事业。

（二）具备独立责任的构成要件

满足以上三个方面要件，已足以使某一团体具有一定的主体形象，使其能够具备主体资格，与成员个人人格相区别。但该主体仍不一定具备足够独立性，此时债权人还不一定愿意单独与该法人建立信用交易，甚至可能利用债权人优势地位要求其成员（股东或出资人）共签或连带保证。因此，只有当人格独立性在密度与强度上再进一步增加，使法人人格具备第四个要件——意志上的自利性，法人才真正具备“责任独立”的人格。

何为“意志上的自利性”？即法人意志要以自身最佳利益为标准，法人不应作出有损自身利益的表意或行为。强调这一要件的原因在于：法人与自然人存在根本区别。自然人作为一个生理、情感、精神、尊严等多方面需求的结合体，其市场逐利行为仅为手段途径而非目的，其天然地会对所获资源予以享用消费、保存维护、规划用益，以便能最大化、持续性地满足自己多层次需求。基于此，当市场主体致力于信用交易、顺序交易或持续性交易时，先位获益的一方并不会任意散失其已获资源，已有的财产外观也不会遭到任意散失，甚至其在人性上会尽力增益已获资源，这就天然地提供了一种外观信赖，使愿意后位获益的授信一方可以合理期待：前者的财产增益或现有规模可为后位获益提供足够保障。如此，市场交易始可超脱即时交易，市场供需关系机制始可发挥调节作用。然而，与自然人所不同，法人并不天然地具备人性的多层次需求，甚至一定程度上是一种手段工具，其内在结构依赖于成员行为，易于受到成员操控，即使其能做到存在的永续、名义的独立、意志的集中，其仍难以提供如同自然人一样的独立形象。因此，只有当一个法人能尽可能具备上述内在因素，如具备明确的独立事业、职责或目标，其内部经营者与所有者之间存在足够隔离，其经营与决策体现出对特定事业的追求与维护，其将已获资源致力于特定事业的发展与提升，其自然人员工以其工作成果归属于法人名义等，那么社会与市场才会认可：该法人也能具备类似于自然人的内在财产保持力。这种特征可归纳为“意志上的自利性”，当法人意志能够整体上体现出自利性时，即可真正脱离成员之人格而始具有完全独立的人格，也真正地使其在社会地位与社会价值上体现出一个市场主体的实体形象。

二、有限责任公司的浮动人格

(一)公司人格独立性的减损现象

有限责任公司属于《民法典》中营利法人的主要类型,其在法律规范上亦要求满足上述4项构成要件,但现实运行中可能一些要件有所欠缺,进而导致其人格独立性有所减损,达不到独立责任或有限责任的强度。造成减损的主要原因,往往是现实中的有限责任公司(特别是以中小微企业形式存在的公司)过度利用“人合性”。

人合性的本质就是合伙属性。[1] 这种属性过强或越强,则会一定程度上侵蚀公司财产、意志、利益等方面的独立性,就意味着越像“搞合伙”一样地“开公司”,即成员行为当然地代表公司行为,公司形象趋近于成员形象,公司的资信表征过于依赖于成员的资信表征。如果成员们的相互关系、习惯、喜好等以及自身目标与利益,能够直接影响内部治理和决策方式,或直接决定公司的资产用益方案,就意味着公司人格在名义、表意以及利益等方面变得模糊,即独立人格处于微弱状态。另外,公司法人的成员之所以能够享受有限责任,则要求尽可能弱化人合性,而更多地彰显公司本身的人格,凸显上述各项构成要件。无论其成员亲自作为经营管理者(董事高管),还是集体作为决策权力机关(股东会),每个成员均应当脱离自身人格,超脱地形成追求法人最佳利益的另一人格。因此,人合性与公司人格之间存在此消彼长之关系,当公司的人合性或合伙属性越强,就越接近合伙组织,其成员利用法人名义滥用法人人格及有限责任的道德风险、投机风险就越大,法人成员与其债权人之间就越易于引发利益失衡[2]。这种状态下公司法人实际上已不适合享有独立人格。

人合性侵蚀法人人格的现象,本质上揭示了一个原理:当公司越像一个“人”的时候,越具有适用有限责任的正当性;当公司越不像一个“人”的时候,就越不应当适用有限责任。无论是“滥用法人人格”还是“滥用有限责任”,其实际效果就是破坏或减损公司人格的独立性。因此,以判断人格独立性的方式来决定是否适用有限责任,无疑是一个有效方法,也是债权人的主要救济机制。虽然我国有学者在理论上批评我国法律和实务中时常把独立人格与有限责任绑定混同,但实际上,由于我国法律现代

---

〔1〕 [英]戴维斯、[英]沃辛顿:《现代公司法原理》(第9版),罗培新等译,法律出版社2016年版,第4-6页。

〔2〕 有学者指出,公司股东较之于公司债权人而言,在公司法人人格制度上处于一种优势地位。参见朱慈蕴:《公司法人格否认法理研究》,法律出版社1998年版,第70-71页。

化主要源于外域移植技术,独立人格与有限责任同时引进我国,两者历史上先后兴起的关系并未体现出来,反而在我国,人格独立性可作为一种有效检验标准,用于判定出资人是否滥用法人人格及有限责任。我国在2005年修订《公司法》之时就启用了这一检验规则。至2020年颁布《民法典》时,第83条第2款也针对营利法人沿用了该检验规则。[1]

(二)公司人格的现实状态:浮动特性

有限责任公司属于封闭公司而非公众公司,其特点就是在享受独立人格及有限责任的同时,能够充分实现出资人之间的人合性或个性化需求。这种制度设计及其救济机制反映了法律的态度:承认法人人格在现实中可能无法满足全部构成要件,承认其独立性在现实中可能达不到适用有限责任的强度。有限责任公司在设立登记之时虽然预设了法人独立人格,但其现实存续过程中可随时由债权人提起检验要求——法人人格否定之诉。这些现象实质上揭示了一个事实,即有限责任公司的法人人格在独立性上具有浮动特性。具体而言:

1. 正向充实的人格。无论是《民法典》还是《公司法》都没有专门关注有限责任公司法人人格的现实状态,都是在登记设立之时就"一揽子"赋予有限责任公司各项独立人格之下的权利义务。从法律解释看,这属于对独立人格的预设,该预设是一种应然状态,可由债权人人格否定之诉等机制予以个案检验。实际上,在完成登记设立之时,公司可能既没有基本账户或独立财产,也没有相关经营场地或管理人员,公司仅为名义上的设立并存在,其现实中的独立人格尚未落实。今后逐渐地,公司将随着银行账户的设立、认缴资金的注入、营业场地与人员的加入、事业及业务的开展等阶段,不断将其法律人格发展充实,形成独立财产与独立意志,《公司法》在公司设立之初的预设将逐渐得以实现,这是一种正向充实公司法人人格的发展进程。

2. 反向退化的人格。有限责任公司在具体运营中可能出现反向或退化式的人格减弱。当公司的出资人、控股股东或实际控制人决定减少公司业务或暂缓公司事业发展时,以上关于充实、具化公司人格的正向进程可能终止并出现逆流,即独立财产可能不断缩减或被转卖、转移,公司意志也不再完全以自身最佳利益为目标,反而更加注重服务公司出资人或控制人的其他经济目的,甚至作为集体公司的子公司变得

[1] 《全国法院民商事审判工作会议纪要》(法〔2019〕254号),进一步从识别独立财产与独立意志这两个的角度,细化了债权人诉请公司人格否认纠纷案件的裁判规则(第10条、第11条、第12条);并规定了此类诉讼中当事人地位的问题(第13条)。

更倾向于服务整体大局，更倾向以母公司或其他特定子公司利益最大化为行动目标，最终该公司可能基于外部整体经营策略而走向衰亡。

3. 反复进退的人格。有限责任公司是现代市场里中小企业的最主要存在形式。这类企业的出资人往往在公司经营上亲力亲为、灵活自由。[1] 特别是在初创企业的几位发起人之间，若过于强调法律上股东与董事高管之分野、股东财产与公司财产之分割、完备的决议机制、财务会计机制等治理范式，反而对于他们来说可能是一种累赘，故这类公司可能在创立几年内都处于一种法人人格较为模糊、人格独立性较弱的状态，公司经营可能主要依赖这几位发起人的个人关系与资信情况。但随着公司的发展壮大，随着更专业全面的经营团队入驻，所有权与经营权开始发生实质性分离，公司独立财产、独立意志开始显现，公司事业开始脱离出资人的人格要素而独立发展。此后，公司还可能不断发展成为集团公司、关联公司或家族企业，出资人或控制人开始有了超出该公司的其他经济目标、其他投资目标或整体经营策略；或出资人、实控人的继承人有了新的经营策略与思路。这都可能使原本已充实的法人人格又因经营策略的重大变动，而陷入独立性与自利性衰弱的状态。再或者，因某一特殊时期或某一单交易需要，该公司须倾尽全力为其他关联公司或其他经济目标作贡献或牺牲，导致其暂时地缺失法人人格的某些构成要件、阶段性地失去人格独立性。总之，在有限责任公司的经营存续历程中，其法人人格可能时盈时亏，其人格独立性也不断增减起伏。

综上所述，正是基于有限责任公司的人合性、封闭性、灵活性等特质，其现实中的法人人格往往处于一种浮动状态或变动状态。[2] 虽然我国《民法典》与《公司法》为有限责任公司预设了一整套关于资本、治理及财务等方面的制度范式，且兼顾了人合性与封闭性要素的平衡点，但实现中法人人格仍可能在这一平衡点之外上下浮动，使

---

〔1〕 有限责任公司在理论上称为封闭公司(closely held corporation/close corporation)，其与公众公司(publicly held corporation/public corporation)相对应。前者具有较强的人合性，类似于合伙，有“公司型合伙(incorporated partnership)”之称，其股东往往像合伙人那样亲自执行公司业务并管理公司事务，公司内部治理要求股东之间形成一种信任、善意和忠诚的关系。See Principle of Corporate Governance: Analysis and Recommendations, The American Law Institute, Vol. 1. 1994, § 1.06 Comment.

〔2〕 其实民法理论上的人格制度也具有可变性，其与生物上的自然人或现实存在的团体不完全对等，不同类型与状态下的自然人或组织体，可能在法律上分别对应不同的人格。例如，罗马法上奴隶和非罗马人就不具有法律上的人格(persona)；而团体与有生命的自然人一样，可以具有人格，也可以不具有人格；可以从无人格到有人格，也可以从具备人格到丧失人格。参见江平主编：《法人制度论》，中国政法大学出版社 1994 年版，第 3 页；朱慈蕴：《公司法人格否认法理研究》，法律出版社 1998 年版，第 3 页。

人格独立性不断处于充实或稀释之状态。实际上,对于这种浮动人格,立法与司法并未直接给予否定评价,只要公司股东或控制人能够保证公司债权人的权利实现,法律无须如同"查水表"那样一家一户地介入市场中每一有限责任公司的内部治理机制。但是,公司股东或控制人也必须同时清楚认识到,《民法典》与《公司法》关于有限责任公司所规定的制度范式并非单纯的任意性规范,一旦公司的所有者过于侵蚀法人人格,或如果他们选择一种弱化公司人格的经营模式或治理模式,其就必须承担相应的法律风险:公司人格独立性被否定,股东或控制人不再享受有限责任,转而承担无限责任。[1]

三、浮动人格的司法应对:破产程序的路径

(一)法院破产程序保障的必要性

有限责任公司的浮动人格能够获得法律承认的代价是,其独立性随时经由债权人的司法诉请而被检验(《民法典》第83条第2款,《公司法》第20条、第63条)。但不得不承认,这种事后司法救济所要求的举证责任往往是债权人所难以承受之重,即使有观点主张一般性地适用举证责任倒置规则[2],但对于这种封闭公司内部的治理情况,往往存在严重的信息不对称,债权人作为局外人或"门外客"的维权成本与难度远超出一般民事案件,故以事后救济来检验公司的独立人格,不可能成为一种高效且常态的路径。其实,基于我国对于有限责任公司采取设立准则制与出资认缴制,并结合法律对于有限责任公司浮动人格之默许以及对于独立人格(有限责任)之事后检验,可见,就整体而言在我国设立有限责任公司并开展经营事业,这一运作是相当自

---

[1] 据此,本文反对将公司人格与有限责任完全割裂开的观点(孟勤国、张素华:《公司法人人格否认理论与股东有限责任》,载《中国法学》2004年第3期),这一观点忽视了公司获得独立人格的基础以及有限责任的正当性基础。

[2] 虽然《公司法》第63条对于一人公司已采取了举证责任倒置的规制,但仍有学者主张一般性地适用倒置规则,即如果公司没有建立法律规定的会计簿记制度、会议记录和档案制度的,只要公司债权人能够提供股东滥用股东权的初步线索,则可适用举证责任倒置。参见高旭军:《我国公司人格否认制度适用研究》,法律出版社2014年版,第180页。但实际上,毕竟这一情形下的举证责任倒置并未得到立法确认,且现实情况可能较为复杂,公司完全没有建账立档的情况极少,更多的是不规范或被藏匿、销毁等情形,同时某些股东也可能完全不参与经营或不了解经营情况,此外,人民法院通过灵活运用证据规则与举证责任转移规则等,也并非不可以实现向债权人倾斜保护的实质正义。

由宽松的。[1] 这当然有利于增进我国市场经济的活力与自由度,但公司制度对于市场信用交易的危险性、出资人滥用有限责任的道德风险与投机风险,无疑是被进一步扩大了。[2] 质言之,目前我国有限责任公司的门槛可谓相当低,进了这个门槛也属于“散养”状态,《民法典》与《公司法》规定的法定性内容并未得到实时监督。这对于整个市场机制与债权人利益构成巨大威胁。目前一些金融机构早已利用其优势地位,要求贷款公司的股东共签债务或连带保证,该现象的潜台词即认为公司并非一个独立个体,该现象的实质就是以约定或意定(而非法定)的方式“刺破公司面纱”“否定法人独立人格”。

对此,法律必须有所回应,对于“宽进”必须“严出”。所谓“严出”就是施以破产程序之保障,使债权人在到期债权无法实现之际即可提出破产申请,由人民法院通过破产程序“踢开”有限责任公司“封闭的大门”,对照《民法典》与《公司法》规定的治理范式,彻查其财务账册、决策文件、交易合同等资料,依法追诉取回被出资人侵蚀公司人格期间不当侵占、挪用、转移、侵吞的财产,或依法对出资人施以无限责任之重担,让那些当年享尽公司治理之个性自由的出资人或控制人们兑现应负之法律风险。

(二)法院破产程序作为救济路径的主要规则

由破产程序检验独立人格并提供相应救济的路径,主要规则如下:

1. 只要债务人不能清偿到期债务,债权人即可向人民法院提出对债务人进行重整或者破产清算的申请。所谓“债务人不能清偿到期债务”,是指债权债务关系依法成立;债务履行期限已经届满;债务人未完全清偿债务。对此债权人应当提交有关证据。[《企业破产法》第 7 条第 2 款,最高人民法院《关于适用〈中华人民共和国企业破产法〉若干问题的规定》(以下简称《破产法解释一》)第 2 条、第 6 条第 1 款]

2. 债权人提出破产申请的,人民法院应当自收到申请之日起 5 日内通知债务人。

---

〔1〕 就注册资本金而言,从我国 1993 年制定的《公司法》,将有限责任公司分为四类并分别规定 50 万元、30 万元、10 万元的最低注册资本额,同时规定了足额实缴制;到 2005 年修订的《公司法》,有限责任公司统一降为 3 万元,一人公司为 10 万元,同时规定了分期缴足制;再到 2013 年修正的《公司法》,取消了最低注册资本金,股东认齐全部资本金即可。目前注册资本制,验资程序也已取消,发起人可以在形式手续上完成设立公司后,依需要再随后开设公司账户、注资雇员、开展营业等。

〔2〕 有学者归纳公司法人的负面作用为以下几个方面:设立空壳公司;抽逃出资;资本过低;转移公司资产、利用公司的商业机会;设立关联企业,滥用关联关系;公司混同等。参见朱慈蕴:《我国〈公司法〉应确立揭开公司面纱规则》,载《法律适用》2005 年第 3 期。

债务人对申请有异议的，应当自收到人民法院的通知之日起7日内向人民法院提出。所谓“异议”应旨在证明债务人资产充足，并未资不抵债，其有能力清偿该债权人之债权。债务人未提出异议或者异议不成立的，人民法院应当依法受理破产申请。(《企业破产法》第10条、《破产法解释一》第6条第1款)

3. 债权人所依据的债权凭证(如合同书、借条等)未经生效司法裁判文书确认的，接受债权人申请的人民法院应当注意债务人是否就实体权利义务关系提出异议、双方当事人是否存在实体争议、该债权是否存在虚假可能等情况，如果对于“债权债务关系依法成立”这一破产申请要件存疑，可以不予受理该破产申请，并应当引导当事人先通过司法诉讼解决实体争议。

4. 人民法院裁定受理破产申请的应同时指定管理人。管理人的首要职责是接管债务人的财产、印章和账簿、文书等资料；调查债务人财产状况，制作财产状况报告。管理人还必须在涉嫌逃债、不当个别清偿、高管人员存在非正常收入、出资人应当加速出资等情况下，依法对相关财产予以追回。(《企业破产法》第13条、第16条、第25条、第31～36条、第128条)

5. 破产程序启动后，债务人负有两项交出义务：(1)提交义务。债务人应向受理法院或管理人提交财产状况说明、债务清册、债权清册、财务会计报告以及职工工资的支付情况和社会保险费用的缴纳情况等有关材料，但如果其拒不提交或者提交不真实的，人民法院可以对债务人的直接责任人员采取罚款等强制措施。(2)移交义务。债务人应向管理人移交财产、印章和账簿、文书等资料，但如果其拒不移交或者伪造、销毁有关财产证据材料而使财产状况不明的，人民法院可以对直接责任人员依法处以罚款等强制措施。(《企业破产法》第11条、第127条、《破产法解释一》第6条第2款)

6. 自受理裁定送达债务人之日起至破产程序终结之日，债务人的法定代表人、财务管理人员或其他高级管理人员应承担下列义务：妥善保管其占有和管理的财产、印章和账簿、文书等资料；根据人民法院、管理人的要求进行工作，并如实回答询问；列席债权人会议并如实回答债权人的询问；未经人民法院许可，不得离开住所地。擅自离开住所地的，人民法院可以予以训诫、拘留，可以依法并处罚款。(《企业破产法》第15条、第129条)

7. 对于管理人起诉出资人、实际控制人、董事、高管等不当抽逃、侵占、挪用、转移、侵吞公司财产的，或者在人民法院受理申请时已发现这些不当行为或恶意逃债行为的明显迹象的，或者发现企业账册文件等严重缺失且情况异常的，人民法院可依据管理人申请及时作出查控相关人员财产的民事裁定。[1]

8. 人民法院在审理破产案件中发现该公司出资人、实际控制人、董事、高管等可能构成犯罪的，及时通过府院联动与公安或监察部门配合协作，着重打击以下类型犯罪：(1)虚假破产罪。公司、企业通过隐匿财产、承担虚构的债务或者以其他方法转移、处分财产，实施虚假破产，严重损害债权人或者其他人利益的，对其直接负责的主管人员和其他直接责任人员追究刑事责任。(《刑法》第 162 条之二)(2)隐匿、故意销毁会计凭证、会计账簿、财务会计报告罪。隐匿或者故意销毁依法应当保存的会计凭证、会计账簿、财务会计报告，情节严重的，追究刑事责任。(《刑法》第 162 条之一)(3)妨碍清算罪。公司、企业进行清算时，隐匿财产，对资产负债表或者财产清单作虚伪记载或者在未清偿债务前分配公司、企业财产，严重损害债权人或者其他人利益的，对其直接负责的主管人员和其他直接责任人员追究刑事责任。(《刑法》第 162 条)

[1] 蒋太仁、潘玮璘：《破产程序中民事裁定的扩展适用》，载戴红兵主编：《广西审判实务与探索(公司纠纷与破产审判专辑)》(2020 年第 2 辑)，法律出版社 2020 年版。

破产法与公司法专题研究

论个人破产立法中的自由财产制度

徐阳光*　陈科林**

摘要:自由财产制度存在的正当性在于保障基本人权、培育企业家精神以及缓解社会压力。尽管域外立法对自由财产范围的界定不同,但基本都在坚持必要性原则的前提下保障债务人及家庭成员的基本人权。鉴于我国各地经济发展不一的现状,自由财产的具体额度应通过地方立法确定。破产申请前的资产安排虽可实现自由财产价值的最大化,但需要限定转换额度,对债务人实施的欺诈性转换行为应予以撤销。在自由财产的处置上,应进一步契合我国的社会观念,对使用自由财产清偿债务及放弃自由财产的行为效力应予以否定,对于在生活必需品及必要职业工具上设定的担保权应予以撤销,在置换自由财产时则须注意把握合理置换的原则。

2019 年 7 月,国家发展改革委、最高人民法院等 13 家单位联合发布的《加快完善市场主体退出制度改革方案》(发改财金〔2019〕1104 号)明确提出:"逐步建立起与现代化经济体系相适应,覆盖企业等营利法人、非营利法人、非法人组织、农民专业合作社、个体工商户、自然人等各类市场主体的便利、高效、有序的退出制度""分步推进建立自然人破产

* 徐阳光,中国人民大学法学院副教授、博士生导师。

** 陈科林,中国人民大学法学院博士研究生。

制度”。在实践层面,浙江温州、台州、丽水地区,江苏苏州地区,山东淄博地区以及广东东莞地区的部分法院开始有规划地进行个人债务清理的司法实践探索,深圳经济特区也已出台个人破产条例。个人破产立法成为当下法学界的热点问题。

现代个人破产制度包括集体清偿、按比例分配、破产免责、自由财产等核心要素。其中,自由财产制度承载着救济债务人的功能,帮助债务人走出财务困境并获得全新开始。从比较法上考察,破产法治建设相对成熟的国家和地区主要围绕自由财产的范围界定和财产处置来构建自由财产制度,注重平衡债权人权益保障与债务人全新开始之间的利益矛盾,把握自由财产制度与周边制度之间的衔接,尽可能降低个人破产的负外部性。需要注意的是,个人破产制度的规范表达深受各国(地区)经济发展状况及社会文化的影响,我国不应盲目照搬域外立法。本文立足于我国经济社会发展的实际情况,深入分析为何需要自由财产制度、如何界定自由财产以及如何处置自由财产,希望透过对这三个问题的分析,为我国个人破产立法提供理念和规则层面的建议。

一、自由财产的正当性与价值追求

自由财产,又称豁免财产,即破产法为了实现保障债务人及其家人的合理生活需要等特殊目标,通过特别的法律规定,使原本属于债务人的财产无须归入破产财产范围,从而构成债务人可以自由支配的财产。从制度价值角度上,一方面,自由财产关乎债务人及其家庭成员基本人权的保障;另一方面,基于个人破产的溢出效应,自由财产的意义不限于个人的生存和发展,还涉及公共利益,尤以企业家精神的培育和缓解社会压力为主。因此,自由财产的正当性及其价值追求可以重点从保障基本人权、培育企业家精神以及缓解社会压力三个方面来分析。

(一)自由财产与基本人权保障

历史上,自由财产与破产制度并非同时产生〔1〕。从某种意义上来说,是人权意识的觉醒推动了自由财产的诞生。世界银行的研究报告指出:“自由财产的理念是,当债务人获得免责、退出破产并获得全新的开始时,他们首先应该有足够的财产以满

〔1〕 远古罗马的破产法属于人身性破产法,债务人以人身作为债的担保,若债务人经催告后仍不能清偿债务,债权人有权让债务人戴上枷锁“使役之”,甚至“出卖之”“杀戮之”。参见徐国栋:《罗马破产法研究》,载《现代法学》2014 年第 1 期。

足自己和家人在破产后的低生活需求，必要时包括低的业务需求。”[1]自由财产制度主要解决“为债务人及由其抚(扶)养家庭成员的基本生活提供必要的金钱与财产保障，为其继续工作提供合理的条件，以及为其重新创业提供无生存负担的环境”[2]等问题。因此，在自由财产制度中，首先凸显的是一种人文关怀，具体体现为自由财产对债务人及其家庭成员生存权、债务人发展权以及债务人人格利益等方面的保障。

第一，保障债务人及其家庭成员的生存权需要自由财产制度。生存权是一项最基本的人权[3]。如果在债的关系中仅为实现债权人的利益就剥夺债务人的所有财产，那么债务人的个人生存就会受到威胁，这无异于是对债务人基本人权的践踏，为法治社会所不允[4]。在这个意义上，为债务人在破产程序终结后得以继续生存提供物质基础是自由财产存在的首要目的。除了满足债务人基本生活需要外，还需要考虑债务人家庭成员的生存问题。家庭是组成社会的最基本的单位，社会稳定在很大程度上取决于家庭的稳定。在债务人为家庭主要劳动力的情形下，债务人破产可能会导致其家庭成员也陷入“食不果腹”的困境。因此，自由财产的存在意义不限于债务人本身，还及于其家庭成员：自由财产条款的目的是保护债务人及其家庭成员以使他们不会变得贫困，为他们提供必要的住所而不会被债权人追索，从而保障债务人及其家庭成员拥有全新的开始[5]。为缓解该时期内债务人家庭生活的困难，保障其家庭成员的生存权，必须为其留有一定的生存资料。换一个角度来说，保障债务人家庭成员的生存权是自由财产的价值增量。因为个人破产不仅涉及债权人与债务人之间的债权债务关系，对债务人与其家庭成员之间的关系亦有溢出效应：一方面，个人破产清算不能成为债务人不履行法定抚(扶)养义务的借口；另一方面，自由财产制度可以让债务人的家庭成员不会因为债务人破产而陷入生存困境，进而维持家庭生活的基本稳定。

---

〔1〕 世界银行破产处理工作小组：《世界银行自然人破产问题处理报告》，殷慧芬、张达译，中国政法大学出版社2016年版，第92页。

〔2〕 王欣新：《用市场经济的理念评价和指引个人破产法立法》，载《法律适用》2019年第11期。

〔3〕 “后现代人权观强调，生活的权利和吃饭的权利是最基本的人权，它内在于人权的概念之中。”王治河、曲跃厚：《论后现代的人权观》，载《国外社会科学》2001年第6期。

〔4〕 在法治与人权的关系上，徐显明教授认为，法治的目的在于创建一个以人权为唯一正当政治目标且以人民意志为唯一权力来源的法治政府，从而创建一个以人权为核心的法治社会。参见徐显明：《论“法治”构成要件——兼及法治的某些原则及观念》，载《法学研究》1996年第3期。

〔5〕 11 U. S. C. A. § 522(b)；In re Giffune，343 B. R. 883 (Bankr. N. D. Ill. 2006).

第二，保障债务人发展权利需要自由财产制度。1986年《联合国发展权利宣言》第1条第1款指出："发展权利是一项不可剥夺的人权，由于这种权利，每个人和所有各国人民均有权参与、促进并享受经济、社会、文化和政治发展，在这种发展中，所有人权和基本自由都能获得充分实现。"〔1〕发展权利的概念可定义为："发展权是人的个体和人的集体参与，促进并享受其相互之间在不同时空限度内得以协调、均衡、持续地发展的一项基本人权。"〔2〕"发展权是在生存权基础之上派生出来的一种权利，如果没有生存权，发展权将会成为空中楼阁；如果没有发展权，生存权也将会难以持守。"〔3〕因此，即便债务人已进入破产程序，其发展权也不可肆意剥夺。自由财产不仅应当满足债务人的基本生活需要，还应当为债务人的个人发展提供相应的职业工具，为债务人事业的"全新开始"奠定基本的物质基础，促进债务人发展权利的实现〔4〕。

第三，自由财产制度还体现出对个人情感生活的尊重。在日常生活中，特定财产因与个人具有情感上的联系而具有一定的精神价值，如家庭宠物、个人荣誉品等，这类财产在性质上已经上升到自然人人格利益延伸的高度〔5〕。这部分财产的留存有利于继续维系债务人的情感生活，降低个人破产对债务人生活的影响，减少债务人事业失败的挫败感。

（二）自由财产与企业家精神培育

在"大众创业、万众创新"的时代背景下，企业家是经济活动的重要主体，"企业家精神也是生产力"〔6〕。"培育优秀企业家精神，不仅有赖企业家自身的追求，也需要健康环境来激发"〔7〕，制度环境作为外部环境的重要组成部分，对企业家精神的培育具有重要作用。个人破产法是"鼓励创新、宽容失败"的法律制度，是塑造企业家精

〔1〕参见《联合国发展权利宣言》，载国务院新闻办公室网站1986年12月4日，http://www.scio.gov.cn/ztk/dtzt/34102/35574/35577/document/1534188/1534188.htm。

〔2〕汪习根：《法治社会的基本人权——发展权法律制度研究》，中国人民公安大学出版社2002年版，第60页。

〔3〕胡利玲：《论个人破产中豁免财产范围的确定》，载《经贸法律评论》2019年第4期。

〔4〕根据我国香港特别行政区《破产条例》第43条第（2）款的规定，"破产人在其受雇工作、业务或执业中为供其本人使用而必需有的工具、簿册、车辆及其他设备项目"归入自由财产范畴。

〔5〕就家庭宠物而言，"在现代生活中，宠物已成为一些家庭或者个人生活不可或缺的重要角色，在长期与宠物相处的过程中，形成了特定的感情，宠物蕴含了人类情感，这种物被赋予了人格因素，已然成为人格物的重要类型"。冷传莉：《论民法中的人格物》，武汉大学2010年博士学位论文。

〔6〕金花：《企业家精神也是生产力》，载《人民日报（海外版）》2019年11月14日，第10版。

〔7〕南方日报评论员：《大力弘扬优秀企业家精神》，载《南方日报》2018年10月25日，第2版。

神的法律制度[1]。如果说免责制度让企业家卸下了沉重的债务包袱，那么自由财产制度便为企业家在创新创业过程中减少了后顾之忧，为企业家的“敢于创业”“敢于失败”提供基本的保障。“想象一下，在一个世界里，债权人可以没收债务人的圣经，她的结婚戒指，她的床，甚至她身上的衣服。在这样一个残酷无情的世界里，只有最勇敢的人或最愚蠢的人才会愿意冒着不确定的风险去创业。”[2]因此，个人破产法为企业家创新提供了法律保障。[3] 提倡企业家精神要求一个国家有完善的自由财产制度。

在理性经济人的行为模式下，事业成功的巨大收益固然可以激励企业家积极地创新创业，但是，由于市场风险的不确定性，企业家在创新创业过程中同样存在失败的可能性，且需要承担所有的结果[4]。特别地，在信贷市场上，尤其是民营企业融资的场合，普遍存在民营企业家以自身及家人的财产为企业设定担保的现象。如此，若无自由财产，一旦企业家对市场前景产生误判，事业失败，企业家及其家庭成员将一无所有，并遭受一定程度的生存威胁，企业家的“全新开始”也会面临更多困难。有鉴于此，自由财产的存在与否会影响企业家对市场风险系数的评估，并直接影响企业家是否“敢闯敢试、敢为天下先、敢于承担风险”[5]。从制度的溢出效应上来看，自由财产的存在可以激励更多潜在的企业家参与到市场经济活动中，有助于在全社会中营造创新创业的氛围。

(三)自由财产与社会保障压力缓解

获得社会保障是现代法治国家赋予公民的权利[6]。“社会保障起源于人类生产生活实践，是国家或社会依法通过国民收入再分配手段，防范自然、经济、社会等风险，确保社会成员基本生活的社会保护系统，它通过多元化的社会供给方式满足社会成员的基本生活需求。”[7]人们因为收入低(贫困)而需要社会保障是社会保障的基

---

[1] 徐阳光:《个人破产制度的人文关怀》,载《光明日报》2018年4月1日,第7版。

[2] See Charles J. Tabb, *Bankruptcy and Entrepreneurs: In Search of an Optimal Failure Resolution System*, American Bankruptcy Law Journal, Vol. 93, No. 2, 2019, p. 326.

[3] 参见丁燕:《世行“办理破产”指标分析与我国破产法的改革》,载《浙江工商大学学报》2020年第1期。

[4] “企业家的工作是总体性的、决定性的,生产什么、怎么生产、怎么营销,都是产品价值的决定性因素,把控这些因素、承受这些因素结果的是企业家。”吴跃农:《弘扬优秀企业家精神增强民营企业创新发展能力》,载《国家治理》2018年第41期。

[5] 南方日报评论员:《大力弘扬优秀企业家精神》,载《南方日报》2018年10月25日,第2版。

[6] 郑莹:《从传统走向现代:社会保障权司法救济的检省与矫正》,载《法学杂志》2012年第3期。

[7] 张姝:《社会保障是社会和谐的基本保障》,载《社会科学战线》2005年第6期。

本原理[1],在允许个人破产的前提下,债务人财产已基本属于破产财产,此时债务人及其家庭成员的生活水平与贫困无异,若没有自由财产,则需要社会保障才能继续维系生活。因此,自由财产与社会保障之间实际上存在一定的“替代”关系。

允许债务人留有一定的财产以继续生活及重新投入工作,符合债务人及其家庭成员的最佳利益,也符合公共利益。有学者认为,“丧失基础之债务人及其家庭之生活,虽须由社会保障等予以支援,但亦应减轻社会保障等之负担”[2]。一方面,就生存权而言,债务人及其家庭成员因破产而陷入赤贫状态与公共政策相悖,让他们面临饥饿的威胁不仅违反人道主义,而且对社会而言绝非最佳选择。“如果让债权人剥夺债务人的所有财产,债务人就将成为政府的负担,沦为民间福利的救济目标。”[3]由于政府救济需要公共财政支持,而后者主要源于税收收入,因此债务人及家庭成员所获得的救济最终是由全体纳税人承担。易言之,在没有自由财产的情形下,债务人事业失败的后果被转嫁到全体社会成员身上,这增加了个人破产的负外部性,既不公平,也不利于经济社会的可持续发展。

另一方面,就发展权而言,债务人暂时性的事业失败并不代表他丧失继续创造财富的能力,“允许债务人保有一定财产可能会更好地帮助其重新成为创造社会财富的一员”[4]。进一步地,债务人获得职业工具后可继续创造财富,既可以在“良好品行期”内持续偿还债务,降低债务人破产对经济活动的负面影响,尤其是减缓各相关联的市场主体因资金链断裂引起的连锁反应,还可以在一定程度上提高自身及家庭成员的生活水平,进而降低对社会保障的依赖,促进社会资源的有效配置。

二、自由财产的范围界定与转换问题

如何界定自由财产,是个人破产立法中必须考虑的重要问题,也是债务人与债权

[1] 余飞跃:《〈社会保障学〉知识体系建构研究》,载《社会保障评论》2019 年第 1 期。

[2] [日]桶舍典哲「差押禁止、差押除外の比較法的検討 I ——英米法系諸国」河野正憲 = 中島弘雅編『倒産法大系』(二〇〇一年)三九六頁;[日]小松阳一郎:「新しい破産手続と債務者のフレッシュ・スタート」〈NBL〉七九一號(二〇〇四年)七十七頁。转引自许士宦:《债务清理法之基本构造》,台北:元照出版有限公司 2008 年版,第 284 页。

[3] [美]查尔斯·J. 泰步:《美国破产法新论》(第 3 版)(下册),韩长印等译,中国政法大学出版社 2017 年版,第 956 页。

[4] [美]查尔斯·J. 泰步:《美国破产法新论》(第 3 版)(下册),韩长印等译,中国政法大学出版社 2017 年版,第 957 页。

人之间矛盾的激发点。因为用于偿还债务的破产财产与归属于债务人所有的自由财产之间属于“此消彼长”的关系,如果自由财产范围过宽,意味着用于偿还债务的责任财产数量减少,直接影响最终的清偿率。相反,如果自由财产范围过窄,则无法充分发挥自由财产的功能作用,损害债务人的利益。因此,自由财产的界定须注意把握好债务人与债权人间利益关系的平衡。

(一)自由财产的范围

目前,破产法治建设相对成熟的国家和地区一般是从财产种类和财产价值两个角度确定自由财产的范围。

1. 以财产种类为视角

从财产种类上来看,各国(地区)主要采取列举式与概括式两种立法模式来界定自由财产。美国破产法是典型的列举式立法。根据《美国破产法典》第522条(d)款的规定,自由财产包括:(1)价值不超过15,000美元的居住不动产;(2)对机动车拥有的不超过2400美元的利益;(3)不超过400美元的特殊物品或8000美元的家庭陈设物、生活必需品;(4)价值不超过1000美元的珠宝饰物;(5)价值不超过800美元,最多7500美元的其他财产利益;(6)价值不超过1500美元的职业必需品;(7)未到期的人寿保险合同;(8)不超过8000美元的人身保险金;(9)破产人及其家庭成员的健康保健费用、债务人取得社会保险金、失业救济金或者政府提供的物质帮助利益,以及破产人赖以生存的人寿保险金或人身损害赔偿金等。此外,第522条(d)款(11)项还规定了若干可追溯的自由财产,包括损害赔偿、人寿保险金等具有人身性的财产[1]。

在概括式立法上,日本是主要代表之一。根据日本现行立法的规定,自由财产主要包括:(1)破产程序开始后破产人取得的财产。“破产程序开始后,破产人基于劳动获得的报酬及程序开始后因近亲死亡获得的遗产不属于破产财团(不被纳入破产财团之内的财产被称为自由财产)。”[2](2)禁止扣押的财产。《日本破产法》第34

[1] 主要还包括:(A)根据刑事受害者赔偿法作出的裁决;(B)因债务人为其受扶养人的个人的非正常死亡而支付的款项,以支持债务人和债务人的任何受扶养人的合理需要为限;(C)根据人寿保险合同支付的款项,该款项在债务人及其任何受抚养人的合理必要范围内,根据债务人的去世日期为受抚养人提供保险;(D)债务人或债务人所依赖的个人因人身伤害而获得的不超过15,000美元的付款,不包括疼痛和痛苦或对实际金钱损失的赔偿;或(E)对债务人或债务人现在或过去所依赖的个人未来收入损失的补偿付款,以支持债务人和债务人的任何家庭成员的合理需要为限。See 11. U. S. C. A §522(d)(11).

[2] [日]山本和彦:《日本倒产处理法入门》,金春等译,法律出版社2016年版,第60页。

条第3款规定:不得扣押的财产不属于破产财团。不得扣押的财产主要包括《日本民事执行法》第131条规定的禁止扣押的动产和第152条规定的禁止扣押的债权[1]。(3)破产管理人从财团中放弃的财产[2]。若财团中的某些财产变现成本过高,以致管理人认为该财产变现价值较低时,经法院许可后管理人可以放弃财产,而这类被放弃的财产就会变为自由财产。

2. 以财产价值为视角

从财产价值角度上,可以将确定自由财产范围的模式划分为三类:(1)仅规定财产种类。主要见诸概括式模式的国家及地区,如德国[3]、日本及我国台湾地区[4]。(2)规定自由财产总体的价值上限。这种模式为"达到一定总值、狭窄范围内债务人财产的豁免"[5],通常仅包括生活必需品和职业工具[6]。比如,1986年《英国破产法》规定,破产人的自由财产包括工作与生活两个主要的方面:一是破产人在其受雇、商业运用和职业工作中自己使用的,必要的工具、书籍、车辆及其他设备;二是为满足破产人及其家人的基本生活需要而必需的衣物、床上用品、家具、家庭设备及供应品[7]。(3)针对特定的自由财产种类设定不同的价值上限。该类别以美国破产法为代表,既规定具体的财产类别,也规定各类别的价值上限。

---

〔1〕 此外,其他法律规定的扣押禁止财产也作为自由财产来处理,例如,《生活保护法》第58条规定的公共保险的补偿金债权、生活保护支援金。根据最高裁判所昭和五十八年(1983年)10月6日判决,基于诽谤行为产生的精神损害赔偿金,其具体金额未被确定时,具有当事人专属性,视为自由财产。参见[日]山本和彦:《日本倒产处理法入门》,金春等译,法律出版社2016年版,第108-109页。

〔2〕 [日]山本和彦:《日本倒产处理法入门》,金春等译,法律出版社2016年版,第108页。

〔3〕 《德国破产法》第36条规定:"(1)不受强制执行的标的,不属于破产财产。《民事诉讼法》第850条、第850a条、第850e条、第850f条第1款、第850g条至第850i条相应适用。(2)但是下列财物属于破产财产:①债务人的营业账簿;保管文件的法定义务不受影响;②依照《民事诉讼法》第811条第1款第4项和第9项不受强制执行的物。(3)属于常用家用器具且为债务人在家庭事务中使用的物,以其变现显然只取得与其价值极其不成比例的价金为限,不属于破产财产。"参见李飞:《当代外国破产法》,中国法制出版社2006年版,第26页。

〔4〕 我国台湾地区"破产法"第82条第2款规定:"专属于破产人本身之权利及禁止扣押之财产,不属于破产财团。"

〔5〕 世界银行破产处理工作小组:《世界银行自然人破产问题处理报告》,殷慧芬、张达译,中国政法大学出版社2016年版,第94页。

〔6〕 胡利玲:《论个人破产中豁免财产范围的确定》,载《经贸法律评论》2019年第4期。

〔7〕 See Insolvency Act 1986, sec. 283(2).

3. 对域外立法的评述

在区分财产种类的情形下，无论是概括式立法还是列举式立法，都有其各自的利弊。概括式立法主要由法官在个案中酌定自由财产的具体范围，其优点在于保持了法律适用的灵活性，可以做到具体问题具体分析。相对地，其缺点也较为明显。首先，由于法律规定的模糊性，无法让债务人对未来生活产生明确预期，影响债务人主动申请破产的积极性。其次，在案件受理后，债务人与债权人也将因为某特定财产是否属于自由财产而产生争议，影响了破产审判的工作效率。最后，概括性立法赋予法官的自由裁量权过大，容易产生不公平的结果，侵害债务人或债权人的利益。相反，列举式立法明确了自由财产的具体范围，让债务人具有相对稳定的预期，有利于减少债务人与债权人的争议。然而，列举式立法过于僵硬，市场发展瞬息万变，尤其是在物价水平容易产生波动的时期，立法所规定的具体数额可能滞后于现实，不利于发挥自由财产的功能作用。进一步地，列举式立法的科学性与合理性取决于立法者的立法水平，受制于立法者的认知水平，立法所列举的项目容易出现漏缺，但由于具体财产种类已被法定，其回旋余地不大。

在区分财产价值的情形下，不设财产价值限制与设定特定财产价值上限的利与弊，类似于概括式立法及列举式立法的比较分析，而设定自由财产总体价值上限的方式虽可以最大限度地保障债权人的受偿请求，但难免弱化自由财产的作用，以致提高债务人及其家庭成员对社会保障的需求度。

4. 我国界定自由财产应注意的问题

我国在界定自由财产范围时不宜盲目地作出“非此即彼”的策略，应当充分考虑我国国情。

首先，应当考虑我国经济发展的地区差异，确立有弹性的自由财产界定规则。我国地区经济发展具有较大差异性，即存在东部、中部、西部的发展差异，也存在一个省级辖区内不同区域之间的发展差异。因此，我国若要确立自由财产的价值上限，不宜采取“一刀切”的方式，特定的价值上限可能适用于经济发展水平与之相适的地区，但对于其他地区，也许并不能满足债务人的基本生活需要及职业需要。对此，可以考虑在全国范围内确立统一自由财产种类的基础上，将具体的财产价值上限授权给省级人大及其常委会进行地方立法，因地制宜，以期提高立法的科学性与合理性。

其次，应当考虑传统观念对自由财产界定可能产生的影响。我国自古以来就有“欠债还钱，天经地义”的观念，个人破产制度的设立让债务人在满足特定条件下得以免除部分债务清偿的义务，自由财产制度更是在债务未得到完全清偿的前提下允许债务人保留部分财产，这一立法效果可能一时还难以与人们的固有观念相契合。如果不处理好现代化制度与传统观念的张力，那么自由财产制度就无法得到社会各界的内心认可，让债权人产生强烈的抵触情绪，甚至排斥整个个人破产制度。有鉴于此，我国自由财产范围的界限不能过宽，不能盲目照搬域外立法例，尤其是不能盲目复制对自由财产范围持“慷慨”态度的立法，更不能将自由财产制度演变成债务人逃避债务的工具。此外，对债务人财产的分类标准须明确，有权机关应当依法审查债务人的申请，核实债务人的全部财产，防止债权人利益受损。

最后，自由财产的范围界定也需要与社会保障制度以及未来强制执行法中不能执行的财产范围相衔接，毕竟自由财产与破产财产处于一种“竞争”态势，在社会保障制度和未来的强制执行法的“观照”下，自由财产制度过多地“呵护”债务人可能造成更大的不公平。

综上所述，我国现阶段应充分汲取各种立法模式的优点，摒弃立法弊端，完善配套制度，以适度保障债务人生存权、发展权以及人身专属性财产为原则，确定符合我国实际需要的自由财产范围。

（二）自由财产的转换

自由财产的转换是指债务人在破产申请前将原不属于自由财产范围内的财产通过形式的转化，使之变为自由财产的行为，即资产安排行为。破产法在允许债务人进行财产转换的同时，应当设置若干限制，以平衡债权人与债务人的利益，最大限度地减少债权人利益的损害〔1〕。对此，虽然各个国家及地区在立法上有所不同，但基本底线是既要保障债务人及家庭成员的基本生活需要，又不能让其随意选择哪些财物作为自由财产。若债务人肆意转换财产，侵蚀破产财产，该行为将被撤销。本文在此主要从允许、限制及撤销三个方面分析财产的转换问题。

---

〔1〕 美国佛罗里达州南区破产法院曾经对债务人申请破产前的房产转换行为作出裁决，裁决依据为“无害，则没有犯规”（no harm，no foul），认为只要债务人在破产申请前的财产转换行为没有侵害债权人根据州法律所获得的既有利益，那么这种转换行为就不能被禁止。See In re Fornabaio，187 B. R. at 782. 但是这种“无害，则没有犯规”的裁判理由并不为多数地区所承认，更多法院采用的依据是“没有伤害，仍是犯规”（no harm，still foul）。“不管债务人在破产申请前所转换的财产在其适用的州法律下是否会被豁免，管理人都可以防止这样的转换行为，因为这种转换构成‘欺诈性转换’。这一推理源于这样一个概念，即在债务人要求确认豁免财产之前，所有财产都是破产财产的一部分。因此，允许债务人在申请前转换财产可能会损害债权人，因为从来没有明确债务人将来可以获得的豁免财产范围。”See Alyssa Pompei，No Harm，*Still Foul*：*Unharmed Creditors and Debtors and Avoidance of a Debtor's Pre－Petition Transfer of Exemptible Property*，St. John's Law Review，Vol. 89，No. Issues 2－3，2015，p. 968.

1. 允许自由财产转换的正当性

自由财产本质上是债务人享有的一项私人财产权益，而“私有财产权的确立保障了财产拥有者的自由，同时也限制了其他人的自由”[1]。自由财产的转换是债务人扩大自己财产权益的方式，形式上，自由财产转换的最终效果是减少破产财产，进而影响债权人的受偿比例，也即债务人为满足自身及其家庭成员的生活需求而让债权人丧失部分利益，所以无财产担保的债权人认为这种转换行为属于事实欺诈，是自由财产权的滥用，应予以禁止。然而，“禁止权利滥用为法律化的道德准则”[2]，权利滥用是“权利人（滥用者）在突破自己的内在权利界限的情况下，外在地侵入他人权利的范围”[3]，属于不受法律保护的不正当行为。在《美国破产法典》的 1978 年立法记录中，国会认为“债务人可以在申请破产之前将其非豁免财产转变为豁免财产，这一做法并不构成对债权人的欺诈，而只是让债务人充分利用其依法所享有的财产豁免权”[4]，准此以言，债务人在破产申请前实施资产安排行为应属于合理行使自由财产权。在市场理性人的假设中，债务人均有实施资产安排行为的倾向，以更好地保障生存及发展的基本需要，这是基于基本人权的考量，难谓“不道德”。如此，自由财产的转换本身并非权利的滥用。

实际上，自由财产转换与其说是权利滥用，毋宁是导致权利冲突的原因。权利冲突“是双方在均具有法律依据的情况下，因正当地行使权利而陷入对峙与僵局，冲突双方均没有突破各自的内在权利界限，更没有外在地侵入对方的权利范围”[5]，“应该理解为作为旨在表达和实现一定价值秩序的法律所确定的价值‘正当性’之间的冲突”[6]，在此特指基本人权和债权之间的冲突。而相比债权，基本人权更关涉人的最根本利益，与人的尊严具有更密切的联系，因此，化解二者之间冲突的可行路径是明确基本人权超越债权，由债权人作出让步，并负担容忍义务。“既然设立了自由财产制度，就应允许破产人在破产前合理利用自由财产制度为自己获得最大利益进行安

[1] 李石：《私有财产权对个人自由之限制——基于“分析马克思主义学派”的文本分析》，载《中共中央党校学报》2009 年第 3 期。

[2] 汪渊智：《论禁止权利滥用原则》，载《法学研究》1995 年第 5 期。

[3] 彭诚信、苏昊：《论权利冲突的规范本质及化解路径》，载《法制与社会发展》2019 年第 2 期。

[4] [美]查尔斯 · J. 泰步：《美国破产法新论》（第 3 版）（下册），韩长印等译，中国政法大学出版社 2017 年版，第 979 页。

[5] 彭诚信、苏昊：《论权利冲突的规范本质及化解路径》，载《法制与社会发展》2019 年第 2 期。

[6] 王克金：《权利冲突研究中需要进一步澄清的问题》，载《法制与社会发展》2010 年第 5 期。

排,否则,自由财产制度就会失去存在的意义。”[1]笔者认为,允许债务人实施资产安排实质上是对自由财产最大化的肯定,在债务人不违反法定限制条件的前提下,法院应当允许债务人在破产申请前所作的资产安排,以保障自由财产制度功能的实现。

2. 自由财产转换的必要限制

毫无疑问,立法允许债务人实施资产安排在一定程度上减少了破产财产的数量,为降低资产安排行为对债权人利益的影响,有效控制自由财产的数量,立法应当设定自由财产转换的限制条件,强调债务人的财产转换须是在限制范围内进行。限制自由财产转换的关键是对转换额度的限制,因为转换额度直接关涉财产价值,后者是破产程序的核心问题,所以,如果债务人的财产转换额度过高,超过其基本生活需要及职业需要时,该行为须予以限制。例如,在美国第八巡回法院审理的 Norwest Bank Nebraska, N. A. v. Tveten 案中,Tveten 因为地产投资失败而欠下了 190 万美元的债务,在破产申请前,其变现了几乎所有的非豁免财产,并用收益中的 70 万美元向 Lutheran Brotherhood 公司购买人寿保险及年金保险,而后 Tveten 主张这些财产均属于州法所规定的豁免财产。第八巡回法院经审理认为,尽管并无任何外部证据显示债务人在极端贪婪之外还存在欺诈,但其财产转换的额度已经“远远超过了财产豁免所允许的目标”,这种财产转换行为应当被拒绝。[2]

在财产转换额度的具体设定上,笔者认为不应作统一立法,因为财产转换额度与债务人所处经济环境相关,而各地经济发展水平不一,统一设定具体的转换额度不利于法律实施。因此,笔者建议具体转换额度应综合参照当地的最低生活保障、最低工资标准或经济适用房标准等系数,超出转换额度的部分财产须归入破产财产范围。

3. 自由财产不当转换的撤销问题

对自由财产不当转换的撤销,是对债务人实施非正常、欺诈性财产转换行为的纠正,其涉及撤销权的行使主体、撤销事由以及撤销程序等具体问题。

第一,在撤销权的行使主体上,除了具有直接利害关系的债权人外,破产管理人

---

〔1〕 文秀峰:《个人破产法律制度研究——兼论我国个人破产制度的构建》,中国人民公安大学出版社 2006 年版,第 171 页。

〔2〕 848 F. 2d 871 (8th Cir. 1988),参见[美]查尔斯·J. 泰步:《美国破产法新论》(第 3 版)(下册),韩长印等译,中国政法大学出版社 2017 年版,第 981 页。

也有权撤销债务人的违法转换行为[1]。笔者认为,立法可以考虑将该撤销权列入破产管理人的职责范围,由破产管理人专门行使自由财产不当转换的撤销权。理由有二:(1)在不断推进破产管理人队伍专业化建设的背景下,破产管理人的履职能力不断增强,相较于一般债权人,其具有必要的专业知识和业务能力。由破产管理人专门行使撤销权有利于实现撤销权的功能价值。(2)当债务人实施的不当行为涉及多项自由财产或多个债权人的利益时,由破产管理人统一向有权机关申请撤销可以提高破产审判效率。

第二,在撤销事由上,实务中主要表现为债务人欺诈,在判断标准上,美国法总结为以下几个方面:"①债务人对其所获得的财产是否支付了公平对价,非自由财产的受让人是否支付了公平对价;②用于获得自由财产的金钱是不是借来的,或者是不是担保物产生的利益;③债务人获得财产之前和获得财产之后的经济状况;④债务人是公开还是秘密完成该转让,债务人是否欺骗或误导了债权人;⑤自由财产的数量和价值;⑥获得财产和申请破产的时间间隔;⑦财产获得时债权人是否开始或者威胁开始进行追索行为;⑧转让中包括的非自由财产数量和转让后非自由财产的剩余数量。"[2]根本上,转换行为的欺诈性取决于债务人的行为是否在公开场所进行,其行为意图是否在于欺瞒债权人,以及债务人最终获得的自由财产是否与自由财产的价值理念相符合。因此,笔者认为,欺诈的构成要件可设置为:(1)非公开场合的行为;(2)有意误导、欺瞒债权人;(3)债务人所得自由财产已脱离立法范围。

第三,在撤销权的行使上,应当符合一定的程序。撤销的对象必须是债务人于破产前一定时期内的违法转换行为,如果债务人的行为是在这个特定时期之前实施的,为维护市场交易的稳定性和预期,权利人无权行使撤销权,强迫恢复原状。根据域外的立法实践,追溯债务人行为的有效期一般是 6 个月至 1 年。在撤销权行使时间上,一般为 6 个月的除斥期间。此外,受理撤销申请的机关为人民法院。如果债权人利益因破产管理人怠于行使撤销权而受损,那么债权人还可以向法院请求破产管理人

---

[1] 有学者认为,"为了保护债权人并确保他们在破产中的平等待遇,破产管理人可以在某些情况下防止债务人在破产前的财产转换行为"。"破产管理人为了让所有债权人可以从破产财产中收益而防止这类财产转换行为。破产管理人可以在初次受让人或初次受让人的任何直接或间接受让人处收回转让的财产或财产价值。" See Dana Yankowitz, I *Could Have Exempted It Anyway*: *Can a Trustee Avoid a Debtor's Prepetition Transfer of Exemptible Property*, Emory Bankruptcy Developments Journal, Vol. 23, No. 1, 2006, p. 219 – 220.

[2] [美]大卫 · G. 爱泼斯坦等:《美国破产法》,韩长印等译,中国政法大学出版社 2003 年版,第 646 页。

承担赔偿责任。

三、自由财产处置可能面临的问题

在个人破产中，自由财产的核心功能是保障债务人及其家庭成员的基本人权。本质上，自由财产的处置是处理基本人权与财产处分权之间的关系，在设立担保物权的情形下，则是处理基本人权保障与担保物权实现之间的关系。囿于破产债务人身份和处境的特殊性，立法应当在一定程度上对债务人的财产处分权以及债权人的担保物权予以限制。同时，须考虑自由财产的变现价值，若某项自由财产的变现价值相较于债务人的合理需求过高，则可以置换物替代原自由财产，将原自由财产归入破产财产范围。因此，对自由财产处置问题的分析，至少应当关注以下四个方面：

（一）能否将自由财产用于清偿债务

债务人以其所有的财产对外清偿债务本是义务，立法不应阻止。然而，在债务人破产的情形下，债务人以自由财产清偿债务可能会导致较强的负外部性，立法须予以限制。概言之，债务人以自由财产清偿债务会造成用于满足基本生活或职业需要的财产数量减少，进而影响其自身及家庭成员的生存和发展。比较法上，并非所有国家都采用当然免责主义[1]，债务人还须在规定时期内继续清偿债务，但这并不代表可以使用自由财产清偿债务，二者之间不可画等号。实际上，债务人用于清偿债务的财产是其充分利用自由财产所获取的新财产，即债务人获得的新劳动收入，而非自由财产本身，债权人不可直接要求债务人以自由财产偿债。

问题在于，如果债务人主动使用自由财产清偿债务，该清偿行为是否有效？事实上，无论是债务人主动清偿债务还是债权人追偿，其行为后果是一样的，即自由财产数量减少，危及债务人及其家庭成员的基本人权。其中，在债务人主动偿债的场合中，财产处分是依据债务人的自由意志，而非现实强迫，行为类似于自由财产的放弃。出于保障债务人及其家庭成员基本人权的考虑，应当否定债务人使用自由财产清偿债务的效力。

---

〔1〕 免责制度在很多发达的市场经济国家都有，大体可分为三类：有的国家采取的是自动免责制度，破产清算程序或者重整程序结束后，达到法定条件时破产人无须提出申请，自动获得免责；有的国家采取的是许可免责主义，在债务人符合破产法规定免责条件时，要由债务人申请，由法院抑或其他相关机构审查决定是否赋予债务人免除剩余债务的利益；有的国家采取的是混合免责主义，即在个人破产的某些程序中规定当然免责，在某些程序中规定许可免责。参见王欣新：《个人破产制度建立还有多远?》，载《三联生活周刊》2019 年第 31 期。

(二)债务人能否放弃自由财产

放弃财产是所有权人处分自己财产的一种方式。既然自由财产属于债务人所有,那么债务人能否基于主观意愿放弃自由财产呢?由于自由财产具有保障基本人权的功能特性,其关涉债务人及家庭成员的根本利益及社会公共利益,与其他一般性财产之间存在较大差异,如果在自由财产上赋予债务人完整的处分权,恐有损害利害关系人根本利益及社会公共利益之虞。

对此,有观点指出,自由财产能否放弃可类比自杀是否合法的争议,认为债务人在破产程序终结后仍将继续存在,需要一定的物质基础才能生存及投入工作,若债务人放弃这部分财产,相当于剥夺自己继续生存和发展的机会,其效果无异于"自杀"〔1〕。在文明进步的社会,更多的人认为法律不应放任自然人剥夺自己继续生存、发展的机会,而应当以父爱主义的角度否定债务人享有放弃自由财产的权利。

从另一个角度分析,自由财产不仅涉及债务人自身利益,还涉及家庭成员的切身利益。在家庭成员不具备劳动能力的情况下,债务人放弃自由财产可能会让家庭成员失去依靠,丧失继续生活的物质基础,最终不得不求助于社会保障,造成公共财政负担加重。可以说,债务人放弃自由财产的后果是将本属于债务人法定义务的部分转嫁到政府身上,损害公共利益。有美国学者指出,债务人的弃权行为尽管有利于债权人,但无疑有损于债务人、债务人的被扶养人以及公共利益〔2〕。因此,无论是出于债务人强制性义务履行的角度,还是基于社会运行成本的考量,立法不应允许债务人放弃自由财产。如果债务人怠于行使主张自由财产的权利,那么法院应当及时告知债务人的家庭成员,由债务人的家庭成员向法院提交自由财产申请。

此外,能否放弃自由财产还需要结合本国文化传统作一体考察。具言之,放弃行为的外部性还涉及债务人近亲属的物质、精神利益。我国传统的"家族理念"或"家

〔1〕 有人指出,虽然在事实上,各个国家没有明确规定自杀是违法行为,但其中一个很重要的原因是一个人自杀以后,本人便不继续存在,即使法律规定自杀非法,法院也无法对其作出如同其他案件中有期徒刑、无期徒刑和死刑的法律制裁,所以把自杀规定为非法也没有实际上的意义。然而,破产法在自由财产上规定不可放弃自由财产却与此不同,因为此类案件中当事人本身的存在没有消失,所以法院有强制将自由财产裁决给当事人继续占有的办法。因此,虽然当今世界上没有国家在法律上明文规定自由财产不可放弃,但是在学术就此予以讨论是有其意义的。参见黄小林:《个人破产中的自由财产制度研究》,南昌大学2013年硕士学位论文。

〔2〕 [美]查尔斯·J.泰步:《美国破产法新论》(第3版)(下册),韩长印等译,中国政法大学出版社2017年版,第1021页。

庭理念”已经深入国人骨髓，在父权家族中，凡事以“孝”举，古代尚有“‘天下无不是的父母’……伦理告诉我们，子当‘有顺无违’，这不是‘是非’的问题，而是‘伦常’的问题……‘是非’，毋宁说是系于身份的”〔1〕，婚姻关系中基于身份所维系的情感亦是如此。因此，当债务人因放弃自由财产而陷入生活困境时，其配偶或父母、子女将遭受一定程度的精神压力和情感伤害，同时不得不接济债务人，导致其他家庭的经济收入被侵蚀，不利于经济社会的健康发展。

（三）自由财产所负担的担保权益如何处理

自由财产与担保权益之间的冲突主要表现为是否可以无障碍地实现自由财产上的担保权益，这取决于立法对基本人权与物上优先权之间的利益衡量。毫无疑问，担保权益的实现在一定程度上构成对自由财产的妨害，从保障基本人权角度出发，应当对担保权益的实现予以限制。尽管也有观点认为豁免并不妨碍自由财产上担保权益的行使〔2〕，但是过度保护担保权益可能导致自由财产的功能价值无法实现，影响债务人“全新开始”，因而不应采纳。

在美国，“为确保债务人享有一个全新开始，债务人有权在诸如《美国破产法典》第522条(f)款项下的家庭用品及职业工具等豁免财产和非占有性货币担保权益（非价款担保权益）中撤销司法优先权”〔3〕。事实上，美国法将担保权益划分为意定担保权、法定担保权、司法担保权三类，如果自由财产上的担保权益属于意定担保权或法定担保权，该担保权根据所在州法规定系有效的，且在破产法上系无法撤销的，那么债权人仍

〔1〕 瞿同祖：《中国法律与中国社会》，商务印书馆2010年版，第16－17页。

〔2〕 世界银行的研究报告指出：“原则上，担保债权人在破产程序中应受到保护。为保护信贷市场的信心，赋予担保债权人如此强势的经济地位是合理的。此外，由于担保权益通常被定义为财产权，所以由宪法规定的财产权条款经常在破产程序中被援引，以维护担保债权人权利的完整性。”See The World Bank – Working Group on the Treatment of the Insolvency of Natural Persons, *Report on the Treatment of the Insolvency of Natural Persons*, Copyright Clearance Center, Inc., 2012, p. 107－108.

〔3〕 Douglas G. Baird, *Elements of Bankruptcy*, 6th Edition, Foundation Press, 2014, p. 45.

可就该自由财产优先受偿[1]。根据《美国破产法典》第522条(f)款的规定[2],债务人有权撤销的担保权范围是非第523条(a)款(5)项[3]规定债务的司法担保权,以及在保障债务人基本生活及职业需要的财产上设立的非占有、非价款担保权益。其实,美国法之所以在权利效力性方面有较为复杂的规定,是因为其自由财产范围比较宽,且对债务人的保护程度较高,二者相结合之下,自由财产与担保权益便容易产生权利矛盾。

如果我国个人破产立法界定的自由财产范围比较窄,破产财产被侵蚀的程度较低,那么,对于在债务人及其家庭成员的生活必需品、债务人必要的职业工具上设立的担保权益,立法应当赋予债务人撤销权,保障自由财产价值的实现。但是,对于个人住宅上的担保物权,则应限制债务人的撤销权。这是因为,虽然个人住宅属于自由财产,但其往往也是债务人财产中最具经济价值的财产,如果为实现自由财产利益而一概否定住宅上的担保权益,不仅有损债权人利益,对正常的市场交易秩序以及信贷市场也会产生负外部性。据此,在个人住宅的担保权益问题上,我国立法可以考虑借鉴英国"财产押记令"的方式,以平衡债务人生存权与债权人的担保物权。具体而言,根据1986年《英国破产法》第283A条(3)款(d)项的规定,为获得债务人住宅的利

---

[1] 文秀峰:《个人破产法律制度研究——兼论我国个人破产制度的构建》,中国人民公安大学出版社2006年版,第169页。

[2] 根据《美国破产法典》的规定,尽管债务人放弃了自由财产,但债务人仍然可以撤销在自己财产上设立的一些担保,撤销的限度为这些担保损害了债务人依据本条(b)款有权保留的自由财产,只要这种担保是下列两种担保之一:(A)司法担保,但不包括为第523条(a)款(5)项规定的债务担保的司法担保权;(B)设立在下述任一财产上的非占有、非价款担保权益:(i)债务人或债务人抚(扶)养的人持有的主要由个人、家庭或家属使用的家具、家用物品、衣物、工具、书籍、动物、粮食、乐器或珠宝首饰等;(ii)债务人或债务人抚(扶)养的人因职业需要的器具、专业书籍或工具等;(iii)债务人或债务人抚(扶)养的人专用的医疗保健辅助设备。See 11 U. S. C. A. § 522(f)(1).

[3] 根据《美国破产法典》的规定,第727条、第1141条、第1192条、第1228条(a)款、第1228条(b)款或第1328条(b)款规定解除的个人债务,不包括来自家庭抚(扶)养义务的债务。See 11 U. S. C. A. § 523(a)(5).

益,破产管理人可以根据本法第四章第313条规定[1]申请一项命令(财产押记令)[2]。押记令的作用在于,如果该住宅今后被出售,破产管理人有权取回他应得的部分。押记令的最长期限是12年,但可以再次押记。值得注意的是,本项规定是以住宅属于破产财产为前提的,因为管理人需要顾及债务人的生存权而无法马上将该住宅变现,所以用财产押记的做法缓解利益冲突。在住宅属于自由财产的前提下,该规则须加以改造:立法可以赋予破产管理人申请财产押记的权利,并构建最长时限及可再次押记的规则,当个人进入破产程序且其住宅上负有担保权益时,破产管理人有权先向法院申请对该住宅施加押记。如果该住宅今后被出售,债务人有权获得与国家经济适用房标准相当的财产,而剩余财产则应用于清偿债务。

(四)自由财产的合理置换

自由财产的置换是指如果破产管理人认为某项自由财产整体或者部分变现的价值超过了将其进行合理置换(reasonable replacement)的成本,则破产管理人可以采书面通知的形式告知破产人,该财产全部或者部分地归入破产财产,但管理人应当将该破产财产中包含的资金用于破产人购买或者代表破产人购买合理的置换物。根据1986年《英国破产法》第308条(3)款的规定,破产管理人的此项职责优于其财产分配的义务[3]。值得注意的是,自由财产的置换是“合理置换”,即替代物能够合理、充分地满足原自由财产所能满足的需求[4]。笔者认为,自由财产的置换在满足债务人及其家庭成员合理需求的同时,有利于实现破产财产价值的最大化,在最大范围内

[1] 1986年《英国破产法》第313条规定:(1)破产人财产包括破产人或其配偶、前配偶、或破产人同性伴侣或前同性伴侣占有的住宅房屋权益所构成的任何财产,若破产管理人因任何原因暂时无法变现该财产,破产管理人可以向法院申请命令,为获得破产人财产利益而对该财产施加押记。(2)如果法院根据本条提出的申请,对任何财产施加押记,则该押记的利益须包括在破产人财产内,并可强制执行,但不得超过不时从破产财产中支付给破产人以外任何款项的押记价值,以及按规定利率支付该款额的利息。(2A)在第(2)款中,押记价值是指——(a)押记令中规定的金额,即破产人在押记令日期内对财产的权益价值;(b)从押记令日期起按规定利率计算的该金额的利息。(2B)在为本条的目的而厘定权益价值时,法院不应将法律规定外的任何事项考虑在内。(3)根据本条文就归属于破产管理人的财产作出的命令,须规定:根据押记规则,该财产不再包括在破产人财产内,但在受押记(及任何先前的押记)规限下,可继续归属破产人。(4)1979年《押记令法》第3条(1)款、(2)款、(4)款、(5)款和(6)款(关于押记令的补充规定)与该法的押记令对本条命令具有效力。(5)但该法第3条(5)款规定的命令不得改变押记价值。See Insolvency Act 1986, sec. 313.

[2] Insolvency Act 1986, sec. 283(A)(3)(d).

[3] Insolvency Act 1986, sec. 308(3).

[4] Insolvency Act 1986, sec. 308(4).

实现债权人利益,我国立法可考虑采纳这一制度。但是,“合理置换”是自由财产置换的实质要件,如果替代物不能充分地满足债务人及其家庭成员的需求,那么即便这种置换可以提高破产财产的价值,也构成了对基本人权的侵害,应予以否定。

此外,英国破产法还设置了以下置换规则:第一,原则上破产管理人应当在知道破产人此项自由财产之日起的 42 日内作出是否置换的决定并通知破产人,逾期之后,除非经过法院的同意,不得再给破产人发出置换的通知〔1〕。第二,一旦管理人发出书面置换通知,通知中所指向的财产就归为破产财产的一部分,管理人对该财产享有的权利可以追溯到破产清算程序开始之初,但不得对抗支付了对价且没有得到债务人破产通知的善意购买人〔2〕。第三,购买替代物的行为可以发生在破产管理人可以变现原自由财产之前或者之后〔3〕。第四,除非破产财产中有足够的资金用于购买替代物,否则,破产管理人没有义务提供资金用于购买替代物〔4〕。

据此,自由财产的置换程序实际上由破产管理人发起,合理地置换自由财产是破产管理人的职责。我国构建自由财产置换程序时应把重心放在对管理人履职的监督上,既要督促管理人积极履职,提高破产财产价值,又要防止管理人不恰当地行使置换权,使置换物不能充分满足债务人及其家庭成员的需求。同时,须强调自由财产的置换是建立在原破产财产具有足够资金的基础之上,这是自由财产置换的前提条件,在前提条件未满足的情况下,不能强制要求管理人履行置换义务。在通知程序上,结合我国的立法传统,可将期限改为 45 日。在外部关系上,也需要注意维护市场正常交易秩序,尊重民法上的善意取得制度,降低破产法制度对其他法律秩序的影响。

四、结语

自由财产制度关涉多方主体的利益,一方面,应当平衡债务人和债权人双方的利益,既需要为企业家创业提供制度激励,保障债务人及其家庭成员的基本人权,也不能因此过于伤害债权人的利益,妨碍市场正常交易。制度的设计须围绕个人破产立法的宗旨和功能,以期保证只有“诚实而不幸”的债务人才能享受这一待遇。另一方面,我国自由财产制度的设置不能盲目移植域外立法例,因为我国是独特的文化体,

〔1〕 Insolvency Act 1986, sec. 309(1)(b).

〔2〕 Insolvency Act 1986, sec. 308(2).

〔3〕 The Insolvency (England and Wales) Rules 2016, rule 10.106(1).

〔4〕 The Insolvency (England and Wales) Rules 2016, rule 10.106(2).

国情特殊,新兴制度应当顺应社会变革,符合我国市场经济发展的规律。制度最终能否有效实施的关键不仅在于条文是否完善,还在于制度构建是否契合市场的需要及恰当地反映我国的社会文化。

续建式重整新模式与债权清偿的新思路

——广西华硕科技公司破产重整案

孙　翔*　肖舒淼**

【裁判要旨】

通过公开招募的竞争性管理人选任机制,增强了管理人的荣誉感和使命感,有利于法院从各种投标方案中优中选优,发掘案件处理的新思路。对在建工程进行续建后再处置,有利于以较小的投入换取较大的增值利益,与直接处置在建工程相比具有优势,但在续建资金筹集、增值利益分配方面存在一定困难。以取得房屋所有权作为回报,激励作为普通债权人的购房者另行筹款用于续建及清偿其他债权人,不仅解决了续建资金的筹集难题,还强化了其他债权人进行让步的意愿,并为降低普通债权总额、提高其他普通债权人的受偿率创造了条件,可谓一举多得,为重整计划的顺利执行奠定了基础。

[案号:(2019)桂02破3号;合议庭成员:孙翔、黄晓、李枚]

【基本案情】

广西华硕科技信息产业有限公司(以下简称华硕公司)成立于2010年,是一家以计算机传输网络工程、电脑技术服务及技术咨询等信息业务为主业的公司。华硕公司实际控制人为促进业务多元化发展、扩大营收,于2010年9月开始涉足房地产领域,投资开发了"明硕科技商业大

---

* 孙翔,柳州市中级人民法院民事审判第四庭副庭长、一级法官。

** 肖舒淼,法学硕士,柳州市中级人民法院民事审判第四庭法官助理。

厦”(以下简称明硕大厦)。该项目工程在建过程中,华硕公司因自有资金紧张、杠杆率过高,又受到银行政策变化及民间市场融资成本日益加大的影响,于2015年开始出现拖欠工程款现象。2019年3月,明硕大厦项目总承包方广西建工集团第五建设工程有限公司以华硕公司不能清偿到期债务且资产不足以清偿全部债务为由向柳州市中级人民法院(以下简称柳州中院)申请对华硕公司进行破产清算。

【审理过程及结果】

2019年6月11日,柳州中院裁定受理华硕公司破产清算,并通过公开招募的方式选任广西银正律师事务所担任管理人。经管理人调查,华硕公司主要资产为明硕大厦,规划面积为26,863.93平方米,可销售面积为21,777.93平方米。经评估,该在建工程价值约为1.9亿元,若能续建完工,预计价值3.3亿元,升值1.4亿元。在债权人申报的债权中,经管理人确认的债权本金为9.25亿元,利息及其他损失5.65亿元,共计14.9亿元。已确认债权本金中,工程款优先权约6500万元,让与担保优先权约6800万元,购房者普通债权已备案的约1.5亿元(145户),未备案的约5100万元(66户),借贷普通债权(不含让与担保)5.1亿元,其他普通债权约5000万元。经管理人测算,在不对明硕大厦进行续建,就华硕公司现有资产直接进行清算拍卖的情况下,最多只能变现1.36亿元,扣除破产费用、共益债务、职工债权、税金后,只能保证工程款优先权全额受偿,但让与担保优先权部分受偿,普通债权人(包括购房人)的清偿率为0。

为了最大程度地提高债权受偿率,柳州中院没有简单地对华硕公司现有资产按现状进行处置,而是指导管理人制定了对明硕大厦进行续建的继续经营方案。该方案于2019年10月15日召开的第一次债权人会议上获得了通过,并于2019年年底成功招募续建投资人。2020年10月30日,华硕公司根据第一次债权人会议决议向柳州中院正式申请由破产清算程序转为破产重整。

在重整过程中,面对华硕公司负债远超资产、“僧多粥少”的困境,柳州中院指导管理人在重整方案中引导各方作出让步。例如,全体债权人放弃利息和其他损失债权,让与担保权人主动对享有优先权的债权实施减让,购房人在原有购房款之外再支付一笔费用用于支付续建费用和补偿让与担保权人,以此为对价取得房屋所有权等。上述方案使绝大多数债权人的处境均较直接进行破产清算相比获得了改善,在2020年12月3日的第二次债权人会议上获得了高票通过。2020年12月7日,华硕公司管理人向柳州中院申请批准重整计划,2020年12月16日,柳州中院正式批准重整计划并终止华硕公司重整程序。目前,该重整计划正在有序实施过程中。

【裁判评析】

一、优中选优，首次通过公开招募方式选任破产管理人

在过往的司法实践中，法院一般采取摇珠或者轮候的方式选任管理人。此种做法虽然极大提高了管理人选任效率，缓解了管理人“挑肥拣瘦”的问题，但存在无法有效激发管理人履职积极性的弊端，案件的难易程度与管理人的履职能力也不能很好地匹配。尤其是在本案中，债务人系房地产开发企业，涉及众多中小业主利益，社会关注度广，同时在建工程明硕大厦烂尾多年，遗留众多“沉疴痼疾”需要梳理、解决。为了寻找最具专业水准、最能促进债务人财产保值增值的管理人，最大可能地降低破产成本，柳州中院在全区范围内首次采取了公开招募管理人的方式，激发了管理人的社会责任感、荣誉感，充分调动管理人的积极性和创造性。同时，在确定正式管理人外，柳州中院同时选任了两名备选管理人，不但对正式管理人勤勉履职起到了督促作用，而且在正式管理人履职不力时能够及时替换，避免耽误破产程序推进。本案招募过程中，共吸引了14家区内一、二级管理人报名参加竞选。在上述竞争机制下，各管理人为了中标竞相在传统思路上进行创新，为华硕公司破产案件重整设计了很多不同的方案。本案中后来采取的续建式重整和后续处置的方案的雏形正是在竞选期间由管理人提出，并在案件后续审理中进行优化和完善，为本案的顺利解决打下了坚实的基础。

二、做大蛋糕，通过续建使在建工程增值

传统上，在建工程的处置方式为将在建工程直接拍卖，或者通过拍卖在建工程业主股权的方式间接实现在建工程的移转。传统资产处置方式的优点是能将债务人资产快速变现，避免债权人资金长期被占用从而导致损失扩大。但在本案中，传统资产处置方式面临以下困难：

第一，在建工程负担多，受让人接盘成本高。为了解除在建工程上的全部负担，受让人必须首先清偿前期建设的工程款和让与担保债权，并自行承担房屋过户交易所产生的税费，受让人不仅后续建设资金的投入巨大，还要自行进行营销并承担房地产市场下行的风险。因此投资人收购在建工程明硕大厦或华硕公司股权的动机弱，华硕公司资产直接变现难度大。

第二，在建工程涉及众多购房者，牵涉利益面广。若采取一次处置在建工程的方案，现有购房人作为普通债权人清偿率为0，相当于前期投入的购房款全部成为沉没

成本。本案中购房者多属于商铺投资者(211 户),且商铺未交付,故无法通过最高人民法院《关于人民法院办理执行异议和复议案件若干问题的规定》第 28 ~ 29 条获得救济。因此,即使能够找到愿意直接接盘明硕大厦的投资人,此种处理方案也会导致 200 多户购房人永远无法获得回报,极易激化社会矛盾,产生维稳压力,不利于破产程序的往下推进。

相较之下,续建方案最直接的优点在于以小投入换取大产出,提高债务人资产整体价值。经债权人委员会决议,管理人委托 3 家中介机构对续建工程造价进行了评估,最终决定以 930 万元为招标价对续建人进行招募(最后实际续建费用为 1100 多万元),而根据管理人的测算,若明硕大厦续建成功,将产生约 1.4 亿元的增值利益,在清偿完续建费用后,还可用于清偿债权人债权。但续建的方案也存在不少困难,如续建将延长案件处置周期,在续建质量、进度把控上存在一定不确定性,房地产市场走向存在不确定性,但其中最大的挑战当属续建资金的筹集和续建增值利益的分配问题。

在续建资金的筹集方面,按照传统的思路是将续建费用作为共益债务优先向续建投资人清偿,以鼓励潜在投资人积极参与续建工作。本案中传统思路面临的困难是,虽然在评估续建价中已经包含正常的施工利润,但华硕公司除了在建工程明硕大厦外已无其他值钱的资产,在完成续建前明硕大厦又无法变现,因此即使将续建费用作为共益债务清偿,潜在的续建投资人也可能迟迟无法获得施工利润甚至无法收回成本从而打消投资念头。

在续建增值利益的分配方面,理想状况下完成续建后明硕大厦评估价值为 3.3 亿元。若续建成功后通过拍卖的方式处置明硕大厦,根据管理人测算,快速变现拍卖价格 2.35 亿元,再扣除续建费用、拍卖所得应交税款并清偿优先类债权后,实际能够用于清偿普通债权人不足 1 亿元,对于高达 10 余亿元的普通债权总额来说仍然是杯水车薪,购房者的利益仍然无法得到保障,并没有从根本上消除维稳隐患。

三、"无中生有",购房者筹资续建

如何同时解决续建资金筹集和续建增值利益分配两大难题？经过柳州中院和管理人与债权人反复沟通协调,最终确定了主要由购房者筹集续建资金的方案,并由此制订了"一揽子"的重整计划,这一重整计划体现了各方互谅互让,合作共赢的思路:

首先,所有债权人承诺放弃本金以外的利息和其他损失请求权。由此,华硕公司的总负债额由 14.9 亿元下降到 9.25 亿元。更加可贵的是,在不续建直接清算的情况下仍可获得受偿的税务债权、工程优先债权人也主动放弃了利息债权,让更多的可分配财产流向普通债权人。

其次,让与担保权人主动对自己享有优先权的债权进行减让,将其中30%转变成普通债权,仅就70%主张优先权。表面上,与续建成功后拍卖明硕大厦并按照法定清偿顺序受偿相比,让与担保权人受偿额度有所下降,但与续建增值利益分配不均导致多方僵持不下甚至导致续建失败的情形相比,让与担保权人的受偿率还是有所提高,而且让与担保权人无须在无人投资的情况下自行承担续建费用,也避免了资金占用的成本。

再次,作为最关键的一步,就是作为普通债权人的购房者在交齐原有购房款的基础上,再按照一定的价格另外向华硕公司支付一笔购房款,相当于华硕公司对该房屋进行重新出售,不但让购房者可以获得房屋物权,也解决了房屋销售难题,降低了销售成本的支出。这笔额外购房款一方面作为续建共益费用直接支付给续建投资人,打消其投资成本无法回收的顾虑;另一方面用于清偿工程款优先权人和让与担保权人,以强化其进行让步的意愿。虽然购房者在原有购房款基础上增加了额外的支出,但与前期投入的购房成本全部沦为沉没成本相比,其至少能够转变为物权人,因此多数购房者的利益状况还是能得到改善。

最后,对于其他普通债权人而言,虽然部分房产未来将归属于购房者,看似削弱了债务人偿债能力,但让与担保债权被清偿后释放出了原来用于担保的房屋,再加上购房者补交的房款、部分购房者放弃补付钱款释放出来的房屋价值得出的增量,扣掉破产费用、共益债务(含续建费用)、职工债权、减让后的优先债权后,反而剩余2300万元余额用于清偿购房者债权以外的普通债权。另外,部分普通购房者通过补付费用转化为物权人后,普通债权的总额相应下降(据管理人测算,可减少2.17亿元),因此购房者以外的普通债权人的清偿比例也相应得到了提高。

总的来看,通过购房者自行筹措续建费用,有力地推进了续建进程,解决了续建资金难题,为债权人整体受偿率的提高奠定了基础。购房者主动付出的行为换取了优先权人的认可和对债权的主动减让,一方面使购房者未来能够取得房屋的物权,避免了前期投入的购房成本全部沉没;另一方面提高了其他普通债权人的受偿率。因此本案中的重整计划使各方债权人的利益均获得了改善,应该算是比较成功的实践,获得了债权人的认可,为重整计划的顺利实施创造了良好条件,也为今后类似案例提供了有益的处理思路。

房地产资产重整模式的探索

——以广西泽庆房地产开发有限责任公司破产清算案为例

陈一锋*

【基本案情】

广西泽庆房地产开发有限责任公司(以下简称泽庆公司)是一家河池市本地的房地产开发企业,其在环江县开发了"外滩一号"商品房住宅小区。因经营不善,资金链断裂,"外滩一号"小区从2015年起停止施工建设成为"烂尾楼",债权人债权迟迟得不到清偿。债权人以泽庆公司经强制执行不能清偿到期债务且明显缺乏清偿能力,符合执行转破产的条件向河池市中级人民法院(以下简称河池中院)申请对泽庆公司进行破产清算。河池中院经审查,依法受理了对泽庆公司的破产清算申请并指定广西智迪尔破产清算公司担任泽庆公司管理人。

[案号:(2018)桂12破1号]

【审理情况】

河池中院裁定受理后,在市委、市政府及环江县委、县政府的大力支持下,指导管理人依法接管泽庆公司资产,核查债权债务和招募重整投资人。虽然没有招募到重整投资人,但河池中院转变思路,采取"重整式清算"的"资产重整"方式,给泽庆公司的"外滩一号"招募了3名垫资续

* 陈一锋,法律硕士,河池市中级人民法院民事审判第二庭副庭长、四级法官。

建投资人，经过两轮的谈判优化，最终确定了河池市本地的房地产开发企业广西中源房地产开发有限公司作为最终的垫资续建投资人并获得债权人会议的通过。通过垫资续建人的垫资续建，泽庆公司"外滩一号"重新投入建设，小区焕然一新，并于2020年6月12日实现了一期业主的集体交房并举办了集体交房仪式。本案创造了广西房地产企业破产案件的3个"第一"：广西第一个执转破宣告破产后司法重整成功的房地产公司破产案件；广西第一个既有续建工程，也有在建工程的房地产破产案件；广西第一个从引进投资人续建到交房时间最快、效率最高的房地产破产案件。

【审理的重点、难点】

一、资产重整的必要性

经审核泽庆公司共有183名债权人，申报总金额714,131,279.51元，泽庆公司现有资产仅为其在环江县城开发的商品房住宅小区"外滩一号"，该楼盘因泽庆公司无资金维持已于2015年停止施工，至河池中院受理时，已经烂尾近3年，经过评估该楼盘清算价值仅为230,324,432.87元，即泽庆公司负债率高达310%。河池中院与管理人研究认为，泽庆公司现存资产明显不足以清偿债权，且"外滩一号"的土地及房屋均已设置抵押权，还有7400多万元的工程款优先权，"外滩一号"在破产前已经销售132套房屋，有60多户已经在未具备交房条件的情况下强行入住。如果强制进行破产清算，则泽庆公司的变现价值除去抵押权及优先权，普通债权、职工债权清偿率极低或接近0，更为重要的是原132套已售房屋的业主及已强行入住的业主将无法取得房产，极易激发各类社会矛盾，造成社会不稳定。据此，河池中院指导管理人必须将本案进行破产重整，经过管理人公开招募，无投资人愿意继续投资泽庆公司而无法走重整的程序。但河池中院转变工作思路，无法实现公司整体重整，则往"资产重整"的道路探索，通过引进投资人垫资把"外滩一号"续建完毕，实现"外滩一号"价值的整体最大化，提高泽庆公司债权人的清偿率，把"外滩一号"建设完成交付业主，彻底避免破产清算带来的不稳定因素。

二、资产重整的可行性

虽然泽庆公司因资不抵债进入破产程序，但作为泽庆公司唯一破产财产的商品房住宅小区"外滩一号"依然保留在环江县城新城区的位置上，具有显著的区位和经济优势：一是"外滩一号"项目地段优越，与花竹帽广场隔江相望，江边美景尽收眼底，周边还有毛南族博物馆、毛南金街、环江思源实验学校等，是一个青山巍巍、绿水长流、生态环境优良的学区房；二是根据国家及自治区的规划，环江县城即将贯通至桂林的高速公路及至贵阳的南贵高铁并设置有站点，区位优势凸显；三是环江县城房价逐年增长，至河池中院受理本案时，环江县城房价平均达到4000元/平方米，而“外滩一号”原销售价格仅为3500元/平方米左右，已有升值的空间；四是泽庆公司因无资金维系停工，根据规划“外滩一号”可售房屋为623套，破产前只销售了132套，剩余可售房屋491套，此外还有20,658平方米的商铺及120个车位。如果把“外滩一号”续建并销售完毕，能较大的提高本案各类债权的清偿率并避免引发各类社会不稳定的问题。

三、府院联动为泽庆公司“资产重整”铺平道路

河池中院指导管理人招募“外滩一号”投资续建人，最终经过招募、遴选及债权人会议投票决定，选定广西中源房地产开发有限公司作为投资人垫资对“外滩一号”进行续建。“外滩一号”自2019年9月1日复工续建以来，河池中院充分发挥破产案件府院联动机制的功能，协调了河池市及环江县政府、市县两级住建部门、人社部门、国土部门及税务部门等，为“外滩一号”的续建、销售、贷款及办证等多项工作开了绿灯和快车道，最终完成了“外滩一号”一期工程1号、2号、3号、4号、5号、6号、9号楼全部续建工作及销售工作，现在已具备交房条件。二期的7号楼也已经进入施工建设的收尾阶段。

【泽庆公司“资产重整”的典型意义】

一、创设实践可复制的房地产企业重整式清算的“资产重整”模式

房地产开发企业，尤其是本地的小型房地产开发企业，本身就不具备较强的市场竞争力和公司品牌效应，一旦因资金链断裂而导致房地产项目搁浅，就会造成资金成本急剧增加，房地产项目就陷入“无资金投入—停工—烂尾楼”的死循环。房地产项目成为烂尾楼后，该房地产企业的开发资质就会过期，企业在银行机构的信用就会灭失，房地产项目的“两证”也会过期。因此，对于投资人而言，此类房地产企业是不具备投资价值的，如果作为重整投资人的身份成为该企业的股东，则在该房地产项目结束后，面临多经营一家公司或必须进行清算的结果。泽庆公司作为中小型的房地产开发企业，破产清算案采取“资产重整”，只对房地产项目重整而不对公司进行重整的

模式实践证明是行得通、可复制的。

二、创设吸引本地投资人的投资模式

房地产开发项目涉及的部门很多，比如住建部门、人社部门、国土部门及税务部门等，在本地从事房地产开发的投资人跟这些部门交往较多，较为熟悉当地的政策。由本地投资人进行投资，能更好地解决房开资质、"两证"续办、产权证的办理等事宜。即使外地投资人资金实力较为雄厚，但不熟悉当地的部门和当地的政策，在投资续建过程中遇到问题会过度依赖管理人和法院，不利于案件审理的推动。但实在没有本地投资人，外地投资人也是必备的选择。

三、创设投资款项优先清偿消除投资顾虑

投资人投资"烂尾楼"项目，主要还是看中烂尾楼项目有一定盈利空间，时间较单独开发一个房地产项目时间短。但即使投资"烂尾楼"，也动辄几千万元甚至上亿元的资金，如果投资人投资的款项无法获得第一顺位的清偿和保障，也会影响投资人的投资积极性和决心，没有投资人投资"烂尾楼"也只能继续烂尾。在泽庆公司破产案中，投资人的投资款及投资收益均作为销售汇款后优先清偿的顺序，确保了投资人投资权益的实现，也就保证了"烂尾楼""资产重整"的实现。

四、创设"双重担保"融资渠道，打开销售局面

"烂尾楼"盘活遇到的另外一个主要问题就是续建房屋的销售问题，房屋无法销售则投资人的资金无法回笼实现盈利，就会影响投资人投资的积极性。在房开企业破产案件中，由于房开企业贷款逾期已进入了金融机构的信用黑名单，而商品房的按揭贷款，银行机构要求房开企业必须作为担保人为按揭贷款提供担保。因为房开企业已经进入信用黑名单，金融机构无法接受房开企业的担保而无法为购房者提供按揭贷款，这就必然导致"烂尾楼"无法盘活。在泽庆公司破产案中，河池中院积极协调金融机构，在多次反复协商和论证的基础上，信用社接受了泽庆公司与投资人广西中源房地产开发有限公司签订联合开发协议并由泽庆公司、广西中源房地产开发有限公司共同提供担保的形式给购房者提供按揭贷款，而且实现了办理公积金贷款的业务，畅通了续建房屋的销售环节。

五、彰显了府院联动机制的巨大生命力

泽庆公司能实现"外滩一号"的"资产重整"主要是河池市政府大力支持法院依

法开展破产案件的审理工作,并主动为法院破产案件的审理发挥府院联动机制的功能。从开发资质、“两证续办”、验收及办证环节,每一个环节都需要政府相关职能部门的大力协助和开绿灯。没有府院联动机制的强大合力,房开企业的破产案件很难进行有效的审理。

现阶段,泽庆公司开发的“外滩一号”一期工程已全部竣工并交付购房者装修入住,二期项目已封顶即将交付购房者。泽庆公司破产案“资产重整”的方式,圆了广大购房者的“安居梦”,实现了债权人利益的最大化,解决了当地的不稳定因素,促进了当地的就业和税收,完善了当地的城市形象,是一个“一案多得”的典型案例。

衡平居次原则和实质合并破产在司法实践中的适用

——以母子公司作为探讨对象

黄彩云* 黄晨熙**

摘要:我国破产审判实务中,母子公司不当利用关联关系损害其他债权人利益的情况屡见不鲜。为切实保障各债权人公平受偿,通常会运用衡平居次原则、实质合并破产等规则对母子公司进行破产处置。本文从适用依据、适用标准和适用程序三个层面,分别就母子公司处置规则在破产审判实践中的具体适用问题进行探讨。首先,已发展成熟的理论、大量司法实践案例和规范性文件为相关规则的适用提供了合法性基础;其次,当母公司存在不公平行为损害债权人的利益时,可适用衡平居次原则对债权人受偿顺序进行调整,但当母子公司存在人格高度混同以及财产区分成本过高损害债权人利益的情形时,应审慎适用实质合并破产进行审理;最后,衡平居次原则主要在债权审核程序中适用,而实质合并破产需结合个案的不同情形进行审查。

一、破产审判实务中母子公司处置存在的问题

在母子公司构成的纵向企业集团中,母公司通过对外投资而持有子公司全部或部分股权,从而形成对子公司业务、人事及财务等关键事项

* 黄彩云,法学硕士,南宁市青秀区人民法院民事审判第二庭庭长、一级法官。

** 黄晨熙,法律硕士,南宁市青秀区人民法院执行局四级法官。

的影响。这种基于控制而产生的关联关系相对于外部的普通债权而言，具有交易成本低、规避信息不对称障碍和实现集团内部利益最大化等优势。这种优势在一定程度上破坏了独立企业法人之间权利义务的平衡。在破产程序中，若母公司不当地利用这种关联关系，可能会导致破产财产分配结果实质上的不公平，极大地损害其他普通债权人的利益。

为妥善对母子公司进行破产处置，通常可以运用衡平居次原则、实质合并破产等规则来平衡母子公司及外部债权人的利益。当母公司存在不公平行为损害了债权人的利益时，可在保持各主体独立法人资格的前提下，适用衡平居次原则来调整债权的清偿顺序，以确保破产财产分配结果实质上的公平；当母子公司之间法人人格高度混同、区分各成员财产的成本过高，严重损害债权人利益时，则需要彻底否认各主体的独立法人资格，审慎适用实质合并破产将母子公司合并成为一个整体进行处置，以简化破产程序，提升破产案件的审理效率。[1]

虽然相关理论已发展成熟，但由于缺乏明确的法律规定和具体的操作指引，实务中衡平居次原则和实质合并破产等规则的适用仍存在较大争议。对于主办法官而言，尽管已有大量成功的案例可供参考，部分法官或基于较大的审判压力而选择审慎适用，或为了规避风险而避免适用，使母子公司破产处置的问题在实务操作过程中无法得到实质性的解决。

为了解决审判实务中的适用问题，本文从适用依据、适用标准和适用程序 3 个层面对母子公司破产处置中衡平居次原则和实质合并破产等规则的具体适用问题进行探讨。审判实务的适用首先应当解决的是合法性依据的问题。这对于主办法官能否抛开顾虑，正确、合理地适用衡平居次原则、实质合并破产来解决母公司破产分配中存在的问题具有十分重要的意义。适用标准则是主办法官在个案审查中据以判断母子公司破产处置中是否需要适用相关规则的标准，若符合相应的条件，便需要适用特定程序在具体案件中对母子公司进行破产处置。本文通过探讨理论规则的实务适用问题，以期为破产审判工作提供更多可操作的指引，推动破产案件依法公平高效审理，切实提升破产审判质效，为营商环境的优化提供坚实的司法保障。

---

〔1〕参见刘敏、池伟宏：《关联企业实体合并破产制度的适用——汉唐证券有限责任公司及其 46 家壳公司合并破产清算案评析》，载杜万华主编：《企业改制、破产与重整案件审判指导》（第 2 版），法律出版社 2018 年版，第 368 页。

二、母子公司破产处置中衡平居次原则的适用问题

破产程序中的排序居次主要是重新安排债权人受偿的顺序,与债权的有效性或合法性无关。[1] 在母子公司破产处置中衡平居次原则的适用主要是在保留各主体的独立法人资格的基础上,将母公司对子公司的部分债权求偿权居于次位,劣后于其他债权受偿,通过对母公司不公平行为的调整与纠正,来解决破产财产分配不均的问题。

(一)母子公司破产处置中衡平居次原则适用的依据

衡平居次原则来源于1939年2月27日泰勒诉标准煤气电力公司案,是美国破产法院在处理破产企业关联债权时确立的一项裁判规则,并于1979年10月1日首次以成文法的形式进行明确。衡平居次原则的理论基础来源于禁止权利滥用原则、控股股东的诚信义务和权责一致原则,具体而言:控股股东基于控股关系对公司享有一定的控制权,而诚信义务原则为这种控制权划定了一个弹性的法律责任边界,当控股股东无视责任边界滥用控制权损害其他债权人利益时,则需要赋予法官一项自由裁量权,在承认母公司对子公司享有债权的前提下,对债权受偿的顺序进行调整,以限制母公司的权利,使权利与义务一致,确保破产财产分配的实质性公平。[2]

衡平居次原则的适用在我国相关案例和各类规定中均有迹可循。2015年3月31日,最高人民法院(以下简称最高院)在典型案例"沙港公司诉开天公司执行分配方案异议案"中便借鉴了衡平居次原则。从本质上来说衡平居次原则是公司人格否认制度在破产程序中的运用,公司法中公司人格否认制度的相关规定,如《公司法》第20~21条关于股东不能滥用法人独立地位、股东有限责任和关联关系等的规定,在一定程度上可以作为母子公司破产处置时衡平居次原则适用的依据。2018年3月4日,最高院发布的《全国法院破产审判工作会议纪要》第39条[3]中,明确关联企业利用关联关系形成的不当债权应劣后于其他普通债权,即在一定条件下,母公司对子公司债权的受偿顺序应当进行调整。但该规定过于简明扼要,未能明确在何种条件

---

[1] 联合国国际贸易法委员会:《贸易法委员会破产法立法指南》,第三部分《破产企业集团对待办法》。

[2] 党海娟:《我国破产法引入衡平居次规则的必要性和可行性的反思——从最高法发布的一则典型案例说起》,载《河北法学》2016年第3期。

[3] 《全国法院破产审判工作会议纪要》第39条规定:关联企业成员之间不当利用关联关系形成的债权,应当劣后于其他普通债权顺序清偿,且该劣后债权人不得就其他关联企业成员提供的特定财产优先受偿。

下构成不当债权,以及如何对受偿顺序进行调整等问题,使实务操作中仍存在较大争议。

各地法院也通过文件的形式对衡平居次原则的适用进行规范,如重庆市高级人民法院(以下简称重庆高院)在《关于审理破产案件法律适用问题的解答》中对公司股东或实际控制人对公司的债权属于劣后债权的情形和处理方式进行规定。根据该规定的要求,管理人在拟定债权表时,应当就母公司申报的债权是否需劣后于其他普通债权受偿进行认定,并提交债权人会议审查。2018 年 8 月 31 日,上海市高级人民法院(以下简称上海高院)也在《上海市高级人民法院破产审判工作规范指引(试行)》中,对关联企业之间不当债权的清偿顺序进行规定,但未就具体操作进行详细规定和指引。

(二)母子公司破产处置中衡平居次原则适用的标准

在美国的司法实践中,衡平居次原则的适用标准是法官在个案中根据衡平理念进行判断,法官具有高度的自由裁量权,通常判断的步骤主要包括以下三点:一是母公司是否实施了不公平的行为;二是母公司的不公平行为是否导致了子公司债权人的债权受到损害或者母公司据此获得不公平的优势;三是母公司的债权基于衡平的理念是否需要被居次。[1] 而审查的关键在于如何认定母公司是否存在不公平的行为,也就是最高院在《全国法院破产审判工作会议纪要》第 39 条中提到的"不当行为"。结合公司法的相关规定以及衡平居次原则的基本理论,笔者认为,破产审判实务中"不当行为"的审查标准主要包括以下四个方面:

一是子公司资本显著不足。公司资本显著不足包括母公司在设立子公司时存在出资瑕疵,未足额缴纳出资或出资后抽逃出资,也表明母公司通过利用法人人格独立和公司有限责任制度,将对子公司投资风险外化给其他普通债权人。[2] 若子公司的资本不足是由于经营亏损所致,并非因母公司转移财产或低价出售子公司资产所致,则不宜认定为子公司资本显著不足。此外,由于母公司是子公司"最有效率的贷款人",为了避免损害母公司拯救子公司的积极性,此时主办法官应当采取审慎的态度对子公司资本充足问题进行审查,若母公司对子公司的借款系正当、合理的,也不宜认定母公司存在不公平的行为。

二是母公司行使对子公司控制权时违反诚信义务。母公司对子公司的诚信义务

---

〔1〕[美]大卫·G. 爱泼斯坦等:《美国破产法》,韩长印等译,中国政法大学出版社 2003 年版,第 24 页。

〔2〕朱慈蕴:《公司法人格否认法理研究》,法律出版社 1998 年版,第 144 页。

主要指母公司作为控股股东应当诚实信用地按照子公司利益最大化的原则来履行自己的职责,包括忠实义务和注意义务。忠实义务指母公司不得与子公司从事利益冲突的行为,包括掏空子公司的自我交易或以利益输送为目的的管理交易等;注意义务指母公司应当如同处理自己的事务一样尽到注意、谨慎、小心来处理子公司的事务。若母公司滥用其对子公司的控制权,违反诚信义务,做出不符合经营常规的行为,损害子公司及其债权人的利益,则应当适用衡平居次原则将其债权劣后清偿,必要时还应承担一定的赔偿责任。若母公司出于欺诈的目的滥用对子公司的控制权,则应当适用公司人格否认制度来追究母公司的责任。

三是母公司违反法律规定无视子公司独立人格。子公司作为独立的企业法人,应当拥有独立的财产并基于自身利益需要进行经营决策。若母公司无视子公司的独立法人资格,将自身经营决策强加于子公司,使子公司成为母公司的经营工具,难以区分两者的经济联系,从法律上也无法将母子公司分别视为独立的企业法人。此时应该就子公司人格被忽略的程度,决定是否适用衡平居次原则。此时,对于母子公司人格混同的审查标准应低于公司人格否认制度的要求。

四是母子公司资产混同或不当输送。母子公司之间的资产混同指的是母子公司之间财产并不独立,母公司可以任意支配子公司的财产或向子公司提供财产,或者双方之间提供关联担保或补充担保等情形,资产混同打破了母子公司之间的界限,使双方之间隐匿财产、逃避债务以及非法转移财产等行为更加隐蔽。不当输送指的是母公司通过与子公司的不当交易,向其他公司输送子公司的资产,使子公司的资产减少。若母子公司之间因不公平行为产生的债权难以厘清,则考虑将母公司所有的债权劣后。

(三)母子公司破产处置中衡平居次原则适用的程序

在审判实务中,衡平居次原则通常适用于债权审核的程序中,母公司在破产债权申报期限内向管理人申报债权,管理人在对债权的情况进行形式审查后,应先对该部分债权专门登记造册,再结合企业的实际情况,对母公司债权的真实性、合法性、正当性进行实质性审查。在拟定债权表时,管理人应当对母公司申报的债权是否属于劣后债权作出认定,并提交债权人会议核查,若包含母子公司在内的所有债权人、债务人均认可管理人初步核查的结果,仍应交由法院进行审查,并通过裁定的形式予以确认。若母公司、子公司或其他债权人认为管理人的初步意见审查不当时,应及时提出异议,并就其主张的事实承担举证责任。管理应当对债权人提出的异议进行复核,并书面答复。债务人、债权人对管理人的复核意见仍有异议的,可以向人民法院提起破产债权确认诉讼。在此类破产衍生诉讼中,债权人可以就自己债权清偿顺序提出异议,也可以就母公司的债权清偿顺序提出异议,人民法院应当分别进行审查。此外,实践中往往还会涉及法院是否有权主动适用衡平居次原则使母公司对子公司的债权居次受偿的问题。笔者认为,衡平居次原则的适用主要是调整母公司债权受偿的顺序,并未涉及债权本身的实体性审查或公司人格否认的问题,故应当由债权人、债务人以及管理人协商处置,若当事人未注意到相关问题,主办法官可以在案件办理的过程适当的进行引导,不应过多干涉。

三、母子公司破产处置中实质合并破产的适用问题

实质合并是指在破产程序中将两个或两个以上关联企业的资产和负债进行合并,作为单一破产财产进行处置。[1] 在母子公司破产处置中适用实质合并破产是通过否认母子公司的独立法人资格,将其资产与负债进行合并后作为同一个整体对外进行债务清偿,从而提高破产程序效率,降低破产案件办理成本,切实保障债权人的合法权益。实质合并破产通常包括实质合并清算和实质合并重整。[2]

(一)母子公司破产处置中实质合并破产适用的依据

虽无明文规定,但各级法院在审判实务中对于实质合并破产问题已进行大量的司法实践,相关规范性文件的出台亦是为其适用提供了合法性依据。笔者通过对“合并”“实质合并”“实质合并重整”“实质合并清算”等关键词在相关网站,如中国裁判文书网、全国企业破产重整案件信息网等进行检索,共检索到371个相关案例或裁判文书。其中北京破产法庭近期审结的中航世新轮胎股份有限公司与中航世新安装工程(北京)有限公司破产重整案便是典型的母子公司实质合并重整的案件。两公司进入破产程序后,管理人经审核发现其存在人格高度混同的情况,故向法院申请对两家公司进行实质合并重整,法院结合两家公司在人员、经营、财务等方面的调查结果认为其存在法人人格高度混同的情况,故裁定适用实质合并重整方式进行审理。[3] 此外,广西壮族自治区高级人民法院(以下简称广西高院)审理的柳州正菱集团有限公司(以下简称正菱集团)及53家关联公司合并重整案也是典型的实质合并破产适用

---

〔1〕 联合国国际贸易法委员会:《贸易法委员会破产法立法指南》,第三部分《破产企业集团对待办法》。

〔2〕 王欣新:《关联企业的实质合并破产程序》,载《人民司法》2016年第28期。

〔3〕 孙立尧:《北京一中院裁定对中航世新两家公司进行实质合并重整》,载北京市第一中级人民法院网,http://bj1zy.chinacourt.gov.cn/article/detail/2020/04/id/4908109.shtml,最后访问日期:2020年4月9日。

的案例。该案审理过程中,由于正菱集团及其多个关联公司均申请与集团合并重整,经审计,关联公司之间人格高度混同,区分关联公司财产成本过高,故广西高院裁定将正菱集团及其53家关联公司实质合并重整。[1]

从检索的相关裁判文书来看,各法院通常会在文书中引用如《民事诉讼法》第52条关于共同诉讼的规定、《公司法》第20条关于人格否认的规定和《企业破产法》第2条、第3条、第7条关于破产受理的规定等作为裁判的依据。最高院在其出台的相关文件中虽直接涉及了实质合并破产,但其适用问题经历了从排斥适用到审慎适用的转变。2002年7月30日,最高院在《关于审理企业破产案件若干问题的规定》中明确规定,符合破产条件的母子公司应分别申请破产,并单独适用破产程序进行审理,能够一并清理的只有企业的分支机构和没有法人资格的全资机构。该规定在维护法人有限责任制度的同时,在一定程度上排斥了实质合并破产的适用。但实践中母子公司基于特殊控制或支配关系不可避免地存在正常资金或业务往来以外的不正当关联交易。这种混同在一定程度上打破了公司人格独立制度所维系的公司、股东、债权人及其他利害关系人之间的利益平衡。[2] 在母子公司关联度很强的情形下,否认权、取回权以及母公司债权劣后等个别法律技术均无法解决母子公司之间的问题。[3] 随后,2018年3月4日,最高院在《全国法院破产审判工作会议纪要》中就实质合并破产的适用原则、审查程序、管辖、法律后果、权利救济等内容进行了专章规定,这是目前关于实质合并破产适用的主要指导性文件,在回应实务需求的同时,打破了实质合并破产"无法可依"的尴尬局面,但由于《全国法院破产审判工作会议纪要》不属于司法解释的范畴,仍不能在裁判文书中直接作为法律予以适用。

(二)母子公司破产处置中实质合并破产适用的标准

实质合并破产的适用不可避免地存在一些弊端。实质合并破产仅是将母子公司全部债权人的受偿比例趋于相同,未能增加债权人整体受偿的数额,迫使部分债权人分担了偿债能力较弱公司对其债权人的债务,而且,实质合并破产是通过破产的制度设计直接否认了法人人格的的独立性,对部分债权人而言亦是超出了交易时能够遇见的合理结果,损害了其与母公司或子公司进行交易时的信赖利益,在这种情况下,

---

〔1〕 戴红兵等:《破产审判的广西实践与探索》,法律出版社2019年版,第62页。

〔2〕 贺小荣等:《破产清算、关联企业破产以及执行与破产衔接的规范与完善——〈全国法院破产审判工作会议纪要〉的理解与适用(下)》,载《人民司法》2018年第16期。

〔3〕 [日]伊藤真:《破产法》,刘荣军、鲍荣振译,中国社会出版社1995年版,第114页。

实质合并破产的适用不可避免地损害了部分债权人的利益，故审判实务中应当遵循底线原则审慎适用。对于个别关联交易，能够通过破产撤销权、无效行为或公司人格否认制度予以纠正的，应当优先适用。实质合并破产应当是穷尽其他救济手段后的最终选择。〔1〕

根据《全国法院破产审判工作会议纪要》中对实质合并破产的规定，在母子公司破产处置中，应当以个案审查为原则，审慎适用实质合并破产规则，审查的具体标准包括：母子公司之间存在法人人格高度混同、区分各成员财产的成本过高、严重损害债权人公平清偿利益。〔2〕

一是母子公司法人人格高度混同。上海高院在《关于审理公司法人人格否认案件的若干意见》中对于人格高度混同的认定标准进行了明确，主要包括财产混同、业务混同、人事混同、场所混同。〔3〕 首先，财产混同主要是母子公司之间收益一体化，如财务报表合并、财务管理紧密、资金统一调配、资产混同使用等。在实务中的具体表现也多种多样，如母子公司之间无偿租赁房产、赠与土地，母公司购置的资产但权利证书记载的却是子公司的名称等。从交易相对人的角度来看，若是交易相对人因信赖母公司的财务状况而与子公司进行交易，通常可认为母子公司之间存在高度人格混同。其次，业务混同主要是母子公司之间经营混同，包括主营业务交叉，下游客户及上游经销商统一管理，各类销售发票及应收账款无法区分等。再次，人事混同主要是母子公司之间的董监高交叉任职，公司的决策受到集团或内部文件限制，员工的工作任务分配存在重叠等情形。最后，场所混同主要是母子公司共用同一个办公地点，人员和场所混同也就是通常说的“一套人马，两个牌子”。同时，应当注意人格高

---

〔1〕 贺小荣、葛洪涛等：《破产清算、关联企业破产以及执行与破产衔接的规范与完善》，载《人民司法》2018年第16期。

〔2〕 《全国法院破产审判工作会议纪要》规定：关联企业实质合并破产的审慎适用。人民法院在审理企业破产案件时，应当尊重企业法人人格的独立性，以对关联企业成员的破产原因进行单独判断并适用单个破产程序为基本原则。当关联企业成员之间存在法人人格高度混同、区分各关联企业成员财产的成本过高、严重损害债权人公平清偿利益时，可例外适用关联企业实质合并破产方式进行审理。

〔3〕 《关于审理公司法人人格否认案件的若干意见》第8条规定：（人格高度混同的认定）下列情形持续、广泛存在的，可以综合认定股东与公司人格高度混同：（一）（财产混同情形）存在股东与公司资金混同、财务管理不作清晰区分等财产混同情形的；（二）（业务混同情形）存在股东与公司业务范围重合或大部分交叉等业务混同情形的；（三）（人事混同情形）存在股东与公司法定代表人、董事、监事或其他高管人员相互兼任，员工大量重合等人事混同情形的；（四）（场所混同情形）存在股东与公司使用同一营业场所等情形的。

度混同与一般事务性混同的区别,若只是为了方便管理或降低成本存在的不影响公司人格独立的资源共享情况,不应认定为存在人格混同的情形。

二是区分母子公司财产的成本过高。区分成本通常包括由调查企业产生的识别成本和追回财产产生的纠正成本构成的直接成本,不能及时清偿债务导致负债和机会成本增加产生的间接成本,资源不能及时优化配置产生的社会成本。[1] 主办法官在办理过程中能够直观看到的成本通常是专项审计报告和管理人的调查反馈的直接成本,并结合案件的实际情况判断企业成员之间财产有无区分的可能,以及区分的时间和费用成本。若财产无法区分或区分的成本较高,则可以考虑合并破产,否则应当以单独破产为原则。部分母子公司之间存在大量关联债务和担保,债权债务金额巨大或相互之间的挂账很少有实际的合同或书面文件予以佐证,资产不能完全相互独立。在这种情况下,厘清这些债权债务将耗费大量的时间和精力,极大地降低程序效率,导致破产处置不经济。在这种情况下可以认为区分母子公司财产的成本过高。

三是严重损害债权人公平清偿利益。债权人公平清偿利益受损主要来源于母子公司之间的高度人格混同破坏了独立法人之间权利义务的平衡。实质合并破产通过对母子公司关联关系的特殊处理,使关系复杂且成本高昂的资产、债务分类程序得以被避免,提高司法效率和经济效率,最大限度保护债权人的信赖利益与清偿利益。[2] 外部债权人可以通过实质合并破产制止母子公司损害其合法权益的不当行为,进而保障债权人利益的平等保护。

(三)母子公司破产处置中实质合并破产适用的程序

1. 母子公司破产处置中实质合并破产适用的启动程序

破产审判实务中实质合并破产的启动模式通常包括分别申请、一并申请和依职权启动。三种模式各有利弊,应根据案件不同的情况分别予以适用。

(1)分别申请。分别申请主要指母子公司分别向法院申请破产清算,同时或先后进入破产程序后,经申请将母子公司纳入同一破产程序进行实质合并破产。这是最常见的启动模式。在这种模式下,母子公司均具备破产原因并进入破产程序,管理人在对各主体进行清产核资的基础上,能够充分把握母子公司的债权债务和实际经营情况,有助于判断母子公司是否符合实质合并破产的适用条件,避免将不具备破产原因的企业纳入破产程序。但应该注意的是,由于各主体已分别进入破产程序,进入实

[1] 王欣新:《实质合并破产中法人人格严重混同的判断标准》,载《法治日报》2021年6月9日,第11版。

[2] 徐阳光:《论关联企业实质合并破产》,载《中外法学》2017年第3期。

质合并破产程序后，各主体之间的衔接和程序性事项的协调也在一定程度上拖延了破产审理的效率，且这种情况下的企业集团整体负债较重，不利于破产挽救功能的发挥。

(2)一并申请。一并申请指的是母子公司共同申请破产清算的同时申请适用实质合并破产程序。在这种模式下，可以通过提前介入及时发现或评估是否需要适用实质合并破产，并提出相应的申请，使破产申请受理和实质合并破产受理合一，有利于程序性事项的协调。但这种模式对于前期工作要求较高，且法院在审查时应当注意，在无充分证据证明其符合受理的标准时，应当对各债务人的申请分别审查、分别立案，进入破产程序后，可由管理人对母子公司的资产负债情况进行调查，或借助司法审计核实是否构成人格混同的情形，再由管理人申请对母子公司进行实质合并破产或者将关联企业纳入实质合并破产程序。

(3)依职权启动。我国的破产程序大多是依据当事人申请启动，法院极少依职权启动某项程序。依职权启动是指法院在审理个别企业的破产清算案件中，依职权将关联企业并入破产程序一并审理。这种模式虽然能极大地提升审判效率，但对于不具备破产原因的企业，法院依职权将其纳入破产程序，极有可能损害其利益。

2. 母子公司破产处置中实质合并破产适用的审查程序

根据启动程序的不同，法院的审查程序也不尽相同。但无论何种启动程序，法院均应当及时通知相关利害关系人并组织听证，并于30日内作出是否受理实质合并破产的裁定。在司法实践中，听证会主要解决两个方面的问题：一是审查现有的证据是否能够证明母子公司符合实质合并破产的适用条件；二是听取其他利害关系人的意见。有观点认为，在审查阶段应当由债权人会议就是否需要适用实质合并破产的问题进行表决。笔者认为，债权人会议对于实质合并的适用并无决定权，表决的结果仅能作为法院判断时的参考，且债权人对于债务人整体情况掌握程度不一致，此时行使表决权并不能全面反映债权人的真实意愿，增加的表决程序不仅降低了程序效率，还增加了破产成本，不利于破产案件的推进，故无须在此阶段进行表决。经过上述审查程序后，法院需要综合各方面证据材料对实质合并破产的适用进行判断，最终以裁定的形式决定是否适用实质合并破产对母子公司进行处置。

3. 母子公司破产处置中实质合并破产适用的救济程序

为了防止实质合并破产被滥用，维护债权人的合法权益，必然要赋予债权人一定的救济权利。司法实践中，债权人的权利均为程序上的保障，主要包括参与听证、异议和提出复议等权利。有观点认为，应当充分尊重债权人的异议权，法院收到债权人的异议后应中止实质合并程序,待审查完毕后再行推进。笔者认为,实质合并程序是通过制度设计来调整母子公司各债权人的利益,以实现破产财产的平均分配,在平衡的过程中,必然会有一部分债权人的受偿的财产减少,这是制度本身导致的必然后果,当事人因此有异议亦是不可避免。若债权人提出的所有异议均能够中止实质合并程序,将会出现少部分债权人因自身受偿的财产减少而不断提出异议,导致破产程序不断中止,无法顺利推进的情况。破产法保障的是全体债权人平等受偿的权利,而不仅着眼于个别债权人,法院在审查过程中应综合整体情况进行审查,审慎适用实质合并破产,在提高司法效率和经济效率的同时,维护全体债权人的合法权益。

破产案件中劣后债权的认定

——广西来宾广银三英铝业有限公司破产清算案

曾　强*

【裁判要旨】

公司实际控制人利用其实际支配地位，通过出借款项的方式代替注入股本以及通过关联交易方式支持公司开展经营活动，使自身成为公司最大的债权人，从而把经营风险转嫁给其他普通债权人。如允许实际控制人（关联公司）行使别除权，不足以清偿部分与其他普通债权人在同一顺位进行清偿，将对其他债权人不公。在此情况下，综合考虑其他普通债权人债权额比较小、债权人较多，为了达到法律效果和社会效果的统一，有效维护社会稳定，即便实际控制人（关联公司）对公司资产享有抵押权，亦可考虑将其债权列为劣后债权。

［案号：(2019)桂1302破1～3号；合议庭成员：曾强、覃明泽、蒙柳明］

【基本案情】

2018年11月20日，申请人广西广银铝业有限公司以广西来宾广银三英铝业有限公司不能清偿到期债务，数额巨大，且资产不足以清偿全部债务为由，向本院申请对被申请人广西来宾广银三英铝业有限公司进行破产清算。本院于2019年6月21日裁定受理依法适用普通程序审理此案，于2019年11月11日裁定对广西来宾广银三英铝业有限公司

* 曾强，来宾市兴宾区人民法院民事审判第二庭庭长、一级法官。

进行破产清算，于 2020 年 4 月 1 日裁定宣告广西来宾广银三英铝业有限公司破产，于 2021 年 1 月 29 日以分配完结为由裁定终结广西来宾广银三英铝业有限公司破产程序。

本院查明，广西来宾广银三英铝业有限公司于 2012 年 3 月 30 日在来宾市工商行政管理局登记设立，持有统一社会信用代码为 91451300593228050G 的《营业执照》，注册资本 100 万元，股东为佛山市广银三英铝业有限公司（以下简称佛山广银三英公司）（出资比例 100%），佛山广银三英公司股东为广西广银铝业有限公司、佛山市三英投资管理有限公司。经管理人审核，本院裁定确认 53 名职工债权 1,017,513.26 元，其他破产债权 56,693,377.55 元，其中广西广银铝业有限公司破产债权 43,125,690 元（享有动产浮动抵押权），广西广投银海铝业集团有限公司破产债权 7,955,863.91 元，广西来宾银海铝业有限责任公司破产债权 2,283,543.92 元。广西来宾广银三英铝业有限公司最终可清偿的财产总额为 28,575,260.66 元。

在制订财产分配方案过程中，管理人拟将广西广投银海铝业集团有限公司、广西来宾银海铝业有限责任公司、广西广银铝业有限公司破产债权列为劣后债权。上述 3 家公司坚决反对，对管理人制定的财产分配方案投以反对票，导致管理人不得不提请人民法院裁定认可破产财产分配方案，并对人民法院认可破产财产分配方案的裁定提出复议申请，理由如下：

（1）广西广投银海铝业集团有限公司、广西来宾银海铝业有限责任公司、广西广银铝业有限公司对广西来宾广银三英铝业有限公司享有的债权并非基于不当利用关联关系而产生。广西来宾广银三英铝业有限公司管理人主张依据最高人民法院在 2018 年 3 月 4 日印发的《全国法院破产审判工作会议纪要》第 39 条之规定，认定广西广银铝业有限公司、广西广投银海铝业集团有限公司、广西来宾银海铝业有限责任公司的债权是其作为关联企业不当利用关联关系而取得的债权。从本质上来说，《全国法院破产审判工作会议纪要》第 39 条是衡平居次原则的体现，最高人民法院在《破产清算、关联企业破产以及执行与破产衔接的规范与完善——〈全国法院破产审判工作会议纪要〉的理解与适用（下）》一文中在关联企业破产制度的探索与完善这一部分中指出："对于关联企业破产问题的处理，要考虑依法规制关联企业滥用关联关系……"故"不当利用关联关系"实为"滥用关联关系"之意，结合《公司法》相关规定，认为衡平居次原则是"刺破公司面纱"在破产案件中的运用，也即在公司人格混同时方能使用。但广西广银铝业有限公司、广西广投银海铝业集团有限公司、广西来宾银海铝业有限责任公司与广西来宾广银三英铝业有限公司之间并不存在法人人格混同的情况，故不能认定广西广银铝业有限公司、广西广投银海铝业集团有限公司、广西来宾银海铝业有限责任公司对广西来宾广银三英铝业有限公司享有的债权是基于不当利用关联关系而产生。

(2)我国现有法律并未禁止关联交易，基于合法有效关联交易产生的债权应受到公平公正的保护。首先，我国现有法律并未禁止关联交易。实践中，关联交易并不少见，并不是所有的关联交易都会侵犯他人的合法权利。最高人民法院在《关于人民法院为企业兼并重组提供司法保障的指导意见》(法发〔2014〕7号)中明确指出"公司股东、董事、高级管理人员与公司之间从事的交易，符合法律法规规定的关联交易程序规则且不损害公司利益的，应当认定行为有效"。广西来宾广银三英铝业有限公司破产管理人仅因为广西广银铝业有限公司、广西广投银海铝业集团有限公司、广西来宾银海铝业有限责任公司是广西来宾广银三英铝业有限公司的关联公司，在毫无证据的情况下推断广西广银铝业有限公司、广西广投银海铝业集团有限公司、广西来宾银海铝业有限责任公司是不当利用关联关系而获得债权是错误的。其次，广西广银铝业有限公司仅享有广西来宾广银三英铝业有限公司股东的51%股权，并非对广西来宾广银三英铝业有限公司享有绝对控制权，广西广银铝业有限公司享有的债权是基于正常的借贷产生，母公司作为子公司"最有效率的贷款者"，因为没有其他外部人能比母公司更了解子公司，为防止子公司破产并维持其资信，母公司给子公司提供贷款并无不可，不能简单将母公司对子公司的借贷直接认定为是损害其他债权人的行为。再次，广西广投银海铝业集团有限公司、广西来宾银海铝业有限责任公司作为广西来宾广银三英铝业有限公司的关联企业，双方的交易不但没有损害广西来宾广银三英铝业有限公司的利益，反而为广西来宾广银三英铝业有限公司提供了诸多便利，避免了更大债务的产生。正因为双方有关联关系，故在广西来宾广银三英铝业有限公司对广西广投银海铝业集团有限公司、广西来宾银海铝业有限责任公司负债的前提下，依然为了保证广西来宾广银三英铝业有限公司的日常运作持续提供生产原料及生产场地。为避免广西来宾广银三英铝业有限公司承担更大的违约责任，即便广西来宾广银三英铝业有限公司已进入破产程序，广西广投银海铝业集团有限公司仍向其提供生产原料，此举并非放任债权的扩大，而是用实际行动为广西来宾广银三英铝业有限公司止损。在很大程度上，广西广投银海铝业集团有限公司、广西来宾银海铝业有限责任公司与广西来宾广银三英铝业有限公司之间的关联交易有利于广西来宾广银三英铝业有限公司的发展。最后，不能因其他中、小额债权人债权总金额比广西广银铝业有限公司、广西广投银海铝业集团有限公司、广西来宾银海铝业有限责任公司债权金额少，就认定广西广银铝业有限公司、广西广投银海铝业集团有限公司、广西来宾银海铝业有限责任公司与其他债权人按同一清偿顺位、同一比例进行清偿会损害其他债权人利益，我国法律法规、司法解释均并未规定金额小的债权较金额大的债权享有优先受偿权。

(3)广西广银铝业有限公司不存在对广西来宾广银三英铝业有限公司出资不实的情况。广西来宾广银三英铝业有限公司管理人引用最高人民法院公布的“沙港公司诉开天公司执行分配方案异议案”(以下简称“沙港案”)，其典型意义在于：“本案当事人对执行分配方案的主要争议在于，出资不实股东因向公司外部债权人承担出资不实的股东责任并被扣划款项后，能否以其对于公司的债权与外部债权人就上述款项进行分配。对此，我国法律尚未明确规定，而美国历史上深石案所确立的衡平居次原则对本案的处理具有一定的借鉴意义。在该类案件的审判实践中，若允许出资不实的问题股东就其对公司的债权与外部债权人处于同等受偿顺位，既会导致对公司外部债权人不公平的结果，也与公司法对于出资不实股东课以的法律责任相悖。故本案最终否定了出资不实股东进行同等顺位受偿的主张，社会效果较好，对同类案件的处理也有较好的借鉴意义。”需要注意的是，该典型案例针对是出资不实的股东，而广西来宾广银三英铝业有限公司的注册资本已足额实缴且无抽逃出资等情形，广西广银铝业有限公司无出资不实的行为，广西来宾广银三英铝业有限公司管理人不能以该案确定的司法精神认定广西广银铝业有限公司债权为劣后债权。

(4)广西广银铝业有限公司对广西来宾广银三英铝业有限公司享有合法有效的抵押权，对抵押财产享有优先受偿权。广西广银铝业有限公司作为抵押权人与抵押人广西来宾广银三英铝业有限公司签订《抵押合同》，就广西来宾广银三英铝业有限公司以其名下生产设备、原材料、半成品、产品、车辆等价值48,552,590.30元的财产设立动产浮动抵押。根据《企业破产法》第109条“对破产人的特定财产享有担保权的权利人，对该特定财产享有优先受偿的权利”之规定，广西广银铝业有限公司应当对抵押财产享有优先受偿权。

(5)将广西广银铝业有限公司、广西广投银海铝业集团有限公司、广西来宾银海铝业有限责任公司债权认定为劣后债权，会导致国有资产流失。广西广银铝业有限公司、广西广投银海铝业集团有限公司作为国有控股企业，广西来宾银海铝业有限责任公司为国有全资企业，将广西广银铝业有限公司、广西广投银海铝业集团有限公司、广西来宾银海铝业有限责任公司合债权认定为劣后债权，将严重侵害广西广银铝业有限公司、广西广投银海铝业集团有限公司、广西来宾银海铝业有限责任公司合法权益，造成国有资产流失的严重后果。

综上所述，认定广西广银铝业有限公司、广西广投银海铝业集团有限公司、广西来宾银海铝业有限责任公司债权为劣后债权无事实和法律依据。

【审理结果】

本院裁定认可管理人将广西广银铝业有限公司、广西广投银海铝业集团有限公司、广西来宾银海铝业有限责任公司债权作为劣后债权的破产财产分配方案，并驳回了上述3家公司就本院认可破产财产分配方案的裁定提出的复议申请。

【案件评析】

将广西广银铝业有限公司、广西广投银海铝业集团有限公司、广西来宾银海铝业有限责任公司的债权认定为劣后债权、广西广银铝业有限公司不得就抵押财产优先受偿符合我国对于劣后债权的立法目的及司法实践精神。

一、"不当利用关联关系"形成的债权可以考虑劣后于普通债权

《全国法院破产审判工作会议纪要》第39条明确规定，关联企业成员之间不当利用关联关系形成的债权，应当劣后于其他普通债权顺序清偿。广西来宾银海铝业有限责任公司与广西广投银海铝业集团有限公司的债权均属于"不当利用关联关系"形成的债权，为了公平分配广西来宾广银三英铝业有限公司的财产，应当将广西来宾银海铝业有限责任公司与广西广投银海铝业集团有限公司的债权认定为劣后债权。

广西广投银海铝业集团有限公司系广西来宾广银三英铝业有限公司的实际控制人广西广银铝业有限公司的股东（占股88.25%），由广西投资集团有限公司持股（占股83.80%），广西来宾银海铝业有限责任公司也由广西投资集团有限公司持股（占股100%）。广西广银铝业有限公司、广西广投银海铝业集团有限公司、广西来宾银海铝业有限责任公司均系广西广银三英铝业有限公司的关联公司。广西来宾银海铝业有限责任公司及广西广投银海铝业集团有限公司均系广西来宾广银三英铝业有限公司的关联企业，应当知晓广西来宾广银三英铝业有限公司的实际情况，却在广西来宾广银三英铝业有限公司长期拖欠款项且已开始出现资不抵债的情况下，广西来宾银海铝业有限责任公司仍然向广西来宾广银三英铝业有限公司提供租赁厂房、机器设备、水电，提供光谱样品分析及垃圾清运等服务，同时向广西来宾广银三英铝业有限公司提供绿豆粥、纯净水、西瓜配送等；广西广投银海铝业集团有限公司仍然向广

西来宾广银三英铝业有限公司提供铝水，两家公司放任债权的扩大，使自身成为广西来宾广银三英铝业有限公司的大债权人。一位理性的商人不应出现向已长期拖欠款项的企业持续不断提供如此大量的生产生活原料的情况，广西来宾银海铝业有限责任公司及广西广投银海铝业集团有限公司债权的形成违反正常商业交易模式，如将两名债权人的债权与其他普通债权作为同一清偿顺序的债权，则两名债权人因不当关联交易产生的债权而获得的分配比例将挤压其他普通中、小额债权人的分配比例，对其他普通债权人不公，无法达到公正分配的目的，就此管理人拟将广西来宾银海铝业有限责任公司与广西广投银海铝业集团有限公司的债权认定为劣后债权并无不妥。

二、实际控制人不当利用法人独立地位形成的债权可以考虑列为劣后债权

广西广银铝业有限公司系广西来宾广银三英铝业有限公司母公司佛山广银三英公司的股东之一，占股 51% 。广西广银铝业有限公司与广西广投银海铝业集团有限公司控制着广西来宾广银三英铝业有限公司的董事、监事、高级管理人员的调配，且未经佛山广银三英公司决定，广西广银铝业有限公司直接任免广西来宾广银三英铝业有限公司的执行董事、监事及总经理。据广西来宾广银三英铝业有限公司的监事潘某某称，广西来宾广银三英铝业有限公司由广西广银铝业有限公司及广西广投银海铝业集团有限公司实际经营管理。上述事实显示，广西广银铝业有限公司系广西来宾广银三英铝业有限公司的实际控制人。

广西广银铝业有限公司作为实际控制人在明知广西来宾广银三英铝业有限公司注册资本显著过低的情况下，利用其实际控制人的身份，用出借款项的方式代替本应通过股权投资注入资金的方式使广西来宾广银三英铝业有限公司开展经营活动，使自身成为广西来宾广银三英铝业有限公司最大的债权人，从而把经营风险转嫁给其他普通债权人。如允许广西广银铝业有限公司与其他普通债权人在同一顺位进行清偿，将对其他债权人不公。

同时，将广西广银铝业有限公司的债权认定为劣后债权，符合我国对于劣后债权的立法目的及司法实践精神。

最高人民法院于 2018 年 3 月 4 日印发的《全国法院破产审判工作会议纪要》第 39 条明确规定，关联企业成员之间不当利用关联关系形成的债权，应当劣后于其他普通债权顺序清偿，且该劣后债权人不得就其他关联企业成员提供的特定财产优先受偿。该规定明确提出了“劣后”的概念，从司法实践的指导层面对于劣后债权进行

了原则性的规定。重庆市高级人民法院《关于审理破产案件法律适用问题的解答》（渝高法〔2017〕207号）第5条对于如何认定和处理劣后债权作出了明确的规定："具有以下情形之一的，可以将公司股东或实际控制人对公司债权确定为劣后债权，安排在普通债权之后受偿：（一）公司股东因未履行或未全面履行出资义务、抽逃出资而对公司负有债务，其债权在未履行或未全面履行出资义务、抽逃出资范围内的部分；（二）公司注册资本明显不足以负担公司正常运作，公司运作依靠向股东或实际控制人负债筹集，股东或实际控制人因此而对公司形成的债权；（三）公司控股股东或实际控制人为了自身利益，与公司之间因不公平交易而产生的债权。公司股东或实际控制人在前述情形下形成的劣后债权，不得行使别除权、抵销权。"2015年3月31日，最高人民法院公布了典型案例中的"沙港案"。"沙港案"主要争议点在于："出资不实股东因向公司外部债权人承担出资不实的股东责任并被扣划款项后，能否以其对于公司的债权与外部债权人就上述款项进行分配。"人民法院认为，出资不实的股东意味着股东从事了"某种不公平的行为"，导致公司资本金不足，偿债能力下降，损害其他普通债权人的利益，因此将该股东的债权认定为劣后债权。

参照上述规定、解答以及指导案例的精神，广西广银铝业有限公司作为广西来宾广银三英铝业有限公司的实际控制人，同样从事了"不公平的行为"，即明知广西来宾广银三英铝业有限公司注册资本显著过低的情况下，利用实际控制人的身份，向广西来宾广银三英铝业有限公司大量出借款项，又超出了广西来宾广银三英铝业有限公司的清偿能力。本院认为，广西来宾广银三英铝业有限公司的注册资本仅100万元，但日常生产经营需购置的设备及原材料需上千万元，公司注册资本明显不足以负担公司正常运作，公司固定资产投产及周转资金全部是依靠向广西广银铝业有限公司负债筹集，公司资产负债率高。在广西来宾广银三英铝业有限公司注册资本与其自身制定的庞大经营计划需要的资金相差一个量级，明显不足以维持公司经营的情况下，广西广银铝业有限公司作为实际控制人，基于决策，本应通过股权投资的方式继续注入资金，使广西来宾广银三英铝业有限公司正常开展经营活动，但广西广银铝业有限公司却以借款替代公司注册资本，使自身成为广西来宾广银三英铝业有限公司最大的债权人，从而把经营风险转嫁给其他普通债权人，因此属于从事了"不公平行为"。故广西广银铝业有限公司向广西来宾广银三英铝业有限公司借款形成的债权应该认定为劣后债权。

三、抵押动产转让的，债权人无权就破产企业财产优先受偿

我国立法对不动产抵押采取书面成立——登记对抗主义，在抵押权未为登记时，

若未出现第三人，抵押契约继续有效；抵押权人在债务人违约时，可实现抵押权；若出现第三人，则抵押权不具有对抗力。登记对抗主义既蕴含了私法自治的精神，又为抵押权人提供了足以保护自身利益的手段，同时不致使第三人遭受无辜损害，对各方权益的保护可谓相当周到。

广西广银铝业有限公司作为实际控制人与广西来宾广银三英铝业有限公司签订《抵押合同》为其借贷债权设立动产抵押，未办理抵押登记手续，依照原《物权法》第188条之规定，动产抵押权已经于合同生效时成立。但是，在日常生产经营中，抵押清单上原材料、产品、半成品等动产已经通过正常的买卖交易出去，动产已经转化为公司现金。依照原《物权法》第191条之规定，广西来宾广银三英铝业有限公司转让抵押的动产应当通知并取得债权人广西广银铝业有限公司的同意，并将所得价款向债权人广西广银铝业有限公司提前清偿债务或者提存，在债务人广西来宾广银三英铝业有限公司没有履行上述义务的情况下，债权人广西广银铝业有限公司有权主张损害赔偿责任，但是其借贷债权已经沦为普通债权，在破产程序中，不能就债务人财产优先受偿。

在本案中，抵押权人广西广银铝业有限公司利益似乎受到损害，但是，其不为登记是其自己选择的结果，所以出现第三人而致其抵押权毫无对抗力，则不能称为其无辜的损失。

四、实际控制人对未办理抵押登记现存动产的抵押债权，亦可考虑不予优先受偿

在现实中，实际控制人完全可以利用其控制地位，与所控制企业随意签订抵押合同设定动产抵押权。在破产案件中，如果不加限制地允许控制人行使别除权，将严重侵犯其他债权人利益。为了防止实际控制人滥用控制地位，侵害其他债权人合法权益，在破产案件中，可以考虑将符合条件的普通债权人认定为善意第三人，在动产抵押权未登记的情况下，援引原《物权法》第188条之规定，不认可实际控制人的优先受偿权。

五、认定劣后债权应当考虑其他破产债权占全部破产债权比例

本案全部破产债权为57,710,890.81元，广西广银铝业有限公司、广西广投银海铝业集团有限公司、广西来宾银海铝业有限责任公司破产债权合计为53,365,097.83元，其他破产债权合计为4,345,792.98元。广西广银铝业有限公司、广西广投银海

铝业集团有限公司、广西来宾银海铝业有限责任公司破产债权占比为92.47%，其他破产债权占比为7.53%。虽然其他破产债权占比较小，但是涉及债权人数较多，其中包括53名职工破产债权，这部分破产债权的清偿比例直接影响部分群众的生活。出于维护社会稳定、保护善意相对人的考量，在占比较小的情况下，全额清偿小额债权较为妥当。

对于实际控制人、关联交易产生的破产债权劣后问题，国外已经有一定立法实践，我国部分地方也开始进行了一些探索，但是目前尚缺乏相应的详细的法律规定、司法解释。本案主要从维护社会稳定、公司治理原理层面对实际控制人、关联交易破产债权作出了劣后的安排，但是面对实际控制人等大债权人的异议，人民法院能够引用的法律条文有限，人民法院的说理尚显不足。

府院联动绿色通道下的危机企业解困

——以广西奥奇丽股份有限公司破产重整案为例

杨玉萍*

【案件基本情况】

广西奥奇丽股份有限公司（以下简称奥奇丽公司）是注册地在梧州市的有限公司，公司主营范围是牙膏、皂类、合成洗涤剂、化妆品（凭有效的化妆品卫生许可证经营）、消毒用品、保健用品、牙粉、牙涂液、口腔清洁剂、牙齿增白品、其他口腔及牙膏清洁剂的制造与销售，出口本企业资产的日用化工品；进口本企业生产、科研所需的原辅材料、机械设备、仪器仪表及零配件；牙刷、毛巾的进出口业务；白板纸、白卡纸、铜版纸、胶版纸、牛皮纸、纸箱纸的批发。公司名下拥有全国知名的中草药牙膏"田七"系列品牌，公司曾经创下年销售 4 亿支牙膏的历史纪录。后因经营不善，奥奇丽公司深陷债务风波并于 2014 年首次停产。经过梧州市委、市政府的努力，奥奇丽公司逐步恢复生产，但始终处于半停产的状态，直至 2019 年 5 月 20 日全面停产，公司的法定代表人因涉嫌刑事犯罪被上海市公安机关采取强制措施，公司的主要管理人员下落不明，公司陷入一片混乱。

债权人南宁市金通小额贷款有限公司于 2019 年 7 月以奥奇丽公司经强制执行不能清偿到期债务且明显缺乏清偿能力为由向梧州市中级人民法院（以下简称梧州中院）申请将奥奇丽公司移送破产审查。梧州

---

* 杨玉萍，梧州市中级人民法院民事审判第二庭五级法官助理。

中院经审查后，于2019年7月15日裁定受理债权人对奥奇丽公司提出的破产申请。

［案号：(2019)桂04破2号；合议庭成员：伍子练、曾超、龙跃］

【审理过程】

一、债务人在破产程序中恢复生产与经营

梧州中院裁定受理奥奇丽公司的破产申请后，认为奥奇丽公司属于生产型企业，其公司名下的田七系列产品属于梧州甚至广西有名的日化产品，品牌尚具有市场潜力；公司停产时间不长，生产线及生产设备完整，具有生产能力；公司职工对企业复产信心充足；而且梧州市政府对挽救奥奇丽公司具有强烈的关注度和支持度，恢复生产可以促进企业生产设备、厂房和土地等资产保值增值，对企业后续清算或重整均具有重要意义，故恢复生产成为法院受理破产申请后的首要任务。经各方努力，奥奇丽公司管理人与索芙特智慧国际品牌有限公司（以下简称索芙特公司）签订《承包经营协议》，约定将田七系列品牌产品委托给索芙特公司生产和经营。梧州中院经审查认为，《承包经营协议》内容不违反法律的规定，没有损害债权人的利益，而且索芙特公司具有丰富的化妆品和日化品经营经验和能力，有能力以托管的方式临时经营田七系列产品，而且第一次债权人会议决议同意奥奇丽公司继续生产，故梧州中院依法裁定批准由索芙特公司进驻奥奇丽公司临时经营奥奇丽公司名下的田七系列产品。

二、破产清算转入重整

梧州中院为奥奇丽公司指定管理人后，管理人对奥奇丽公司进行前期的债权债务调查。经查明：(1)奥奇丽公司拥有牙膏生产许可资格，名下拥有田七等57个商标和专利，其中部分商标曾获得广西著名商标、中国驰名商标称号。企业进入破产程序后，托管经营的田七牙膏已恢复市场销售且销售情况良好，田七牙膏具有恢复市场前景的潜力。(2)经评估，奥奇丽公司名下的土地、房屋、生产设备、商标等资产评估价值约237,301,760元；而经初步预估，奥奇丽公司的债务超过8亿元。奥奇丽公司的资产经过拍卖，价格低，且流拍，若继续清算拍卖资产，担保债权人清偿率非常低，普通债权人清偿率为零。(3)奥奇丽公司是梧州市的老牌工业企业，公司名下拥有牙膏生产许可资格，生产线和生产设备完整，尚具有继续生产田七系列品牌的能力，第一次债权人会议也决议同意奥奇丽公司恢复生产，梧州市政府正通过各种途径积极挽救困境企业，而且奥奇丽公司进入破产程序后，已有多家企业向管理人接洽投资奥奇

丽公司的事宜。基于上述理由,管理人于2020年3月2日以奥奇丽公司的名义向梧州中院申请破产重整。

梧州中院经审查认为,奥奇丽公司进入破产程序后,尚未宣告破产,转入破产重整程序不违反法律的规定;同时奥奇丽公司具有生产发展的经济基础和物质条件,具备重整的原因和条件,故裁定奥奇丽公司自2020年3月2日进入重整程序。

三、批准创新的重整计划

经过筛选,注册地为梧州市的上市企业广西中恒集团股份有限公司(以下简称中恒集团)向债权人会议提交了《广西奥奇丽股份有限公司重整投资方案》。该重整投资方案采取新颖的"出售资产"模式对奥奇丽公司名下的牙膏板块业务范围进行投资。奥奇丽公司第三次债权人会议通过了该重整投资方案。

梧州中院经审查认为,《广西奥奇丽股份有限公司重整投资方案》不损害债权人的利益,若重整计划草案执行完毕,职工债权、社保债权、税收债权、破产费用和共益债务将获得100%的清偿率,抵押债权清偿率为评估清算价值的90%,普通债权人获得50,000元清偿(低于50,000元的普通债权清偿率100%);除了牙膏板块资产外的其他应收款、股权、房屋等资产变现后,还能按尚未清偿的债权比例继续分配。重整计划草案兼顾了各类债权人的债权清偿,债权清偿率高于清算的债权清偿率,重整方案同时获得了债权人表决通过,内容不违反法律的规定。故梧州中院依法裁定批准该重整计划方案并终止奥奇丽公司的破产重整程序。

【本案的经验】

一、府院联动为危机企业解困开创绿色通道

奥奇丽公司在进入破产程序前,已经由梧州市政府采取各种方式挽救解困。进入破产程序,梧州市破产企业处置联动联席会议通力协作,为有价值的危机企业解困开创了绿色通道,最终成功地促进知名日化品牌田七牙膏继续生产经营,重获新生。

府院联动机制解决本案的难题:

1. 快速引进托管企业和重整投资人

奥奇丽公司进入破产程序前,政府已经思考引进索芙特公司投资解救奥奇丽公司的可能性。奥奇丽公司进入破产程序后,府院联动推进管理人与索芙特公司谈判,最终在各方协调下签约索芙特公司进驻奥奇丽公司托管经营。奥奇丽公司在招募重

整投资人阶段,府院联动协调各方利益,确定了由国有控股的上市企业中恒集团参与田七系列品牌重整。

2. 解决债务人企业信用对品牌经营的影响

奥奇丽公司进入破产程序前已经经营异常,被列为失信被执行人,企业形象受损严重。索芙特公司进驻托管前,提出了不以奥奇丽公司名义生产和经营田七系列产品。奥奇丽公司名下的化妆品生产许可证(含牙膏生产许可)变更是本案的关键环节,也是出售式重整的关键条件。根据国家的规定,牙膏生产是特种许可事项,目前国家已经停止了对牙膏生产许可证的新增审批,梧州市本级以及自治区均无权审批牙膏生产许可证。管理人与索芙特公司按照一般变更事项的流程申请变更奥奇丽公司名下的化妆品生产许可证,但是无法通过自治区药品监督管理局的平台审批。变更化妆品生产许可证(含牙膏生产许可)到索芙特公司名下的合法性与可操作性成为索芙特公司合法经营田七系列产品的最大难题。经梧州市政府与梧州中院积极协调自治区药品监督管理局,在法律框架范围内,通过绿色通道成立奥奇丽公司全资子公司广西田七化妆品有限公司(以下简称田七公司),由法院裁定变更奥奇丽公司的化妆品生产许可证到田七公司名下,自治区药品监督管理局根据法院的裁定呈报国家药品监督管理局申请变更化妆品生产许可证(含牙膏生产许可)登记。索芙特公司以田七公司的名义恢复了田七系列产品的生产和销售,降低了奥奇丽公司失信和受损企业形象对田七系列产品的影响与风险。

3. 以返税方式平衡债权人利益

由于重整投资人中恒集团仅对奥奇丽公司名下的牙膏板块业务进行投资,而奥奇丽公司名下的土地、厂房、生产线和生产设备、商标分别抵押给不同的抵押权人,上述资产的价值差额大。为了平衡各抵押权人的清偿率,提高重整方案的通过率,政府与法院协调税务部门,以返税的形式给予奥奇丽公司扶持资金 7,498,063.99 元作为破产财产按照抵押债权比例分配给抵押权人以及补充分配普通债权人,最终平衡了债权人的利益,提高了重整方案的表决通过率。

二、破产程序中的企业生产和经营

(一)适用条件

生产型和服务型企业进入破产程序后,在条件具备时可以恢复生产和经营,方式有托管经营、承包经营、租赁经营等。以奥奇丽公司破产重整案为例,奥奇丽公司属于生产型企业,进入破产程序后停产 3 个月,生产线、生产设备、生产工人、生产原材料等生产条件完整,所生产和经营的产品属于有知名度的日化产品,在破产程序中迅速恢复生产和销售,可以增加破产财产,以生产保养设备、保值设备,保护职工工作,稳定职工情绪,降低维稳压力。

(二)托管团队的选择

进驻奥奇丽公司的托管企业索芙特公司本身经营范围包含了化妆品或日化产品的生产和销售,而且该公司有进军牙膏的规划。因此选择索芙特公司作为托管企业,为奥奇丽公司恢复生产和经营提供了经验丰富管理的团队、销售渠道、营销渠道等,最大程度确保生产产品的销售,保障了恢复生产的保值增值效用。

(三)托管期间的共益债务

债务人在破产程序中恢复生产和经营,需要明确托管期间的共益债务包含的费用范围,同时必须根据清算和重整的计划进度确定托管时间。索芙特公司在托管经营奥奇丽公司期间,恢复生产的设备检修费用、奥奇丽公司所欠的水电费、职工工资和社保费列入共益债务,托管经营期间的生产和销售由索芙特公司自主经营、自负盈亏。

三、创新的出售式重整

(一)概念

出售式重整是指债务人的全部或部分主要资产出售转让给投资人,以投资人支付的对价以及未出售的资产作为破产财产分配给债权人清偿债务,并对债务人清算注销的重整方式。出售式重整的最大特点是,债务人的核心业务完全从原经营主体(债务人)中剥离,债务人的债务和经营风险阻断,核心业务的价值在新的投资人经营主体承继下继续安全存在和发展。本案的出售式重整模式为:投资人中恒集团根据奥奇丽公司资产评估价值,出资1.5亿元受让奥奇丽公司名下的牙膏等日化产业板块所涉及的生产厂区房屋、建筑物、土地使用权、生产设备、商标等资产。奥奇丽公司名下的股权、应收账款、其他房屋等资产,由管理人继续处置并按照分配顺序分配给债权人。奥奇丽公司名下的牙膏等日化产业板块的资产将变更登记在其全资子公司田七公司名下,田七公司的股权全部转给投资人中恒集团,中恒集团获得田七公司的100%股权后增资扩股,最后将田七公司的44.55%股权转让给最大的抵押债权人作为债权清偿价款,奥奇丽的名号由田七公司享有和使用,是否注销奥奇丽公司由投资人中恒集团根据实际情况与管理人洽谈。

（二）出售式重整需要考虑的问题

1. 出售式重整首要考虑的问题是债务人的核心资产从债务人公司剥离后具有独立的市场价值，能够吸引投资人受让

奥奇丽公司名下的资产，最具有市场价值的是其名下的牙膏生产许可证以及相应的商标，剥离奥奇丽公司仍能够具有独立的市场价值，厂房、生产线是审核牙膏生产许可的配套设施，完整的资产构成牙膏日化产业板块，对投资人吸引力强。

2. 出售式重整方案必须兼顾各类债权人利益

重整方案兼顾各类债权人利益是法院依法审查重整计划的重要内容。出售式重整一般处置债权人的核心资产或核心业务，而债务人的核心资产往往已经抵押，出售该部分抵押财产，所得价款通常为抵押优先权的财产。若按照抵押优先权顺序分配出售式重整所获得的价款，则抵押权人获得的清偿不均衡，职工债权、社保债权、税务债权和普通债权的清偿率基本为零，重整方案各组表决通过率也会非常低，甚至达不到法定比例。因此，在确定出售式重整方案前，必须与各抵押权人沟通协商，协调各方的债权清偿比例，同时兼顾普通债权的清偿。奥奇丽公司的重整计划草案在制作时征求了各抵押债权人的意见，但是无法均衡抵押债权人的债权清偿利益，在债权人会议表决时，因其中一名大额抵押权人投反对票而无法通过；会后经管理人、投资人协商沟通，在不变更重整方案的前提下，该抵押权人再次表决通过重整方案。根据奥奇丽公司的出售式重整方案，职工债权、社保债权、税收债权、破产费用和共益债务将获得100%的清偿率，抵押债权清偿率为评估清算价值的90%，普通债权人获得50,000元清偿（低于50,000元的普通债权清偿率100%）。总体而言，奥奇丽公司重整方案兼顾了各类债权人的债权清偿。

3. 出售式重整的价值取向

采取出售式重整，需要考虑债务人出资人、债权人、投资人各自对破产企业的价值取向或目标。债务人的主体资格可能注销或者存在但无业务经营，债务人的股东的投资利益因此丧失，同时其不必负担重整的经营成本和风险，债务负担最终随债务人主体资格注销而消除。债权人的债权在投资人清偿能力充分的情况下债权安全大幅度清偿。投资人也可以规避债务人原有的债务风险和经营风险，免去了修复债务人信用和企业形象的繁杂工作，能够快速地开展重整业务经营，提高重整效率。

（三）出售式重整计划的执行

1. 投资人的利益实现

投资人受让债务人的核心资产或核心业务后，通过承继债务人的资产或核心业

务的再经营获利实现投资利益。奥奇丽公司在破产程序中，经过托管经营核心业务即田七系列产品，自2019年12月31日恢复生产至2020年8月30日（重整计划草案表决前），恢复生产了7款旧品田七牙膏、5款新品牙膏，共生产了3,358,604支牙膏，产值共3,286,793元，销售了2,807,820支，销售收入7,891,841元。据了解，重整投资人中恒集团于2021年5月正式复工复产田七系列品牌，已完成签约额1900万元。田七系列产品的盈利需要重整投资人的智慧经营。中恒集团系在上海证券交易所上市的上市公司（国有控股），其注册地为梧州市，主要经营范围是对医药、能源、基础设施、城市公用事业、酒店旅游业的投资管理等。故注资田七系列产品后，中恒集团依据自身的优势，将在1个月内健全组织机构、招募经营队伍并发挥中恒集团的资源优势，在战略规划、资金管理、业务拓展、品牌效应等全面优化、改造和升级经营田七品牌，争取通过5年的努力，丰富田七品牌系列日化产品组合，研究推出广西特色元素的牙膏、护肤品等日化产品，努力促进田七品牌产品市场规模突破亿元，使区域性品牌再度成为全国性品牌，以实现其投资田七系列品牌的利益，也为地方经济加快发展做出积极贡献。

2. 破产企业的处置

按照重整计划，奥奇丽公司的核心资产和核心业务由投资人中恒集团控股的田七公司承继和经营，奥奇丽的公司字号也由田七公司享有和利用，是否注销奥奇丽公司由投资人与管理人根据后续重整计划的执行决定。奥奇丽公司名下未出售的股权、应收账款和其他房屋由管理人变卖后将所得价款按照未分配的债权比例继续分配。

四、政府返税

奥奇丽公司重整案的另一个创新亮点是政府返税作为破产财产分配。通过府院联动机制协调，梧州市政府承诺将税务部门在破产程序中获得分配的税款返还7,498,063.99元作为破产财产，由抵押权人按照剩余抵押债权比例分配，其中471,791.58元作为破产财产补充分配给普通债权人。政府返税增加了奥奇丽公司的破产财产，提高了债权人的债权清偿率，也平衡了抵押债权人的利益，兼顾普通债权人的债权清偿，提高了重整方案的通过率。同时，政府以实际行动扶持企业，加快恢复企业生产经营能力，鼓励投资人发展重整后的田七系列品牌产品。

重整式清算在房地产企业破产案件中的实践探讨

——以苍梧县万锋房地产开发有限公司破产案为例

袁公章*

摘要：近年来，受宏观经济形势变化和房地产调控政策影响，房地产开发企业破产现象进一步加剧，由于房地产行业涉及面广，与人民群众的安居乐业、社会稳定密切相关，房地产企业的破产，均会引起社会的广泛关注。房地产企业破产案件具有涉及利益主体众多、法律关系错综复杂、债权类型多样、债务规模庞大、各方利益冲突尖锐、利益平衡难度大等特点，妥善处理房地产破产企业"烂尾楼"，使"烂尾楼"保值增值以大幅提高破产债权清偿率，是解决房地产破产案件各类尖锐矛盾的关键，也是实现房地产企业破产案件法律效果、社会效果和政治效果相统一，优化营商环境、服务供给侧结构性改革和保障经济高质量发展的内在要求。本文主要以笔者担任破产管理人的苍梧县万锋房地产开发有限公司破产案为例，围绕着"烂尾楼"盘活的模式选择及实务操作以及其中涉及的关键问题展开。

一、万锋公司破产案基本情况

（一）万锋公司基本情况

苍梧县万锋房地产开发有限公司（以下简称万锋公司）成立于2008年9月16日，注册资本仅100万元人民币，经营范围为：房地产开发经

* 袁公章，广西破产管理人协会会长。

营、土地开发投资、物业管理;建筑材料、五金交电、家用电器;机械设备、化工产品(不含化学危险品、有毒品)塑料制品批发、零售。(依法须经批准的项目,经相关部门批准后方可开展经营活动。)

万锋公司开发的位于广西梧州市龙圩区西南大道名为"苍梧建筑装饰材料批发市场"的楼盘,因万锋公司资金链断裂,于2013年开始烂尾且长期缺乏有效管理,最终成为"烂尾楼"。截至2018年7月,苍梧县人民法院(以下简称苍梧法院)受理万锋公司破产申请之日,"苍梧建筑装饰材料批发市场"楼盘共规划建设房屋374套,建筑面积总计66,559.48平方米,其中有87套房屋已转让给第三人并办理了过户手续,未转让房屋287套,建筑面积49,148.75平方米。由于楼盘长期烂尾,近百名已经支付全款或者大部分购房款的购房人一直得不到交房,严重损害了购房人的合法权益。同时,由于万锋公司拖欠了施工方大量工程款,农民工权益严重受损,讨薪问题也非常尖锐。此外,由于"苍梧建筑装饰材料批发市场"位置刚好位于梧州南高速收费站对面,地理位置突出,该楼盘常年烂尾严重损害了梧州市的城市形象,对当地营商环境造成了负面影响。

(二)万锋公司破产概况

因经法院强制执行不能清偿到期债务,万锋公司被移送破产审查。后经债权人申请,苍梧法院于2018年7月31日裁定受理万锋公司破产清算一案。

管理人在接管万锋公司时,万锋公司已经停止运行多年,"苍梧建筑装饰材料批发市场"楼盘也已多年缺乏维护而且相关施工材料、建设材料也已经严重缺失。再加上"苍梧建筑装饰材料批发市场"地处城市郊区,居民消费能力有限,房价也处于低迷状况。同时,由于"苍梧建筑装饰材料批发市场"项目楼盘基本已经建设完成并没有更多新建、增建空间,缺乏重整吸引力。因此,管理人虽开展了重整投资人招募工作,但潜在意向方在初步调研后均表示重整效益过低,不愿参与重整。如果直接按传统破产清算模式处理万锋公司破产财产直接拍卖处置烂尾楼盘,虽说可以快速推进万锋公司破产清算工作,将万锋公司烂尾楼等闲置社会资源投入社会,但就本案债权人而言将遭受损失或者说不能实现利益最大化,特别是近百名购房人不仅用多年积蓄支付的购房款可能血本无归,无法产生良好的社会效果,甚至可能引发新的社会矛盾。因此,只有完成"苍梧建筑装饰材料批发市场"楼盘续建,才能最大可能地保障购房人的合法权益,才能最大限度实现万锋公司破产财产保值增值,才能在破产案件中实现法律效果与社会效果的双丰收。

因此,管理人在招募重整投资人无果后迅速调整策略,开创性地采取管理人融资续建的重整式清算模式，即由管理人通过共益债务融资的方式募集续建资金，并全盘负责续建“苍梧建筑装饰材料批发市场”楼盘的后期工作。基于此，管理人编制了涵盖续建资金融资、烂尾楼盘管理、施工方案、续建成本分摊、续建后房屋变价方案等内容的《“苍梧建筑装饰材料批发市场”项目楼盘管理及变价方案》（以下简称《楼盘管理及变价方案》）并于 2019 年 8 月 20 日提交万锋公司第二次债权人会议审议表决，最终获债权人会议高票通过。

因为续建资金属于具有超级优先性质的共益债务，使管理人最终得以成功招募到续建资金提供方，“苍梧建筑装饰材料批发市场”楼盘续建工作得以于 2020 年 4 月顺利启动。

截至 2020 年年底，在克服各种续建难题之后，“苍梧建筑装饰材料批发市场”项目烂尾工程基本续建完成，续建完成后“苍梧建筑装饰材料批发市场”房屋具备了交付的条件，且其市场价值也得到了大幅提升，真真正正地达到了保障债权人权益最大化的目的。该案是管理人采取重整式清算模式在房地产破产案件中的成功实践，不仅有效实现了债权人利益的最大化，也达到了化解社会矛盾、改善城市形象、促进梧州市经济发展的社会效果，对广西清理烂尾楼盘、优化营商环境工作有极大的借鉴意义。

二、房地产破产案件“烂尾楼”处置方式的选择

（一）房地产破产案件“烂尾楼”处置方式

1. 破产重整

重整制度是目前公认的挽救危困企业、预防破产最为有力的法律制度。其在拯救危困企业、清理债务、恢复经济秩序等方面能够发挥突出作用，尤其是对于具备挽救希望的危困企业，重整能够快速注入活力、化解沉重的债务负担，使企业能够尽快恢复生产经营能力。但是，并非所有的房地产企业破产案件都适合重整，重整门槛高、难度大，要求企业具有较强的品牌、市场、资产价值和挽救价值，从而实现“脱胎换骨”。而我国房地产开发门槛较低，陷入困境的多为中小型房地产企业，公司治理粗放，甚至不乏违规违法经营，其破产财产很可能也仅有“烂尾楼”，而房地产破产企业往往采取施工方垫资建设的方式，导致负债金额高且债务结构复杂，如果仅仅只为续建“烂尾楼”而强行选择存续式重整，往往会造成重整代价过高，意向投资人不愿介入或者虽然介入也可能会发生重整计划无法执行的困境。

在万锋公司破产案中，万锋公司破产财产仅有已经烂尾的“苍梧建筑装饰材料批

发市场”项目楼盘,公司注册资本仅有100万元,也未形成品牌、声誉等企业无形资产,更为关键的是“苍梧建筑装饰材料批发市场”基本已经建设完成并没有更多新建、增建空间,重整投资收益非常低,基本不具备重整价值。

2.“烂尾楼”整体出售,即采取传统破产清算资产处置方式或出售式重整模式

将“烂尾楼”整体打包出售,以实现在保持“烂尾楼”完整性的同时,能够快速实现“烂尾楼”的处置工作,使“烂尾楼”能够在新的投资人手中实现新生。但是,这种方式在万锋公司破产案件中难以实施。首先,若整体出售“烂尾楼”,破产财产变现所得非常有限,并不能达到破产财产即“烂尾楼”增值的目的,无法显著提高破产债权清偿率,而万锋公司破产案中享有抵押优先受偿权的债权近1.5亿元,工程款优先债权近5000万元,此外还有约30名购房人享有购房优先权,意味着普通债权人几乎无法获得清偿,抵押权人及施工方债权人的债权也将严重受损。由于房屋不具备交付条件,购房人也无法取得房屋,各类债权人的诉求均无法实现,债权人矛盾无法化解。其次,万锋公司“苍梧建筑装饰材料批发市场”项目房屋状况复杂,有部分房屋产权已经通过法院强制执行程序转移至第三人名下,导致楼盘所属房屋产权分布参差不齐,管理难度高,甚至有一部分购房人、债权人因为万锋公司长期不清偿债务、不交付房屋,已经自发占用了部分房屋。如此种种,导致即使整体出售“苍梧建筑装饰材料批发市场”项目也难以找到投资人。

3.管理人自行续建,即重整式清算的模式

重整式清算并非法定程序,一般是指在清算程序中进行的将重整的价值理念融入破产清算程序,融合破产清算和重整两种程序优点的实践探索。[1] 提高债权清偿率,尤其是提高普通债权的清偿率是重整式清算的主要目标。在房地产企业破产案件中,重整式清算主要是围绕着“烂尾楼”复工续建或完善配套后出售进行。

在万锋公司破产案中,管理人实施重整式清算的主要方式为由管理人扮演着类似于重整投资人的角色,全盘负责“烂尾楼”后期的开发、销售工作,包括续建资金的募集、续建施工的监督、续建难题的处理、房屋的日常管理、房屋的销售等一系列房地产开发企业所从事的工作,但在房屋续建、销售工作完成后,依然要依法对破产企业进行注销。

[1] 范京川:《房地产企业重整式清算若干问题初探》,载《人民法院报》2020年3月19日,第7版。

（二）房地产企业破产案件中“烂尾楼”续建的必要性

1. 房地产企业破产案件法律关系错综复杂

房地产企业在日常经营活动中可能涉及的债权人不仅仅包括常规的金融机构、勘察机构、设计机构、材料供应商、监理、代理、施工单位等，最重要的还有购买人、农民工等特殊群体。由于各类主体间法律关系错综复杂，在平衡利益诉求时难度较大，如果在处理特殊群体利益时处置不当，极有可能导致群体性事件的发生。一般情况下若采取破产清算模式直接处置在建工程或烂尾楼，变现所得难以同时满足各方，特别是购房人、农民工等特殊群体的诉求，进而引发群体性事件。想要妥善处理房地产开发企业破产过程中错综复杂的法律关系，债权债务关系，最好的方式就是使破产财产增值，把可分配的蛋糕做大，若债权人的债权或诉求能够实现也就能够达到化解债权人矛盾的目的了。因此，续建“烂尾楼”是处理房地产破产案件复杂法律关系的有效措施。

2. 破产财产价值最大化的要求

房地产企业破产时往往仍然持有大量资产，如闲置土地、在建工程，又如正处于预售阶段的住宅或招商阶段的商业地产及使用中的工业地产等。如果对房企破产财产采取清算模式快速变现，既不利于处理企业持有的半成品资产，也不利于实现现有债权人的利益。如果引入投资方进行续建，不仅有利于盘活房企的现有资产，还可能使债权人的利益获得更好的保障。

3. 提高营商环境的需求

由于房地产企业的存续和发展可能事关当地政府的经济发展计划以及营商环境，往往还涉及一定的维稳因素，当地政府也不愿意看到“烂尾楼”“农民工讨薪”“购房者集体维权”等社会问题出现。因此，无论是政府还是法院对房地产破产企业的要求往往是妥善清理“烂尾楼”。基于此，在房地产企业破产过程中，政府部门往往也会尽可能提供一定的指导与建议，在程序上尽量为“烂尾楼”出清工作的推进提供帮助，当“烂尾楼”续建工作遇到阻碍时，政府也更加倾向于积极主动帮助解决续建过程中遇到的问题并根据“一事一议”的原则给予相应的政策扶持。这也成为房地产企业破产“烂尾楼”续建的政策优势。

三、房地产企业破产案件重整式清算操作要点

（一）重整式清算的开展要严格依照法律程序进行

重整式清算系在清算程序中进行的重整，并非法定程序，其法律性质仍然是破产

清算。利益主体的权利义务、清偿顺位、表决规则、变价分配规则等均适用《企业破产法》中有关破产清算的规则，程序终结依然产生破产清算的法律效果。因此，采用重整式清算模式续建“烂尾楼”，其操作程序一定要在法律规定的破产清算程序下进行。

在万锋公司破产案件中，管理人采取公开招募续建资金提供方，并由管理人全程负责“苍梧建筑装饰材料批发市场”后期的开发、销售工作，融资方提供的续建资金列为公益债务由债权人按相应比例分摊的重整式清算模式，其中涉及了破产程序中的共益债务借款、破产财产管理方案、债务人继续营业等内容，既属于《企业破产法》第25条规定的管理人职责内容，也属于《企业破产法》第61条规定的由债权人会议决定的内容。为此，管理人将采取重整式清算模式续建、销售“苍梧建筑装饰材料批发市场”的操作方案编写成了《楼盘管理及变价方案》提交万锋公司第二次债权人会议审议表决，债权人会议表决通过《楼盘管理及变价方案》，使重整式清算的实施完全符合法律规定的程序。

（二）充分利用府院联动机制的积极作用

房地产项目开发，涉及土地、规划、建设、房产、税务、消防、人防、水电气、工商、商业银行、公积金、征信机构等诸多政府职能部门，没有这些部门的大力支持和配合，甚至开通创造性解决问题的“绿色通道”，房地产企业破产案件的“烂尾楼”盘活将难上加难。“烂尾楼”的处置对改善城市形象、优化营商环境、化解群众矛盾具有积极作用，政府部门一般也倾向于积极主动帮助解决“烂尾楼”续建过程中遇到的问题并根据“一事一议”的原则给予相应的政策扶持。因此，在续建“烂尾楼”，销售续建后楼盘的过程中要尽量争取政府部门的支持以及优惠政策，一方面有利于克服续建、销售中遇到的困难，另一方面有利于降低续建及销售的成本，提升续建价值。

在对万锋公司“苍梧建筑装饰材料批发市场”项目续建的过程中，因“苍梧建筑装饰材料批发市场”项目相关资料严重缺乏，管理人无法严格按照住建部门的要求提供项目竣工验收资料，导致项目竣工验收遇到障碍。对此，管理人及时向案件受理法院反馈，最终在法院牵头下，管理人及相关政府部门就万锋公司“苍梧建筑装饰材料批发市场”项目竣工验收相关问题进行了多次沟通、协商，最终使该阻碍得以解决。

（三）灵活采取措施解决破产企业房开资质过期问题

房地产破产企业普遍存在因长期停业导致管理人接管时房地产开发资质已过期的问题，而房地产企业进入破产程序后往往已经长期缺乏有序管理，基本不具备恢复房开资质的能力，该问题会严重影响“烂尾楼”的续建、验收以及房屋销售工作。为继续开展“烂尾楼”续建、销售工作，管理人就必须采取有效措施化解该难题。

在万锋公司破产案中,万锋公司从2014年起就已经处于无序管理状态,至2018年其进入破产程序时其房开资质早已过期。这就导致“苍梧建筑装饰材料批发市场”项目续建工作通过常规流程进行将无法办理预售许可证,无法进行房屋预售。为此,管理人采取了先将房屋产权办至万锋公司名下,再对外进行销售的模式,有效解决了房地产破产企业房开资质过期对房屋销售工作的阻碍。

(四)续建费用优先清偿的合理性

目前对于第三方提供续建资金的性质在法律上并没有一个明确的认定,实践中很多法院以及管理人将其性质认定为共益债务。第三方提供的续建资金,其目的在于实现房地产企业未完工项目的续建。根据《企业破产法》第42条的规定,共益债务包括(1)因管理人或者债务人请求对方当事人履行双方均未履行完毕的合同所产生的债务;(2)债务人财产受无因管理所产生的债务;(3)因债务人不当得利所产生的债务;(4)为债务人继续营业而应支付的劳动报酬和社会保险费用以及由此产生的其他债务;(5)管理人或者相关人员执行职务致人损害所产生的债务;(6)债务人财产致人损害所产生的债务。“烂尾楼”续建本质上是房地产企业的继续经营,续建成本则属于“为债务人继续营业而应支付的劳动报酬和社会保险费用以及由此产生的其他债务”,将续建费用列为共益债务并无争议。

根据《企业破产法》第113条的规定,共益债务优先于职工债权、社保及税款债权、普通债权获得清偿,但是否优先于购房优先权、建设工程优先权、抵押债权,则并未有法律明文规定。为吸引续建资金投资人,确保续建工作得以顺利进行,管理人在万锋公司《楼盘管理及变价方案》中明确了续建费用的分摊机制,确定了各类债权人按特定比例分摊续建费用的原则,通过全体债权人表决通过《楼盘管理及变价方案》以公民意思自治的方式合法合理地保障了续建费用的“超级优先权”,确保了续建工作得以顺利进行。

四、结语

房地产企业破产案件因其牵涉大量购房债权人、施工债权人、农民工等群体性问题,使其处理方式具有一定的特殊性,即不能仅仅是简单处理现有破产财产、分配现有破产财产就结案了事。为解决其中的群体性问题,管理人往往需要采取措施实现破产财产增值,即把蛋糕做大,尽可能满足更多债权人的合理诉求从而达到化解群体性问题的目的,其中最主要的措施就是续建“烂尾楼”。万锋公司破产案件采取重整式清算模式引入资金续建的模式使“苍梧建筑装饰材料批发市场”烂尾楼得以成功续建，并最终实现破产财产的大幅增值，使可分配破产财产得到了增加，从而达到了成功化解案件中原本尖锐群体性问题的目的，对房地产企业破产案件“烂尾楼”盘活的操作具有一定的借鉴意义。

房企破产程序中的多项机制综合运用

——恭城恒兴投资开发有限公司破产重整案

颜　钊[*]　唐华鑫[**]

【裁判要旨】

对于具备重整价值的破产企业，在破产程序中以“速转程序、重整预设”为思路，利用府院联动机制实现人民法院与行政部门、金融机构的高效联动，同时借助科技手段解决管理人各工作组跨区域、远距离工作的难题、提高工作效率，以市场为导向快速、充分发掘企业的重整潜力，实现从清算程序到重整程序的快速转换，达到提升资产价值、提高债权人受偿利益、挽救债务人经营的多方共益目的。

［案号：(2020)桂03破1号；合议庭成员：程锦、朱孟儒、王艳；管理人：广西汇力律师事务所］

【基本案情】

恭城恒兴投资开发有限公司（以下简称恒兴公司）设立于2009年，住所地为恭城镇燕新路96号，主要经营服务为房地产开发经营和对建筑工程、商业贸易、酒店等项目的投资。

恒兴公司所开发的“茶江名城”项目（以下简称项目），位于恭城县燕岩大桥南、燕新路西侧，总用地面积70,530.43平方米，规划建筑面积

---

* 颜钊，广西破产管理人协会副会长、柳州市破产管理人协会会长、柳州市律师协会副会长。

** 唐华鑫，广西汇力律师事务所律师。

141,954 平方米,设计建设房屋 29 栋,主要为住宅,少量商铺及配套设施,建设工程自 2015 年起因企业资金链断裂全面停滞,截至管理人接管时已建面积 27,369.53 平方米。

【审理过程及分析】

2020 年 1 月 6 日,桂林市中级人民法院(以下简称桂林中院)裁定受理债权人对恒兴公司的破产清算申请,并于同年 2 月 15 日经采取竞争式方式选定广西汇力律师事务所担任恒兴公司管理人(以下简称管理人)。在本案中,受理法院与管理人共同探讨确定了"破产清算程序内进行重整预设工作""清算程序快速转换到重整程序"的工作方案;管理人亦首次利用自主开发"汇成破产管理平台"解决了多团队、多地域协同办公的难题,从资料接管、债权审查、大数据分析等各环节提升工作效率。

此外,得益于桂林中院以府院联动机制为抓手,积极联动政府及各行政部门为重整预设工作的调研搭建渠道,本案最终仅用 42 天便迅速完成了从"清算"到"重整"的变轨。同年 12 月,各债权人组在本案的第三次债权人会议上均以出席会议债权人 100% 赞成的表决结果顺利通过《重整计划草案》。桂林中院经管理人报请审核后裁定批准了恒兴公司重整计划,案件现已进入重整计划执行阶段。

本案是桂林中院审理的第一件重整成功的涉房开企业破产案件,亦是桂林中院审理的第一件当年受理当年审结的破产重整案件。本案还是柳州的管理人首次跨区域在桂林承办并办理成功的破产案件。

一、"科技 +"提升工作效率

2020 年 3 月初,管理人与合作的审计、资管、评估及安保公司的工作人员联合组成接收工作组,在航拍无人机、执法记录仪、便携打印机等设备的加持下,利用管理人自主搭建的"汇成破产管理平台"高效协作,于两日内在项目工地、售楼部及资料存放处等三地快速完成全部资产、资料的接管工作,涉及恒兴公司的开发用地、在建工程、印章印鉴、资质证照、工程合同、公司决议等。

管理人能成功应对本案跨区域执业、多单位协同办公的挑战,"汇成破产管理平台"在其中起到了决定性的作用。该平台系管理人团队自主开发而成,由"综合管理""资产管理""债权债务""债权债务管理""诉讼管理""任务管理"等模块组成,可实现债权网络申报、债权审查文件自动生成、破产档案云端存储调取、破产业务流程电子化、法律文书自动生成、大数据分析、移动端办公等功能。该平台的运用使本案任务管理更具规范化，提高了数据共享性和准确度，打通了与外部团队的协作渠道，大幅提升了管理人团队远距离协同工作的效率。

二、从清算到重整的“速转程序”

自管理人接受指定至桂林中院裁定转入重整程序，本案在42天内迅速完成了从“清算”到“重整”的变轨。管理人推动速转程序的原因在于：恒兴公司名下的土地和在建工程等核心资产上都设有抵押担保，若享有担保权的债权人在清算程序中随时向管理人主张就该特定财产变价处置行使优先受偿权，会造成本案核心资产无法最大化实现开发价值，从而无法保障全体债权人的利益最大化。为此，管理人自始即确立了将重整作为工作目标、将迅速转入重整程序作为首要工作，但转入重整程序并进而推动重整成功需要获得包括担保权人在内的债权人和债务人的共同支持。

基于“速转程序、重整预设”的工作思路，管理人引入SWOT分析模型从“优势、劣势、机会、威胁”等多维度分析项目，依前期调查得到的各项经济指标对建筑成本、资金占用成本及税务成本等成本迅速测算进而得出项目重整成本、销售收入和重整利润、重整清偿率并作出了框架方案，还以市场为导向结合当地需求特点、周边环境、户型设计等角度提前考虑项目升级优化之道。同时，因商业银行往往对破产企业项目的金融服务需求避而远之，而本案项目大体量的商品房销售若无银行金融服务支持将可能举步维艰，难以实现重整效果，管理人还与柳州、桂林的多家银行对项目重整销售可能需要的金融服务支持进行沟通协调，并在提出重整申请前与柳州银行就后续项目销售提供支持达成了一致意见，预先解决了潜在投资人与购房人对于重整销售前景、按揭支持和投资回款等问题的后顾之忧，提振了债权人对于重整成功的信心。管理人在40天内完成的系列重整预备工作成果让全体债权人和债务人全部认可并支持了本案转入重整程序，亦为后续重整成功奠定了基础共识。

三、“府院联动”攻克工作难点

桂林中院在本案中积极作为、大力支持重整预设工作，主动联系项目所在地政府及市场监管、规划及住建等单位召开联席会议，提前介入沟通项目重整需要当地各职能部门支持解决的各项问题，为管理人前期重整预设工作提供调研渠道。得益于桂林中院推动“府院联动”协调机制的有效运行，管理人顺利从当地住建局和自然规划局及下属机构了解到当地整体规划、经济发展情况及近年商品房销售情况、项目附近学区与商圈及交通状况等翔实资料信息，为管理人在代表债务人提出重整申请前迅速完成尽职调查、判断本案是否具有重整价值以及制定重整框架方案提供了可行性分析依据，也为将来的重整执行工作能在当地各职能部门支持下顺利开展打下了良好的基础。

经过桂林中院和管理人的前期努力，使本案在转入重整程序后就重整投资人的引入、重整草案的制定与协商及通过的过程变得十分顺畅。管理人于2020年4月发布重整投资人招募公告，并于9月成功招募到重整投资人；同年10月，管理人与投资人及各组债权人召开了多次协商会，并于11月综合各方利益需求和协商工作成果为本案制定了以全流程开发经营为中心内容的《重整计划草案》，包含续建10栋在建工程和重新设计新建11栋小高层住宅的优化方案；最终，各债权人组在2020年12月15日第三次债权人会议上均以出席会议债权人100%赞成的表决结果顺利通过了该《重整计划草案》，桂林中院于同日裁定批准重整计划、终止重整程序，实现了对大型房地产企业破产重整案件的当年受理、当年审结。

四、取得良好成效

在本案中，若按照恒兴公司名下现有107亩土地、10处在建工程（已建面积2.7万平方米）的快速变现价值经评估累计不到9000万元。而优化后的设计将以改良部分住宅的户型布局及面积，提升项目的绿化面积，增加地下泊车位等方式整体提升“茶江名城”项目的楼盘品质，充分释放土地资源的商业价值。在依照《重整计划草案》执行完成之后，将能向当地市场提供总建筑面积超12.7万平方米的商品房及701个停车位，预计可实现总收入将超5.2亿元、实现税前利润约2.8亿元，将使职工债权得以完全清偿并大幅度提高其他各类债权的清偿比例，还将能为当地创造近9000万元的税收贡献，符合通过重整创造民生福祉、服务经济建设的社会功能。

桂林中院和管理人在本案中所尝试的“提前介入、全局谋划、重整预设、速转程序”的工作思路得到了成功验证，表明管理人在执行管理人事务中，不应当仅仅满足于遵照法律法规的要求安全、妥善履行各项执业要求，在破产企业具有待开发增值项目的前提下，更可以发挥主观能动性深入了解项目内核。管理人利用技术创新打造核心能力，在信息收集、分析、共享等环节的效率及效果大大增强，在制定重整计划草案时从项目投资人、潜在消费者、行政管理者、利益相关者等多角度挖掘项目的升值潜力，通过有效办理破产重整案件以达到提升资产价值、提高债权人受偿利益、挽救债务人经营的多方共益目的，达到整合市场资源、重新创造产出为当地推动市场经济发展的经济建设目的，达到司法案件保稳定、促发展、重民生的社会目的的统一。

论异议股东退股权

潘玮璘*

摘要:异议股东退股权是多方利益平衡的产物,能够促进各方利益更优。退股权行使主体限于有表决权且对特定决议投反对票的股东。行使退股权的前提是被投反对票的决议已获有效通过。行使退股权具有法定情形,其中“公司合并、分立”是指涉公司法人人格消灭的情形;“转让主要财产”是指涉公司发生根本性重大改变或变动根本性影响异议股东基本预期的情形。退股权的法定性不禁止公司、股东各方另行合意实施的退股减资。在多项具有同质性的救济机制当中,退股权应当列后行使。退股权的行使程序包括三个环节:股东应对于具有法定情形的股东会决议投反对票;股东应在股东会会议决议通过之日起60日内尝试与公司达成股权收购协议;股东可在股东会会议决议通过之日起90日内向法院起诉。实务中,还应妥善处理公司不召开股东会、诉讼费用分担、评估价低于公司出价、“1元分红”、自身利润回购股权等具体情形。

一、制度背后的价值衡量

异议股东退股权(又称异议股东股权回购权、评估权)不能简单理解为一种专为救济小股东、偏袒小股东的特设机制。实际上,退股权的立法表达(《公司法》第74条、第142条)并没有在字面上直接体现出与小股东的必然联系,只是退股权的适用主体为“对股东会该项决议投反

* 潘玮璘,民商法博士,广西壮族自治区高级人民法院四级高级法官助理。

对票的股东”,即所谓的反对但又无法阻止该决议通过的股东。一般来说,这就指小股东,但也不必然是小股东,也可能是表决权少的股东。总之,救济小股东的视角过于单一,实际上退股权背后蕴含着比较复杂的价值衡量问题,属于多方利益平衡的产物,甚至在福利经济学看来是贯彻了促进各方利益更优的帕累托原则〔1〕。

(一)小股东与大股东之间的平衡

公司作为一种社团,其成员理应有权共同决定团体事项,故早期的公司法理论要求决议应由全体一致同意通过。这也意味着每一位股东都有一票否决的权利。〔2〕这种过于注重成员个体权利的态度,无疑是不适应现代商业发展和市场经济的,即“全体一致决”不能处理好现代公司法中公平与效率问题。因此,20 世纪以后“多数同意决”规则得到了普遍接受。但仍要清晰认识其中的进化逻辑:一方面,多数决无疑提高了公司意志与行动的效率,但小股东的决定权在一定程度上被减损,反之大股东的权利地位得到提升。这种变化有其正当性,即公司效率提升也能惠及小股东,这种整体增益使小股东也愿意接受多数决,其参股的积极性没有受实质性打击,公司的集资功能仍得以充分发挥。另一方面,当公司随着大股东的意志发生根本性重大改变时,且小股东(包括表决权少的股东)即使反对也无法阻止,那么小股东对于整体增益的预期也同时被破坏,此时赋予小股东强制退出权,就是为了让小股东及时“止损”,保护其在公司重大变化前的股权价值〔3〕。这使小股东的权利强度适当上升,同时大股东的负担适当加重。综上,退股权本质上是与“多数同意决”相配套的〔4〕,两者分别强化了小股东和大股东的权利,同时两者又形成合力,优化了公司制度,提升了公司效率、促进了整体增益。

(二)股东与债权人之间的平衡

退股权不仅涉及大小股东之间的权利博弈,其行权的直接后果即为公司出资人减少且公司自持自身股权,进而导致资本与资产的减少。公司作为独立法人,以其全

---

〔1〕 [美]伊斯特布鲁克、[美]费希尔:《公司法的经济结构》(第 2 版),罗培新、张建伟译,北京大学出版社 2014 年版,第 144 - 145 页。

〔2〕 施天涛:《公司法论》,法律出版社 2014 年版,第 565 页。

〔3〕 美国成文化的公司法[如特拉华州公司法(Delaware Code)、模范商业公司法案(Model Business Corporation Act)等]就专门规定,退股评估权在估价时,应以异议股东所反对的公司决议发生之前为评估时间点,即排除所反对的公司决议对股权价值的影响。

〔4〕 “多数决”代替了“一致决”,作为丧失否决权的一种补偿,异议股东可以彻底退出公司并以金钱形式取得他们股份的合理价值。参见朱锦清:《公司法学》(下),清华大学出版社 2017 年版,第 12 页。

部财产独立向债权人承担债务，公司减资必然涉及债务偿付能力降低。因此，基于保护债权人的预期和信赖，从体系解释上看，退股权在程序上通常应包含涉及通知、公告、变更登记等法定减资程序（《公司法》第177条、第179条）。[1] 此外，退股权的法定适用范围还应当有所限制，不应过于泛化，以尽可能保护债权人预期与信赖的安定性。现实中，即使公司债权人有法定减资程序的保护，但仍会破坏债权人原先的预期。更严重的是，债权人在减资程序中有权要求公司清偿债务或提供担保，这会进一步加剧公司资本与资产的变动，特别在多个债权人的情况下，还可能引发连锁反应，甚至彻底破坏公司的资信基础。综上所述，退股权与减资程序相互衔接，同时法定退股权要受到严格限制，这均源于股东与债权人之间的利益平衡。

（三）小股东与公司之间的平衡

这一层次的利益平衡不等同于大小股东之间的情况。公司作为一个独立法人、独立的民事主体，对于其自身利益也应专门考量。从制度逻辑角度来看，股东利益不等同于公司利益，公司及其经营者应以公司自身利益最优为决策与行动的标准。当然，多数情况下大股东的意志更可能上升为公司意志，其利益与公司利益高度契合；至于小股东的意志及其利益，则可能与公司发生偏离甚至冲突。但事实上，并不能因此看低小股东、忽视其利益，反而应认识到，众多的小股东们对公司的参股与投资信心具有重要价值，他们是公司资本基础的重要来源。这一理念不难理解，但处理好小股东与公司之间的利益平衡不能仅依靠理念自觉，更重要的是机制保障，如退股权。一方面，退股权要求公平地评估股权的合理价格，使弱势的小股东不至于被公司或大股东低价回收其股权，这在普遍意义上确保了小股东入股时的投资信心；另一方面，该机制实质上对公司是一种威胁，如果过多股东行使这一权利，则可能减损甚至破坏公司的资本基础。[2] 同时，退股权引发的减资程序也有一定威慑作用。总之，这些机制都在牵制着公司意志的走向，倒逼公司管理层重视小股东对公司决策的建议与担忧，督促他们注意将小股东的意志与利益尽可能地注入公司整体意志与利益，这就是退股权在小股东与公司之间起到的平衡作用。

---

〔1〕 虽法律未在退股权中直接规定减资程序，但可参照最高人民法院《关于适用〈中华人民共和国公司法〉若干问题的规定（二）》第5条的规定，回购股权的公司有义务在合理期限内将收购的股权及时转让或者办理减资手续，股份转让或者注销之前，退股人（股权出让人）不得以公司收购其股份为由对抗公司债权人。

〔2〕 施天涛：《公司法论》，法律出版社2014年版，第566页。

二、制度基本构造及特征

(一)退股权的行使主体

退股权限于异议股东。《公司法》第 74 条规定为“对股东会该项决议投反对票的股东”,第 142 条规定为“股东因对股东大会作出的公司合并、分立决议持异议”。法条规定字义清晰,无须赘述,但仍有两个问题须进一步明确:

(1)退股权是否仅限于有表决权的股东?从逻辑解释角度看,能够对股东会决议投反对票的股东,肯定是有投票权的股东;没有投票权的股东也就无法投反对票,那么就无法成为退股权要求的“异议”股东。其原理在于,放弃投票权的股东往往是在其成为股东之时就设计好的,其完全不参与公司的决策机制,而是在收益或其他方面可能有特殊获得,还可能与公司或其他股东约定了其他保障机制。质言之,这类股东根本没有因多数决规则而导致地位下降或权益减损,故完全无须法定退股权为其提供救济。

(2)仅有少量表决权的股东能否请求回购大于其表决权比例的股份?例如,仅有 1% 表决权的股东能否请求公司回购其全部 60% 的份额?抑或不这么极端,有 10% 表决权的股东能否请求回购其全部 20% 的股份?[1]这类股东无疑在名义上是有表决权的,当然能够成为异议股东,从文义解释来看,他们也就有退股权;但文义没有表明的是,表决权是否应与回购份额相匹配?本文认为,原则上这类股东仍有全部退股权。首先,即使这类股东的持股比例属于大股东,或其持股比例大于表决权,他们仍属于“反对但又无法阻止该决议通过”的股东,退股权就是专为他们设置的,而非专门指向小股东;其次,退股权不是针对个别决议的抗议机制,而是在公司发生根本变化时、股东预期遭到根本破坏时的救济机制,故退股权不单纯涉及表面所呈现的强制交易问题,更重要的是“全身而退”,强调放弃成员资格、退出该团体。因此,只要股东有表决权,就有权请求回购其全部持股份额。反之,异议股东也不得主动请求仅回购部

---

〔1〕 根据《公司法》第 42 条的规定,公司章程可以规定股东不按照出资比例行使表决权,公司章程可以单独规定股东的表决权份额。

分份额，不得在行使退股权的同时保留部分份额。[1] 但仍有一种特殊情况：表决权极少的股东（如1%或0.1%）可能在当初入股协议中就已表达放弃参与公司决议的意思，或已明确另有退出机制或保障机制，若在此能认定该股东实质上已放弃表决权的，即可参考前述第一点分析，认定这类股东没有法定退股权。

（二）退股权的行使情形

《公司法》第74条规定了有限责任公司的三类情形：公司连续5年不向股东分配利润，而公司该5年连续盈利，并且符合本法规定的分配利润条件的；公司合并、分立、转让主要财产的；公司章程规定的营业期限届满或者章程规定的其他解散事由出现，股东会会议通过决议修改章程使公司存续的。第142条规定了对股份有限公司的行使情形：对股东大会作出的公司合并、分立决议持异议。这些法定情形主要聚焦于公司发生根本性重大改变、公司决策根本性影响异议股东基本预期等情况。当然，由于股份公司的股份流通性更好，股东通过转让股份等其他方式退出公司的可能性更大，故在制度设计上，有限责任公司的法定退出情形更多一些。

在法条字面文义的基础上，还应注意以下五个问题：

（1）行使退股权的前提要件包括被投反对票的决议已获有效通过。法条并没有明确这一要件，但根据逻辑解释与目的解释，如果因大量小股东都投了反对票，或过多小股东表示异议，或表决权少但持股比例高的股东明确表示反对，最后导致该决议根本没有获得股东会有效通过，或公司管理层在上会审议前就否决了该决议的，那么就没有必要行使退股权，此情形不符合退股权的制度价值。

（2）要准确界定“公司合并、分立”。这里的合并、分立指涉及公司法人人格消灭的情形，具体存在以下两种情形：①“二合一”与“一分为二”，即通过注销原有公司并成立新的公司，来完成两个公司的合并或者一个公司的分立。②“一吞并一”，即被吞并的公司人格消灭，吞并的公司人格存续。对于人格消灭的公司，其股东享有异议退股权，自不待言，但在第二种情形下存续公司的股东是否也享有退股权？本文认为，

---

〔1〕 参见“深圳康乐公司与钟某某请求公司收购股份纠纷案”［深圳中院（2016）粤03民终8891号］。该判决指出，第74条系基于对持反对意见的股东财产权利的保护，因为在该条规定的情况下，持有反对意见的股东与公司其他股东之间存在观念上的冲突，即公司的人合性出现分裂和不可调和，持有反对意见的股东以退出公司的方式，由公司回购其拥有的公司股权，以保障其股权的资产价值。本案钟某某拥有康乐公司14%的股份，却要求康乐公司回购其13%的股份，保留了1%的股份。钟某某保留1%的股份表明其同意康乐公司继续存续，并愿意继续保持作为康乐公司股东的身份，这与钟某某反对康乐公司继续经营的意见相互矛盾，也与上述立法精神相悖。

虽然在公司吞并另一公司的情形下,小股东的资本基础也得到了增加,且股权稀释对于小股东而言影响也不大,但需注意的是,合并还意味着债权债务的继受,这家吞进来的公司可能带来高额债务,因此存续股东的异议退股权不应被剥夺。此外,不属于退股权所谓的合并、分立情形还有:①仅是业务意义上或经营意义上的合并、分立,如开设或撤销分公司、办事处、营业分部等情形;②公司出资设立子公司或参股成立子公司的情形,这完全不涉及该公司(作为母公司)的人格变动,且出资财产转化为子公司股权,这也不涉及公司自身发生根本性变化。

(3)如何界定"转让主要财产"。首先须明确的是,判断"主要财产"本质上就是一种带有价值指向的裁量空间,须法官在个案中具体判断,而无法在抽象规则的语境下精确量化。其判断标准就是:转让该财产事关公司根本性重大改变,或转让该财产会根本性影响异议股东的基本预期。具体而言,"主要财产"可能是其货币价值占公司资产总额比重较大,或是其功能作用在公司业务中处于核心地位,或是其留存意义关系公司发展前景等,其中不仅指有形财产,还可以包括知识产权。《公司法》第 121 条对上市公司的重大资产交易与重要担保界定为超过公司资产总额 30%,从体系解释的角度看,这个比例有一定参考价值,但对于普通有限公司而言,更重要的是要结合上述多种因素与标准,在整体上对"主要财产"进行综合评判。总之,这是立法上的"留白",法官不能单纯依靠立法在文义上精准量化,而必须在具体案件中承担个案判断、释法说理的法定职责。

(4)法定性问题。实际上这个问题似乎不难回答,《公司法》在具体条文中没有兜底条款,也没有可扩张解释的一般性规定,因此《公司法》规定的退股权行使情形是一种封闭规范,即法律明确仅限于这几类情形。但这里仍可能有一些误区,有些法院会把法定退股权的"法定性"不当泛化到所有退股机制或退股行为,即认为股东退股只能去行使法定的异议股东退股权,且只限于《公司法》规定的那几类情形。[1] 实际上,异议股东退股权具有法定性,是指小股东(包括表决权少的股东)可以直接依据法律就能强行请求公司回购其股权;但至于公司、股东各方合意实施的退股减资,法律并不禁止。即公司回购股权完全可以出于意定,无论是公司章程提前约定特定的退

---

〔1〕 有的法院存在误解(无论是广西区内法院还是区外各地法院都有这类情况),认为公司股东会通过允许某股东退股的决议是违反退股权法定性的,或公司与股东约定股权回购是违反公司资本维持原则的,因此是无效的。实际上,只要注意走减资程序,该决议不存在无效的问题。换言之,即使该决议有问题,也是法定资本制或债权人保护机制来予以规制,而不是说退股权的法定性导致了其他退股行为的直接无效。

股情形,还是股东会决议允许一些股东退股,只要合法遵守减资程序,或通过内部认购、外部出售等方式及时消化回购份额,这都是在不损害公司资本、不损害债权人的情况下合法有效地"自定义"退股,不能认为这种公司回购行为就是无效的[1]。最高人民法院"指导案例96号"也指出,合意约定的回购不适用《公司法》第74条。[2]因此,关于退股权行使情形的法定性问题,一定要在体系上结合其他退股机制予以系统理解与适用。

(5)排他性问题。股东的救济权利众多,如知情权、决议撤销权、转股权、分红权、索赔权、退股权、解散权等。但《公司法》在字面表述上,并没有指出退股权与其他救济机制的协同关系或互斥关系。实际上,这些权利均各有自己的规范目的与价值指向,相互间存在互动关系。[3] 若其他救济机制在功能作用上是配合、协同、促进退股权的,如知情权有利于退股定价的问题、分红权保障股东退股前完整的合法权益等。这些权利与退股权不冲突,可同时行使,不产生排他性问题。但有些救济机制在功能作用上可能与退股权发生重叠、互斥,就应当在多个同质权利之中择一行使。[4] 例如,决议撤销权或主张决议不成立之诉,就旨在消灭股东所反对的公司决议,若该路径救济成功,也就不存在退股权行使的基础;又如转股权,如果公司章程或股东间协议约定了在特定情形下由特定股东以特定价格收购异议股东股权,那么此种转股权就实现了退股权的立法目的,也无须另行主张退股权。此外,退股权属于较为强力、激进的救济机制,其对公司产生的动荡比其他机制都大(仅次于解散权),因此在多项具有同质性的救济机制当中,退股权应当列后行使。

(三)退股权的行使程序

《公司法》第74条第2款表述了两个环节:自股东会会议决议通过之日起60日内,股东可与公司达成股权收购协议;若不能达成的,股东可以自股东会会议决议通

---

[1] 据此,与公司"对赌"并约定公司回购股权,也并非当然无效。近年来也出现了"与公司对赌有效"的典型案例["江苏华工案",江苏高院(2019)苏民再62号]。

[2] 参见"指导案例96号:宋某某诉西安市大华餐饮有限公司股东资格确认纠纷案"。裁判要点为:有限责任公司按照初始章程约定,支付合理对价回购股东股权,且通过转让给其他股东等方式进行合理处置的,人民法院应予支持。

[3] 刘俊海:《现代公司法》(第3版)(上册),法律出版社2015年版,第386页。

[4] 美国公司法无论是在判例法还是成文法方面,都明确规定评估权是异议股东的排他性救济措施,除非异议股东受到欺诈或其他不法影响。参见[美]伊斯特布鲁克、[美]费希尔:《公司法的经济结构》(第2版),罗培新、张建伟译,北京大学出版社2014年版,第156-157页。

过之日起 90 日内向人民法院提起诉讼。但原文关于程序上的表述仍不够清晰，应当进一步从逻辑与体系上看，明确以下 3 个环节：

(1)股东应对于具有法定情形的股东会决议投反对票。这是股东行使法定退股权的第一步——成为异议股东。需研究的问题是，异议是否仅限于在股东会上投反对票？这一问题的实质是，如果放弃参会权或错过参会是否意味着失去退股权？由于股东会一般以全体表决权的多数决来通过决议，而不是以实际到会的多数决为准，故小股东(包括表决权少的股东)即使不参加股东会也不会影响决议的通过。因此，放弃或错过参会的小股东也可以成为反对但又无法阻止决议通过的股东，退股权没有必要与参会权相互绑定，参会并不是获得退股权的前提要件，股东可以通过参与投票表达反对，也可以在决议通过后及时向公司表达异议并请求回购，对此最高人民法院亦有案例予以肯定〔1〕。当然，如果股东先于股东会召开之前就明确甚至书面表示反对的，该异议股东也可以不必参加此次股东会，其在决议通过后即享有退股权。

(2)股东应在股东会会议决议通过之日起 60 日内尝试与公司达成股权收购协议。该环节需研究的问题是，这个步骤是否具有强制性？是不是股东向法院诉请公司回购的前置条件？实际上，这一环节的作用在于尽可能降低制度成本。退股权作为一种请求权，实质上是不完整的，其没有确定交易价格，故在当事人诉请之时并不具备强制执行性。因此，理论上退股权又称为“评估权”，小股东与公司之间最大的退股障碍往往就是股权定价的问题，加之有限责任公司的封闭性与个性化较强，较难存在客观的一般市场价值，故双方对于股价的预期可能分歧很大，法院在审理中也常通过第三方评估来确定股价，这都使退股权实际上是一个相当费时费力费资源的机制，故加入一个协商自治环节，利于尽可能节约诉讼资源，是退股权制度成熟的标志。综上所述，自行协商本质上并不会使小股东“反对但又无法阻止重大决议通过”的处境变好或变差，也不影响退股权机制背后的各类利益平衡，故协商机制不应具有强制性，没有协商也不影响其诉权，且 60 日后双方仍可以继续商定回购协议。〔2〕据此，要注意两种情形：

①如果股东在决议通过后 60 日内直接起诉，且没有与公司充分协商过或还正在

〔1〕参见“袁某某与长江置业(湖南)公司请求公司收购股份纠纷案”[最高院(2014)民申字第 2154 号]。该判决指出，未能参加股东会的股东，虽未对股东会决议投反对票，但对公司转让主要财产明确提出反对意见的，其请求公司以公平价格收购其股权，法院应予支持。

〔2〕有学者认为该协商环节属于倡导性规定。参见刘俊海：《现代公司法》(第 3 版)(上册)，法律出版社 2015 年版，第 389 页。

协商的，法院原则上可暂驳回其起诉，告知其应当先尝试与公司商定回购协议，自决议通过之日起 60 日后可再来起诉；但如果股东与公司已充分协商不成或公司明确拒绝的，股东可在决议通过后第 90 日内随时起诉。

②如果股东在决议通过后第 61 日至 90 日内直接起诉，此前完全没有与公司协商过的，法院应当在受理后首先对双方进行调解（参见《民事诉讼法》第 122 条），同时告知双方可以自行和解。

（3）股东可在股东会会议决议通过后 90 日内向法院起诉。此处的 90 日属于除斥期间，超过该法定期限不行使回购请求权的，异议股东丧失诉权。若当事人超过期限仍向法院起诉，法院立案后经核实确实超过法定期限的，应裁定不予受理［最高人民法院《关于适用〈中华人民共和国公司法〉若干问题的规定（一）》（以下简称《公司法解释一》）第 3 条］。实务中应注意以下两个问题：

①异议股东超过起诉期限后不影响继续与公司达成回购协议。法律本来就没有完全禁止股东与公司协议回购，只要注意遵守减资程序或资本制原则即可。[1] 故股东即使丧失法定退股权，或失去强行诉请公司回购其股权的机会，其仍有与公司自愿达成回购协议的自治空间，在此没有违反退股权的法定性，不会因此存在无效事由。

②注意当事人多个诉请之间的互斥性。如果异议股东在诉请退股权的同时，提起撤销决议之诉、决议不成立之诉或决议无效之诉的，如上文所述，这些诉请的功能有一定重叠，须择一行使。例如，该决议被撤销或认定无效、不成立的，股东也就没有必要提出异议进而要求退股；同样地，异议股东行使退股权的，也就没有必要诉请撤销该决议了。此外，由于退股权属于影响更大、更为激进、彻底的救济机制，在多项具有同质性的权利当中，退股权应列后行使，故出现上述情形的，可以在受理后针对退股权的案件驳回起诉或中止审理。

三、司法实务中常见疑问

（一）公司没有针对退股权的行使情形召开股东会应如何处理

法定退股权存在一个隐含前提，就是公司必须规范地针对特定事项召开股东会

〔1〕 需注意的是，如诉请执行这类协议回购的，应当实质性实施了减资程序。参见“大连市华摩投资等与熊某等股权转让纠纷案”［北京高院（2020）京 02 民终 5788 号］。该裁判指出，约定的股权回购行为应当经过法定的减资程序。即使控股股东愿意减资，公司减资不存在实质障碍，但在诉讼时并未举证证明公司已完成减资程序或公司股东已就减资事宜作出有效决议的，不认可已实际具备回购条件。

并作出决议。[1] 但现实中，大量的有限责任公司股东自己就是公司高管或经营者，且公司内部治理并不规范，如转让主要财产或是否分红等问题，可能几位大股东私下商定就付诸实施了，小股东可能连投反对票的机会都没有，这种情形如何处理？本文认为，应当尽可能以公司法既有的治理体系来化解这一问题，这样更利于倡导公司法的价值指向，更利于引导现实中公司治理规范化。具体分为以下三种处理情形：

（1）股东可以针对特定事项自行召开临时股东会。代表1/10以上表决权的股东可以依据《公司法》第39条之规定，自行召开临时股东会，针对第74条规定的退股权适用情形进行表决，在大股东来参会并投票的情况下，异议股东即可完成投出反对票的环节。此外，表决权未到1/10的股东，可以向董事、监事提出召开临时股东会的建议。

（2）股东自行召开临时会议但大股东不来参会的，或自己无资格召开临时会议的情形。第一种情形可能会失效，因为异议股东可能不能代表1/10的表决权，或相关董事或监事也不愿提议召开临时会议，或大股东根本不来参加临时股东会等。在此，正常的公司治理已失效，公司自治机制无法起效，异议股东无法完成投反对票的环节。本文认为，可对此情形作出法律拟制，即当股东以书面形式告知其反对公司关于《公司法》第74条规定的特定事项，且公司仍不顾反对继续施行特定事项的，则应当视为该股东对公司决策投了反对票，其实际已处于反对但又无法阻止公司重大决策的处境，该股东应有权行使法定退股权。[2] 此外，权利行使期限应当自反对通知到达公司之日起计算90日起诉期间；或反对时公司尚未施行特定事项的，自公司正式施行特定事项之日起计算90日起诉期间。

（3）股东事后才知道公司施行特定事项的情形。即使公司针对《公司法》第74条规定的事项召开了股东会，也可能没有通知小股东参会；或者公司在不开股东会的情况下实际施行了《公司法》第74条规定的事项，但平时不管公司经营的小股东并不知晓。这都可能造成股东不能及时了解情况并及时提出反对。如果股东自股东会决议作出之后或公司实际施行特定事项之后，超过90日才知晓的，应如何处理？本文

---

〔1〕 反之，如果公司依据其章程、股东协议或此前决议等，针对特定事项无须召开股东会的，那么股东也就无权主张法定退股权了。例如，针对特定事项已授权董事会或高管决定的，股东可以主张公司高管损害公司利益或损害股东利益，但不能主张法定退股权。参见“张某与上海丽卡文化传媒公司等股权转让纠纷案”[上海高院（2017）沪01民终12948号]。

〔2〕 我国司法实务上也早已认可这种目的性扩张解释，认为召开股东会并非必要条件。参见王军：《中国公司法》（第2版），高等教育出版社2017年版，第354－355页。

认为，此时应当综合考量各方面利益平衡。首先，此类情形一般意味着小股东是远离公司日常经营管理的，其要么高度信赖主要股东或管理层对公司的经营管理，要么对公司经营状况的预期相当宽泛，这都意味着小股东对公司重大事项的概括默许；其次，公司作为追求效率同时兼顾交易安全的商事主体，其重要事项施行后，在较长一段时间后（90日后）或未来不定期之时还须回溯处理，是不利于对外交易安全以及公司运营安定性的；最后，如果公司大股东或管理层损害或故意减损公司利益的，小股东仍可依据《公司法》主张相关索赔救济机制。综上所述，在股东会作出决议或公司实际施行特定事项90日后，即使股东才知晓的，也不再享有《公司法》第74条规定的法定退股权。

（二）诉讼费用及评估费用等负担如何在当事人之间分配

简单来看，退股权是异议股东向公司提起的，诉请内容是收购其全部股权份额，要么得到法院支持，意味着全部诉请胜诉；要么得不到支持，意味着全部诉请败诉。因此，看起来诉讼费用等负担是非此即彼的，要么公司一方败诉全部承担，要么股东一方败诉全部承担。但实际上，有一种情况需要特别考虑：当异议股东向公司请求回购并与公司磋商过程中，公司明确以书面形式给出回购价，但股东不接受而另向法院起诉的，如果法院经过审理以及委托第三方评估后，判决的回购价与当初公司的主动出价相接近的，在这种情况下若还要公司全部承担诉讼费用与评估费用，其实是不太公平的，客观上看股东的诉请一定程度浪费了诉讼资源，且还会造成不当激励〔1〕。本文认为，对此应进一步在法律上解析当事人诉请，即异议股东在公司已明确出价的情况下仍起诉的，应当将该诉请的实质内容视为：在出价的基础上请求更高的收购价。据此，法院经审理确定的价格与公司原出价越接近，就意味着股东的败诉比例越高，其就应承担更多的诉讼费用；法院经审理确定的价格明显高于公司原出价的〔2〕，就意味着股东的胜诉比例越高，其就应承担较少的诉讼费用。在个案中应依据《诉讼费用交纳办法》第29条第2款的规定，根据案件的具体情况决定当事人各自负担的诉讼费用数额。

---

〔1〕 一方面激励了股东可以高于市场价值要价，另一方面倒逼公司高于市场价值开价，这都不符合退股权被称为“评估权”具有的“公平性”。

〔2〕 实践中由于第三方专业评估需要被告公司予以配合，如果其经多次释明其仍不提供完整会计账簿等必要材料的，且导致审计或评估无法进行的，法院可以直接推定原告股东所主张的出价为合理回购价格。参见“上海建维公司诉上海尊蓝山公司案”［（2010）沪二中民四（商）终字第1406号］，载《人民法院案例选》（2012年第4辑），人民法院出版社2013年版。

(三)在诉讼中法院委托第三方评估后得出的股价低于诉讼前公司出价,应如何处理

该情形的实质就是"诉了还不如不诉",即异议股东后悔起诉了。对此应当积极做双方的工作,因为公司作为回购付款的一方,主观上愿意高于市场价回购股东股权,其实就说明双方矛盾化解并达成和解的可能性较大。一方面,在公司愿意保留原先出价的情况下,引导股东一方接受该出价,双方可以和解撤诉或由法院制作调解书;另一方面,如果公司明确表示反悔,拒绝保留原先出价的,法院可以在参考第三方评估价的基础上综合相关因素确定合理价格,并以该价格组织双方调解,调解不成及时作出裁判。退股权的特征就在于其公平性,即通过司法程序确定公平股价,法院就是股权的公平价值最终裁判者。[1] 因此,确定股价不必专门倾斜照顾股东一方,而应以市场价值合理确定即可,否则过于高出市场价值的回购价,本质上会造成公司资产不当流失。

(四)如何看待"1元分红"的现象

《公司法》第74条规定了异议股东行使退股权的情形之一为:公司连续5年不向股东分配利润,而公司该5年连续盈利,并且符合本法规定的分配利润条件的。仔细看这里的客观条件其实是很苛刻的,包括"5年""连续""盈利"等要求。同时,有的条件还具有主观可操作性:只要5年间公司分配过利润即可中断5年连续计算,或只要公司分红过任何金额即算作已分配利润。据此,如果公司有意用极少的分红阻碍关于"不分红"这一条件的成就,对此应如何处理?本文认为,判断关键在于,是否存在"恶意";处理的方式为:视为"未分红"。[2] 在个案判断时,要结合具体证据或实际情况综合认定"恶意"。例如,分红极少,完全是象征性的,如"1元分红"或"百元分红"等;又如该公司每5年都有类似操作,同时在公司内部从来不接受股东提出的退股减资请求;再如该公司确实符合多年连续盈利且可分红的情况,但公司管理层或大股东明确表示不作分红或拒绝其他股东分红请求的,等等。需注意的是,应审慎认定"恶意",因少量分红而造成小股东不满意等情形,仍属于公司自治范畴,原则上无须司法介入干预。至于视为"未分红",则属于法律拟制,其基本依据源于诚实信用原则,如《民法典》第159条就规定了为自己利益不正当地阻止条件成就的视为条件已成就,在处理退股权问题上也可类推适用该原理。

---

〔1〕 施天涛:《公司法论》,法律出版社2014年版,第565-566页。

〔2〕 类似观点参见刘俊海:《现代公司法》(第3版)(上册),法律出版社2015年版,第390-391页。

（五）公司用自身可分配利润回购股权是否还须减资程序

行使退股权将直接导致公司出资人减少以及公司自持股份，且由于公司须向退股人支付对价，故通常会造成公司资本与资产减少。但从现实来看，公司经过多年经营其资产可能不断增加，特别是在公司连续多年盈利或出资人不断追加投资的情况下，公司资产规模与偿付能力可能远超其注册资本，此时公司能否用可分配利润或超过其注册资本金的资产回购股权而不必履行减资程序？本文认为，这个问题的本质在于，对债权人的保护是否限于对注册资本金的信赖保护。如果这个问题的回答是肯定的，那么只要公司资产超过其注册资本金，超过部分即可任意支配，任由股东提取。但实际上，公司资本制不只有资本确定原则，还有资本维持原则，即公司在经营存续过程中，必须依法维持其自身资产，坚持公司意志与公司资产的自利性与独立性，非因商业目的或经营需要不得转移或减少。因此，债权人的信赖保护不仅仅源于公司登记所明示的股本金，更重要的是对公司偿付能力的预期与信任，这包括现有资产规模、经营交易情况、市场发展价值等因素。公司资产的任何非经营减少都可能减损公司偿付能力。虽然公司用可分配利润回购股权是影响公司偿付能力较小的方式[1]，但仍可能影响未来到期或未来新生债务的清偿能力。对此，可借鉴 2006 年《英国公司法》关于此种情形之规定，即虽然用可分配利润支付回购款可以不经法定减资程序，但仍要作出关于清偿能力的“董事声明”，并附加公司审计报告，以显示在考虑了现有全部及潜在债务的情况下仍具有充足清偿能力。[2] 在我国司法实务中，如果公司能够提供充分证据（如公司审计报告）证明其对全部债务具备清偿能力，其以可分配利润支付股权回购款的，可不经法定减资程序。

（六）公司处于资不抵债或具有破产原因的情况下，股东还能否行使退股权

当公司处于资不抵债或具有破产原因时，意味着公司的市场价值已为负值，股权的财产权益已基本丧失，但股权还包含成员权或共益权这类非财产权益，因此“退股”还意味着退出公司社团、退出股东资格，理论上看退股权仍有适用空间。但仍有两种情况需注意：(1)如果请求退股的股东并未履行或完全履行自己的出资义务，即使其不向公司收取任何对价，也不能彻底退股，而应当参照最高人民法院《关于适用〈中华

---

〔1〕 可分配利润就是弥补亏损和提取公积金后所余税后利润，其已减去应付款项等支出，因此就当年而言，该公司的偿付能力是充足的。参见《公司法》第 166 条。

〔2〕 [英]戴维斯、[英]沃辛顿：《现代公司法原理》（第 9 版），罗培新等译，法律出版社 2016 年版，第 326－327 页。

人民共和国公司法〉若干问题的规定(二)》第 13 条、第 18 条之规定,在缴足出资之前一直负有出资义务。原因在于,出资认缴不仅是对其他股东、对公司的承诺,也是对未来公司债权人的承诺,而破产法意义上的资不抵债中的"资",就是要求以全部注册资本缴足到位为基础的全部资产,故破产管理人负有向未完成出资义务的股东要求补足出资的职责(《企业破产法》第 35 条)。(2)在该公司已进入法院破产程序的情况下,无论是破产清算还是破产重整,都涉及原股东权益清零,即原股东将失去股东资格,故在此就没有必要另行启动一个退出股东资格的程序。此外,法院受理破产案件后,公司各项事务将由法院指定的管理人接管,股东会也失去了经营和管控公司的权力〔1〕,股东并没有机会再对股东会的重大决议投反对票,故实际上股东也就不再有机会行使法定退股权。

〔1〕 根据《企业破产法》第 13 条之规定,法院受理破产后应当同时指定管理人;根据《企业破产法》第 25 条之规定,管理人负有接管公司财产、印章等、决定公司内部管理事务、管理和处分公司财产等职责。这就意味着一旦法院受理破产申请,该股东会不再享有经营和管控公司的权力。

法定代表人请求变更公司登记之诉讼相关问题探析

——以781例民事裁判案例为样本分析

马宇清* 陈 磊**

摘要：通过对781例民事裁判文书的实证分析可发现，在司法实践中公司法定代表人以个人身份提起诉讼，要求变更公司法定代表人登记的案件，在诉讼主体资格认定、是否属于民事诉讼受理范围、是否穷尽公司自治救济途径、如何界定是否存在恶意逃避债务等情形方面均存在冲突，亦欠缺统一裁判尺度。通过对法定代表人请求变更公司登记诉讼引发的成因，对变更登记行为进行细分，需找出不同法益保护之间的平衡点。通过具体案例指出目前法律规定以及司法适用的不完善之处，以便于司法实践操作为落脚点，从司法制度的完善、加强必要规制、溯源的治理三个方面共同构建法定代表人请求变更公司登记的应然形态。

一、实证考察：法定代表人请求变更公司登记诉讼司法审判现状检视

（一）样本案例选取现状

为考察由法定代表人提起的请求变更或涤除法定代表人登记类案件的司法审判状况，笔者以全国法院关于请求变更法定代表人的裁判文

* 马宇清，南宁市良庆区人民法院大塘法庭庭长、一级法官。

** 陈磊，南宁市武鸣区人民法院民事庭审判员、三级法官。

书（不含调解书）为考察范围，为保证样本的客观性，使用 Alpha 软件，在 Alpha 案例库（来源于中国裁判文书网已公开的裁判文书）中，以“变更法定代表人”为检索条件，“请求变更公司登记纠纷”为案由，一共检索出了截至 2021 年 6 月 1 日已公开上网的 1026 例民事案例为样本通过大数据进行实证分析。经搜索得出裁判文书共计 1026 份，经手工筛查将 11 例执行阶段的裁定书和与主题无关的判决书 234 例（主要为并非原法定代表人提起诉讼的案件）剔除，将剩余 781 例民事裁判案例作为样本进行分析。

1. 裁判结果分析

在 781 例案例中，支持原告诉求要求判令公司办理变更法定代表人登记的有 542 例（占比 69%），不支持的有 145 例（占比 19%），驳回起诉的 88 例（占比 11%），不予受理的 6 例（占比 1%）。

从图 1 可以看出，司法实务中通过诉讼来变更法定代表人登记并非易事，诉讼请求被驳回或裁定驳回起诉的案例并不在少数。

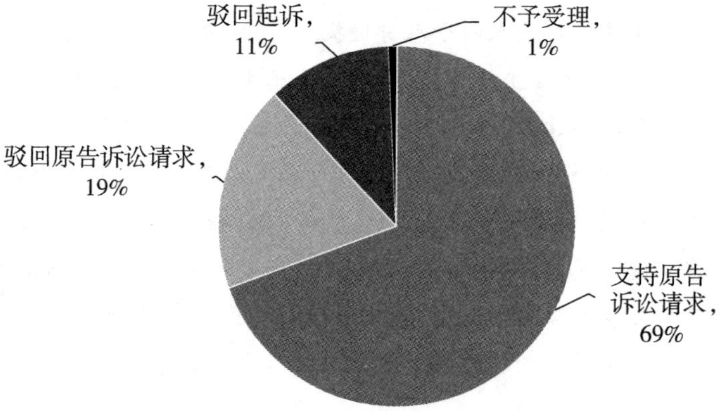

图 1　裁判结果示意

2. 纠纷成因分析

本文分析的案件类型系原法定代表人提起的变更法定代表人公司登记诉讼，故可根据纠纷的成因，将案例分为以下几种类型：（1）原法定代表人辞职或任期届满，公司已选出新的法定代表人，但怠于履行变更登记手续引发的纠纷，共计 68 件，占 9%；（2）原法定代表人辞职或任期届满，公司未选出新法定代表人引发的纠纷，共计 504 件，占 64%；（3）原法定代表人为挂名法定代表人与公司无实际关联引发的纠纷，共计 209 件，占 27%。

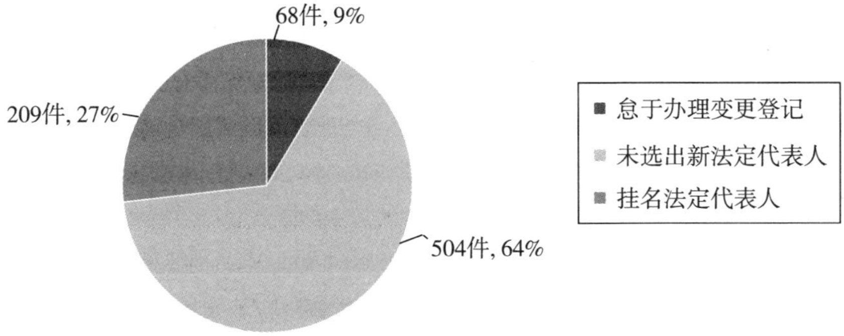

图 2　案例类型统计

3. 裁判理由分析

笔者对样本案例引用的说理理由归纳后进行统计分析，因案例多为多个理由共同适用进行说理，故各理由引用的次数之和与案例数量之和并不相等，裁判理由统计分析如表 1 所示。

表 1　裁判理由统计

样本总数	裁判结果	不支持的理由
不支持原告诉讼请求的有效案例样本共计 473 例	驳回原告诉讼请求 374 例	原告未提交证据证实形成有效的变更法定代表人决议 96 例
		未能选出新的法定代表人，不符合公司登记制度 168 例
		原告作为公司实际控制人，未尽忠诚勤勉义务企图通过诉讼涤除法定代表人登记逃避责任义务 32 例
		未能证实穷尽公司自主途径，司法不应介入 78 例
	驳回起诉 93 例	未穷尽公司内部救济途径的前置程序 25 例
		变更公司法定代表人属于公司自治的范畴，不属于人民法院受理民事案件的范围 68 例
	不予受理 6 例	变更法定代表人属于公司内部事务，应依照规定在公司形成决议后向行政登记主管部门申请办理，不属于人民法院民事案件的受案范围 6 例

续表

样本总数	裁判结果	不支持的理由
支持原告诉讼请求的有效案例样本共计 572 例	支持原告诉讼请求	公司已形成有效决议变更法定代表人,但怠于办理变更登记 78 例
		原告与公司无实质性关联 410 例
		原告已穷尽其他救济途径 84 例

(二)样本问题分析

1. 诉讼主体资格及案由问题

请求变更公司登记纠纷的案由解释为"请求变更公司登记纠纷是指股东转让股权或者发生其他变更股东姓名或名称及其出资额时,依照公司法规定,公司应当向公司登记机关申请变更登记而未予办理,进而损害相应股东利益而产生的纠纷"[1],由此可以看出提出该类诉讼的主体应为公司股东,但在司法实践中原告非公司股东提起的变更法定代表人登记的诉讼,法院也适用该案由。

表 2　诉讼主体及案由典型案例适用对照分析

案由	法院及案号	原告	适用理由
请求变更公司登记纠纷	山东省青岛市中级人民法院(2019)鲁 02 民终 10647 号	周某某(公司法定代表人,非公司股东)	本院认为,民事案件案由规定的请求变更公司登记纠纷主要针对股权转让后,股东身份没有及时变更的情况。而变更公司法定代表人属于公司自治的范畴,不属于人民法院受理民事案件的范围。一审裁定驳回起诉符合法律规定
	上海市第二中级人民法院(2020)沪 02 民终 10223 号	朱某某(公司法定代表人,非公司股东)	公司股东名称、法定代表人姓名均属于公司法定登记事项,《公司法》第 13 条规定,"公司法定代表人依照公司章程的规定,由董事长、执行董事或者经理担任,并依法登记。公司法定代表人变更,应当办理变更登记"。第 32 条规定,"公司应当将股东的姓名或者名称向公司登记机关登记;登记事项发生变更的,应当办理变更登记。"虽然,上述登记事项由行政登记机关办理,但相关利害关系人就股东名称、法定代表人姓名登记发生争议属于民事纠纷,与

〔1〕 景汉朝:《民事案件案由新释新解与适用指南》,人民法院出版社 2013 年版,第 507 页。

续表

案由	法院及案号	原告	适用理由
请求变更公司登记纠纷			行政机关办理登记的具体行政行为无关。为此，最高人民法院《民事案件案由规定》专门规定请求变更公司登记这一民事案由。因此，上诉人起诉请求被上诉人变更法定代表人、股东姓名，符合民事诉讼的起诉条件。一审法院关于本案争议不在人民法院主管范围的观点，缺乏法律依据
	最高人民法院(2020)最高法民再88号	王某某(公司法定代表人，非公司股东)	王某某并非赛瑞公司股东，亦无法通过召集股东会等公司自治途径，就法定代表人的变更事项进行协商后作出决议，故本院认为，王某某对赛瑞公司办理法定代表人变更登记的诉讼请求具有诉的利益，该纠纷系平等主体之间的民事争议，属于人民法院受理民事案件的诉讼范围

通过上述案例分析可以发现，在司法实践中，虽然如山东省青岛市中级人民法院作出的(2019)鲁02民终10647号二审民事裁定书中的法院认为部分所述，请求变更公司登记案由主要针对股权变更后，股东身份没有变更登记的情况，但在该案裁定书中仍然以请求变更公司登记为该案的案由也并未适用其他案由或对案由作出更正说明。在上海市第二中级人民法院作出的(2020)沪02民终10223号二审民事裁定书中，法院认为部分引用《公司法》第13条及第32条的规定，明确法定代表人登记变更属于公司变更工商登记的范围，若公司未及时变更登记，相关利害关系人有权提起民事诉讼，应适用请求变更登记这一案由。最高人民法院的民事案例要旨明确已从公司离职的法定代表人起诉公司请求变更公司登记具有诉的利益，该案亦适用请求变更公司登记纠纷这一案由。值得一提的是，上述三案的原告均非公司股东，法院在作出裁定时均适用以请求变更公司登记纠纷。另外，笔者搜索的所有案例，非公司股东提起的变更公司法定代表人登记诉讼案由均为请求变更公司登记纠纷。由此可见，该案由并不仅仅适用于股东提起的因股权变更引发的变更股东登记的诉讼，其余的变更公司工商登记事项亦可适用该案由，诉讼权利基础应为公司工商登记与诉讼主体之间具有利害关系，故提起该类诉讼的主体也并非限制于公司股东。

2. 原法定代表人已离职与公司无法选出新法定代表人之间的矛盾

《公司登记管理条例》第27条对法定代表人的变更所必需的程序、应提交的文件及办理时限等事项进行了细化描述。法定代表人的变更是法人实体存续过程中的重大事件，首先必须要有法定代表人变更登记的变更申请书，其次还必须有依据《公司法》相应规定及公司章程作出符合形式要求及程序要求的股东会或者董事会相关变更法定代表人决议或决定，且还应具有符合监管部门要求及按规定提交的其他各类文件。另外，《公司登记管理条例》第 30 条还对申请变更登记的时限进行了明确，即应在变更登记所需的相关文件齐备后，自决议或决定作出之日起 30 日内必须向工商行政管理部门申请变更公示登记。因此，从我国现行法律制度来看，不管是对内程序要求还是对外提交文件的形式要件，都要求法人实体先免除原法定代表人职务且选出新的法定代表人，若未选出新的法定代表人工商行政管理部门无法办理法定代表人登记。从样本案例的裁判理由来看，法院判决不支持原告诉讼请求的主要理由就是未形成有效的公司决议选出新的法定代表人。因此，在司法实践中常常出现原法定代表人已离职，公司法人实体陷入僵局，无法通过股东会或董事会选举出新法定代表人的情况，导致已不在其位却难辞其职，工商登记公示系统原法定代表人的登记难以涤除的情况发生。

3. 原法定代表人为挂名法定代表人与涤除法定代表人登记后公司结构不健全之间的矛盾

这一类型的案件发生通常原告多为在校大学生或老人，也有为代持股的显名股东的情况。挂名法定代表人请求涤除法定代表人工商登记的案件需要分两种情况进行看待。一种情况是因缺乏法律意识或受到利诱蒙骗挂名担任法定代表人。这一类人往往并无主观恶意，甚至处于弱势地位，与公司无直接实质性关联。但当公司陷入诉讼无力清偿债务时，作为法定代表人，这一类人需要受到限制高消费措施或陷入诉累之中。因挂名担任法定代表人享受的权利和承担的义务将呈现不对等的情况，他们的利益应由司法进行保护。另一种情况是收取一定报酬挂名担任法定代表人或作为显名股东担任法定代表人。因这类人可以从中获取收益或报酬，相应地，就应当承受由此带来的风险。代持股的法定代表人在达成代持股协议时，对其作为挂名法定代表人是明知的且已履行了部分法定代表人职责，在无证据证实其与实际控制人之间解除了代持股协议的情况下，主张变更法定代表人无事实根据及法律依据。对此类挂名法定代表人是否能够进行涤除或变更法定代表人登记的审查应更为慎重，涤除或变更的条件应更为严格。保护善意的法定代表人作为普通公民的合法权益是法律的应有之义，但也需要保证公司结构的健全，避免出现经营管理的僵局。

4. 公司自治与司法救济之间的矛盾

基于上述分析的两种理由请求法院判决变更公司法人登记的案例中，在法院认为部分多次出现，司法是否应予以介入这个问题，不同的法院之间，甚至同一法院不同法官之间的意见也不尽相同。“法定代表人变更系公司内部治理范畴，司法不应强加干涉”与“原法定代表人已穷尽其他公司自治救济途径，司法应予以保护”两种裁判理由之间存在矛盾冲突。其中应坚持公司自治，司法不应干涉的理由在样本案例中被引用了 103 次；司法应予以介入，保护公民合法利益的理由在样本案例中引用了 84 次。如何解决这一内在矛盾还需要统一裁判尺度，明确何种情况下才应引入司法救济手段，寻找尊重公司自治与保护普通公民的合法权益之间的平衡点。

5. 判决支持原告的诉讼请求涤除公司法定代表人登记与因无新法定代表人导致无法执行之间的矛盾

在样本案例中，不乏法院支持原告诉讼请求判决涤除公司法定代表人登记，但公司未履行在规定时限内选出新的法定代表人办理法定代表人变更登记义务的案件。据笔者向法院执行部门及负责办理工商登记的市场监督管理局了解，在无新法定代表人的情况下生效判决均无法通过强制执行程序强制其履行，市场监督管理部门的系统也无法直接涤除原法定代表人登记信息。因公示登记系统无法变更，公示信息仍为原法定代表人信息，故虽法院作出涤除原法定代表人登记事项的判决，原法定代表人仍难免受公司诉讼波及或受到限制高消费措施制约。

6. 保护公民的合法权益与防止恶意变更法定代表人之间的矛盾

在样本案例中，支持原告涤除或变更其作为法定代表人登记事项的裁判理由中包含原法定代表人与公司不存在实际关联，应进行变更登记，否则会损害其作为普通公民的合法权益的案例有 310 例；判决不支持涤除原法定代表人登记事项的裁判理由中含有原告存在恶意变更法定代表人逃避债务和责任嫌疑的占 32 例。当公司陷入僵局时法定代表人易陷入诉讼之中，且最高人民法院《关于限制被执行人高消费及有关消费的若干规定》第 3 条第 2 款规定，被执行人为单位的，被采取限制消费措施后，法院可以对其法定代表人进行乘坐飞机、入住星级以上宾馆等 9 类高消费及非生活和工作所必需的消费进行限制。[1] 在法定代表人已辞职或与公司无实际关联，不参与经营管理的情况且无法通过公司内部自治程序进行救济的情况下，其作为公民的合法权利会遭受损害和限制。但在司法实践中也存在大量恶意变更法定代

〔1〕 最高人民法院《关于限制被执行人高消费及有关消费的若干规定》第 3 条第 2 款。

表人逃避责任的案例，导致生效判决难以执行，债权人的债权得不到保障。因此，必须要审慎甄别是否存在恶意变更法定代表人的行为，对变更法定代表人进行一定规制。

7. 考量因素不明导致裁判尺度的差异

由于在司法审判实践中存在上述矛盾，且我国现行法律对可以变更法定代表人的情形并无明确规定，除了法定代表人死亡、被宣告为无民事行为能力人或限制民事行为能力人等明显应当变更法定代表人的情形外，因考量是否为恶意变更法定代表人的因素不明，导致在同是公司未选出新的法定代表人的情形下，是否引入司法救济保护途径可以提起民事诉讼，是否在穷尽公司自治途径的情况下支持原告涤除其法定代表人登记事宜的诉讼请求，裁判尺度不尽相同。提起请求变更公司登记诉讼也会因处于该公司相关案件的审判阶段还是执行阶段而会有不同的裁判结果。

案例一与案例二：是否属于民事诉讼受理范围

一般情况下，原法定代表人起诉请求变更公司法定代表人登记事宜，系平等主体之间依据公司法相关规定及公司章程、公司决议提起的诉讼，不涉及行政机关的权利义务，故根据我国《民事诉讼法》第 3 条[1]之规定应属于民事诉讼审理范围。[2] 但在“涂某某与杭州华胥网络科技有限公司请求变更公司登记纠纷案”中，杭州经济技术开发区人民法院认为，法定代表人的变更属于公司内部管理事务，解除法定代表人应依照规定在公司形成决议后向行政登记主管部门申请办理，该争议目前不属于人民法院民事诉讼受理范围。[3] 然而，在“王某某诉巴州赛瑞机械设备安装有限公司、曹某某请求变更公司登记纠纷案”[4]中，最高人民法院作出的民事判决书认为“王某某并非赛瑞公司股东，其亦无法通过召开股东会等公司自治途径，就法定代表人的变更事项进行协商后作出决议。若人民法院不予受理王某某的起诉，则王某某因此所承受的法律风险持续存在，无任何救济途径。故本院认为，王某某对赛瑞公司办理法定代表人变更登记的诉讼具有诉的利益，该纠纷系平等主体之间的民事争议，属于人民法院受理的范围”。由此可知，在最高人民法院的判例作出的同一年，各地法院对变更法定代表人是否属于民事诉讼受理范围还存在不同意见。

---

〔1〕《民事诉讼法》第 3 条规定，人民法院受理公民之间、法人之间、其他组织之间以及他们相互之间因财产关系和人身关系提起的民事诉讼，适用本法的规定。

〔2〕张婧楠：《公司治理中法定代表人变更的分析与思考》，载《中外企业家》2019 年第 20 期。

〔3〕(2020)浙 0191 民初 1951 号民事判决书。

〔4〕(2020)最高法民再 88 号民事判决书。

案例三与案例四:司法救济途径是否应当介入

就变更公司法定代表人登记这个问题是否应当引入司法救济途径在审判实践中存在较大差异的,容易出现同案不同判的现象,以下以两个案件的"本院认为"部分为例:其中"郭某根、徐某青、郭某某、耿某某、徐某琴诉溧阳市一泓天音琴行有限公司、林某请求变更公司登记纠纷案"[1]判决书中,江苏省溧阳市人民法院认为:"我国《公司法》明文规定公司必须有法定代表人,并由法定代表人代表公司对外开展经营活动,公司存续期间不允许法定代表人缺位,否则必然引发市场秩序混乱、危害交易安全。公司原法定代表人离职,应由公司选举出新法定代表人并进行变更登记。原法定代表人离职,在公司选举出新法定代表人之前并不导致公司法定代表人变更或者公司法定代表人空缺。本案中,虽然郭某某已被免去执行董事、经理职务,离开一泓琴行,但目前尚无证据证明被告一泓琴行已按照法定程序选举产生新的法定代表人。而且,公司法定代表人的变更属于公司内部治理事务,应当由公司依据公司章程作出变更法定代表人的决议,并向工商部门申请法定代表人变更登记,人民法院无权强制公司作出变更法定代表人的决议。"而在另一同样系法定代表人离职的"田某诉山东山水水泥集团有限公司请求变更公司登记纠纷案"[2]判决书中,山东省聊城市东昌府区人民法院认为:"原告与被告山水集团已于2016年4月25日解除劳动关系,并明确提出不愿继续挂名担任美景公司的法定代表人,故其不适宜再代表美景公司行使法定代表人职权,亦不能对外代表美景公司。自2016年至今,原告一直要求变更美景公司法定代表人,本院考虑到原告对此问题已无其他救济途径,美景公司作出免去田某执行董事及法定代表人的决定,故本院应当判令被告美景公司限期办理法定代表人的变更手续。"笔者认为,司法救济途径是否应当介入,什么情况下可以介入,应明确裁判尺度。

二、理论探讨:从民事诉讼价值厘清健全法定代表人请求变更公司登记司法制度的必要性

基于上述矛盾冲突的存在,健全法定代表人变更司法制度,统一裁判尺度,对民事诉讼程序和执行程序中对变更法定代表人进行一定限度的规则,就具有现实的紧迫性和必要性。笔者从通过诉讼程序请求变更法定代表人登记为切入点分析法定代

[1] (2020)苏0481民初4589号民事判决书。

[2] (2020)鲁1502民初592号民事判决书。

表人变更制度,故以下从民事诉讼角度进行探讨。

(一)民事诉讼的价值

在审理请求变更公司登记纠纷案件中,如何平衡公司自治与司法干预之间的矛盾,就不得不提及民事诉讼的价值问题。民事诉讼系解决平等民事主体之间纠纷的重要机制,要求人民法院根据当事人的诉讼请求,查明案件事实,依照法定程序保护当事人合法的人身及财产权利。民事诉讼的价值是法律价值在民事诉讼程序领域中的体现,即通过民事诉讼程序利益主体来促进司法机关及司法程序满足诉讼目的和需求,同时实现民事诉讼主体权利和义务之间的互动,使民事诉讼主体之间的内在的诉讼请求和应履行的行为之间的物质行为进行转化。这种特殊需要与满足的过程也就是民事诉讼程序,其过程本身也就是民事诉讼的价值。在我国学术界,学者们通常主张依据“目的”和“手段”把民事诉讼的价值分为目的性价值(又称“内在价值”)和工具性价值(又称“外在价值”)两类。在满足民事主体诉讼活动所追求的内在价值的同时,最大程度地满足其他价值,也就是我们所说的程序正义与实体正义的问题。[1]

1. 民事诉讼的内在价值体现

民事诉讼中最重要的价值是公正,体现在实体正义及程序正义两个方面。公正的诉讼程序是民事诉讼效果最大化的基石,通过一系列法律措施来保证司法程序的正义及法律的权威。公正合理的民事诉讼程序,不仅可以最直观地让双方当事人感受司法裁判的公正性,是看得见的正义,还可以促进双方当事人在民事诉讼程序中平等有效地进行沟通,最终实现公正裁判、定分止争的目的。具体到请求变更法定代表人,通过民事诉讼请求变更法定代表人,也是在追求公民权益保护与市场秩序问题及债权人权益保障之间的价值平衡。

2. 民事诉讼的外在价值体现

民事诉讼具有工具性,其本质意义上是解决矛盾,维护社会和谐稳定的司法工具,是国家实现秩序的手段。程序公正是诉讼自身的秩序追求,通过审判机关的审判,树立正确的社会价值导向,对诉讼主体之间的利益进行合理合法的分配从而实现社会分工和社会主体的正常运行。实现民事诉讼的外在价值,需要国家司法审判机关平衡一般公正和个别公正,通过程序的正义来维护法律的权威性与稳定性。同时法官通过合法行使自由裁量权,来实现一般实体公正和个别实体公正,最终实现实体

〔1〕 沈燕:《民事诉讼程序中法定代表人变更之限制》,载《区域治理》2020 年第 1 期。

的公平正义。具体到请求变更法定代表人,通过民事诉讼途径来变更法定代表人。也是为了在公司自治无法救济的情况下,通过诉讼的外在形式行使介入司法救济,从而实现秩序的稳定,公司架构的完整。

(二)诉讼中变更法定代表人的原则性探讨

综观我国法定代表人的法律制度规定,结合我国民事诉讼的价值导向以及社会实践,笔者认为,从平衡矛盾充分发挥价值的角度出发,应该对民事诉讼中法定代表人的变更进行合理规制。理由分析如下:首先,从保障诉讼效率上看,在诉讼程序开启后,进行不必要甚至恶意的法定代表人变更势必会对民事诉讼程序的进行造成阻碍;其次,从程序正义上看,通常来说,公司法人实体的财产和时间的投入相较自然人而言通常属于强势的一方,在诉讼资源投入上更具实力,若不在诉讼过程中对法定代表人的变更进行一定合理规制,对自然人而言,不利于保证程序公正;再次,从司法效益上看,不加限制肆意变更法定代表人,容易造成司法资源的浪费,也会给工商行政部门增加不必要的负累;最后,从实现实体正义及维护司法权威上看,在诉讼程序中随意变更法定代表人,就会出现新法定代表人参与诉讼的情况,不利于在程序上保障"两审终审"的诉讼权益,也容易给债务人逃避债务与责任以可乘之机,不利于保障诉讼参与人的诉讼权利和实体利益,有损司法的权威和公信力。

三、应然状态:法定代表人请求变更公司登记司法制度的完善与规制

(一)统一裁判尺度应进行的司法制度完善

1. 明确请求变更法定代表人登记属于民事诉讼受理范围

最高人民法院的判例已明确法定代表人与公司之间就变更或涤除法定代表人工商变更登记产生争议而引发的纠纷属于平等民事主体之间的民事纠纷,且当法定代表人与公司之间无实质关联及利害关系,法定代表人无其他救济途径时,人民法院应以民事案件受理该类纠纷,介入司法救济程序,而不应径行驳回起诉。至于提起诉讼的原法定代表人的诉讼请求是否有事实根据及法律依据,是否应得到支持,应通过实体审理来进行判断从而作出判决。[1]

2. 明确应予以司法救济途径介入的情形

笔者认为,在穷尽公司内部救济途径之后,司法救济途径才应介入。公司法人实体内部组织各种利益主体产生利益冲突或矛盾纠纷时,应遵循公司内部自治原则通

〔1〕 刘艳:《浅析法定代表人变更登记纠纷问题》,载微信公众号"小样儿说法"2021年4月2日。

过法人内部决策机构以民主自治决议的方式进行解决。公司法人实体通过召开股东会、股东大会或董事会来作出有效的决议或决定并将其表现于外部行为来实现公司法人自治的目的。通常情况下,法人内部关系中,利益冲突仅存在法人内部成员之间,并不涉及交易相对人。在处理法定代表人争议引发的诉讼时,应对司法程序的介入持审慎态度,防止过度干预危害法人治理的基本原则。应坚持司法不主动介入,且只有在已穷尽自治救济途径的情况下,才可依申请介入。总之,司法介入法人自治的过程需要遵循一定前置性要件,只有穷尽内部救济的情况下才可被动启动司法救济程序。公司内部矛盾纠纷应坚持自治优先原则,能够通过法人章程或决策机构决议解决的公司内部矛盾,司法就不应介入其中。[1]

3. 明确判断法定代表人与其所代表的公司是否具有实质性关联的标准

在没有符合《公司法》规定的股东会、董事会决议或决定变更法定代表人的情况下,如何判断提起请求变更公司登记纠纷案件的法定代表人是否具有实质性的关联,笔者认为,可以从以下几个方面进行考量:(1)如法定代表人为聘任制或派遣制,应考量劳动关系是否终止,派遣合同到期是否可以续任等因素;(2)如系有限责任公司股东不同意变更法定代表人从而形成有效决议变更法定代表人登记的,应考量能否提交已书面提出表明其不愿意担任法定代表人的书面材料及送达凭证,是否停止实际参与公司的经营管理,如是否移交公司印章证照等日常管理材料,是否向银行发出不再担任法定代表人通知书等。

4. 明确属于恶意变更法定代表人的情形

在审判执行实践中,如何判定何种情况属于恶意变更法定代表人,笔者认为,该问题应在司法解释或相关规定中予以明确。从目前的司法实践来看,常见的可以判断变更法定代表人具有主观恶意的有以下几种行为:(1)该公司法人实体已有相关案件进入诉讼程序,在审判过程中有预谋地企图通过变更法定代表人来逃避执行程序中应履行的义务或其作为法定代表人被列入失信人名单、限制高消费、拘留、罚款等惩罚,在诉讼阶段就企图通过提起请求变更公司登记诉讼变更法定代表人;(2)在其他相关案件的执行程序中法定代表人拒绝履行生效的裁判文书确定义务,导致案件长时间得不到履行的;(3)在执行程序中,法定代表人恶意离境或故意失联,拒不提交财务账簿资料导致不能对被执行人的财务状况进行审计的。[2]

---

〔1〕 刘瑶:《我国法定代表人制度转型研究》,吉林大学 2020 年博士学位论文。

〔2〕 赫晓敏:《执行程序中公司恶意变更法定代表人的规制路径》,载《现代商业》2018 年第 8 期。

5. 加强庭审释明减少执行阻力

我国《公司法》及《公司登记管理条例》等法律法规虽然已对变更法定代表人登记作出了相关规定，但在实践中却常常因公司法人实体怠于选出新的法定代表人或公司已陷入僵局在实际操作上难以选出或无人愿意担任法定代表人，导致即使法院判决支持原法定代表人关于变更法定代表人，涤除原法定代表人登记事项的诉讼请求，但判决无法强制执行，工商登记公示系统也因法定代表人不能空缺故无法涤除原法定代表人登记的情况。法院在作出判决时应对支持诉讼请求的条件进行严格的限制和审查，以此避免生效判决无法执行。结合笔者自身的审判实例，在笔者办理的“刘某某诉广西铁投创生能源有限公司请求变更公司登记纠纷案”[1]中，为了避免公司无法选出新的法定代表人，工商登记系统法定代表人事项在实际操作上无法变更，原法定代表人的权益仍无法救济的情况，除了在判决主文中明确法人实体办理公司法定代表人变更登记的时限外，还注明了如逾期未办理将视为刘某某不再担任该公司法定代表人。虽然判决如此，但后续在执行阶段仍因无新法定代表人，工商登记公示系统仍无法进行变更，原法定代表人只能凭法院生效判决书作为其不再担任该公司法定代表人的凭证。通过反思，笔者认为，在此类案件审理过程中，在公司已不再实际经营的情况下，也许向原法定代表人释明通过清算再解散公司的途径更能真正做到案结事了。若公司还在经营，公司法人实体也派人到庭参加诉讼，笔者建议在庭审时增加释明环节，向法人实体释明怠于选举法定代表人并进行变更登记会存在相应的法律风险，也会受到罚款乃至吊销营业执照的行政处罚，以此敦促法人实体选举新法定代表人。

(二) 司法实践中对变更法定代表人应进行的必要规制

1. 明确诉讼及执行阶段限制法定代表人变更的原则

现阶段我国对恶意变更法定代表人的界定仍未有明确统一的标准，在企图通过恶意变更法定代表人规避执行屡见不鲜的司法现状下，合理规制法定代表人变更的重要性不言自明。打击恶意变更法定代表人是为了抵制规避执行的行为，最终目的是维护市场秩序及司法权威，故在解决执行难的问题时仍要注意法无规定不可为，司法工作必须坚持以法律制度为前提，在提出新的制度时必须应有相应的法律依据支撑。与此同时，法院作为行使司法审判职权的国家机关，也必须尊重公司的法人人格，对于法定代表人的变更不应“一刀切”绝对化。因关于诉讼和执行过程中实现法

---

〔1〕 (2020)桂0108民初2264号民事判决书。

定代表人变更的情况非常复杂,必须证据先行,应根据案情审慎审查法定代表人变更的必要性和合理性,对恶意变更行为进行严厉打击但要保证执行异议和提起异议之诉等救济渠道的畅通,切实保障限制法定代表人变更登记的合法性。

2. 关于恶意变更法定代表人行为的司法应对

在诉讼或执行程序中恶意变更法定代表人多是为了规避执行,这种现象严重损害了债权人的合法利益以及对司法的期待。目前的法律体制中,针对这一恶相,首先,从司法强制措施上可依照《民事诉讼法》第100条第1款[1]之规定,法院可以根据当事人申请实行诉讼保全,裁定禁止变更法定代表人。但因被告在对败诉应当承担的法律后果存在一定认知情况下,才会申请法定代表人变更,以此来规避执行其财产的故意,故需要注意申请禁止变更法定代表人的行为保全时间节点应该是在被告一审败诉后,这也是与此后的刑事处理相呼应,同时可防止司法越界。在保全过程中,为提前防止恶意变更法定代表人进行登记,法院可以向工商行政部门发函禁止变更登记,实现联合执法。其次,从司法信息系统上还可以通过监控关联案件的当事人,提前预防法定代表人的变更举动。在执行阶段时,可以利用失信名单,优先审查曾有过失信行为的被执行人,对于负债较多和曾经有过类似企图通过变更法定代表人来逃避惩罚的企业公司进行重点关注。再次,从跨部门配合上还可以建立司法联动机制,与管理法定代表人变更登记的工商行政部门及其他政府部门保持畅通高效的沟通,及时发出协助通知书。最后,从法治宣传上,应加大法律宣传和诚信教育力度,形成良好的法治氛围,增加人民群众对恶意变更法定代表人的了解,防范恶意变更法定代表人的行为,形成良好的社会氛围。

3. 明确请求变更公司登记诉讼中的举证责任分配

在司法审判实践中,认定恶意代表人变更的行为存在举证难的问题。因我国现阶段的法律尚未对执行程序中的举证责任分配进行明确规定,法院虽可依职权调查取证,但在司法实践中多遵循"谁主张,谁举证"原则,由当事人负责举证。在恶意变更法定代表人规避强制执行,逃避责任的情形下,由主张一方举证着实困难且显失公平,极有可能使债权人的债权难以实现。因此,笔者认为,在认定恶意变更法定代表人和认定被执行人履行债务的能力上应加强法院的依职权取证力度并建立符合该类

[1] 《民事诉讼法》第100条第1款规定:人民法院对于可能因为当事人一方的行为或其他原因,使判决难以执行或者造成其他损害的案件,根据对方当事人的申请,可以裁定对其财产进行保全。责令其作出一定行为或者禁止其作出一定行为;当事人没有申请的,人民法院在必要时也可以裁定采取保全措施。

案件特征且更公平合理的举证责任分配制度。

（三）溯源治理加强风险警示与权益保护宣传

1. 以案弘道，将警示教育融入裁判文书

要从根源上解决该类纠纷，除了从审判制度上进行规范之外，还应加强溯源治理，加强风险警示和权益保护宣传工作。在一般普通群众看来，担任企业的法定代表人意味着权利与风光，但却不一定能意识到背后隐藏着的潜在的风险，比如企业被列入被执行人名单，企业法定代表人将被限制高消费及非生活或者经营必需的有关消费；企业被纳入失信名单，法定代表人的信息也会被记载和公布；欠税企业，其法定代表人出境受到限制；单位犯罪的，法定代表人作为直接负责人将被判处刑罚。法院应该多加强宣传教育，比如可以通过以案弘道的形式，在一些善意的大学生或老年人被诱骗挂名担任法定代表人的典型案例中加强释法说理，在判决书说理中进行风险警示，以减少此类案件的发生，避免因利益诱惑而轻易担任挂名的法定代表人。

2. 提出法定代表人变更登记的司法建议

通过提出司法建议的形式，明确善意的法定代表人作为普通公民的维权途径。司法建议是人民法院参与社会综合治理系统工程的一个重要手段。面对司法实践中通过诉讼变更法定代表人登记诉讼在审判和执行中的实际困难，笔者建议，可以另辟蹊径，通过司法建议的形式从根源上提供解决的方法。就该问题，结合笔者的审判实践，拟提出以下几点建议。首先，法定代表人离职或任期届满，应以书面形式向公司提出明确要求变更法定代表人。如果法定代表人为公司执行董事或董事长，可以直接要求召集公司股东会，变更法定代表人。法定代表人为公司经理，可以书面向公司董事会或执行董事发函要求其依职权召集股东会，变更法定代表人。其次，以书面形式告知重要的民商事活动相对方已不再担任法定代表人，如函告银行已不再担任法定代表人，在银行预留的法代印鉴已失效；函告工商行政部门并请求工商行政部门督促公司办理法定代表人变更登记手续；也可以在报纸上发布公告，声明已不再担任该公司法定代表人。再次，若法定代表人为持有公司 10% 以上表决权的股东，可根据《公司法》第 183 条[1]的规定，在公司经营困难，继续存续会损害公司利益时，向人民法院提请解散公司。该途径可以有效避免执行困难的问题。最后，如不符合《公司法》第 183 条规定的情形，在穷尽自治救济途径后，可向法院提起诉讼，依靠司法途径

---

〔1〕《公司法》第 183 条规定：公司经营管理发生严重困难，继续存续会使股东利益受到重大损失，通过其他途径不能解决的，持有公司股权股东表决权百分之十以上的股东，可以请求人民法院解散公司。

进行救济。在这类案件起诉时，应当列公司为被告，案由应为请求变更公司登记纠纷，主要的诉讼请求应为要求作为被告的公司涤除原告的法定代表人登记，如公司已选出新法定代表人但怠于办理变更登记，应将新选出的法定代表人列为第三人参加诉讼。

四、结语

本文从请求变更工商登记纠纷的审判实践出发，围绕由原法定代表人提起变更工商登记引发的诉讼，分析现行法律制度下司法活动中存在的问题，提出完善相应的法律制度建议和司法应对措施，以期统一司法裁判尺度，从法律维度平衡法定代表人自身权益与债权人利益保护之间的矛盾，促进社会经济法治正向发展。

对赌协议下减资回购条款可履行性研究

程向文*

摘要：随着对赌协议裁判实践发展，规制重点已从效力认定阶段转移至履行阶段。在资本维持原则下，减资回购条款出现了“履行不能”。一是禁止抽逃出资等资本维持原则要求下出现“履行不能”的抗辩，二是以税后利润作为现行规定唯一回购资金来源时导致“履行不能”的困境，三是投资人兼具股东和债权人双重身份时债权“履行不能”的救济难题。此外，减资程序前置存有制度争议和标准不清的问题。为此，在实体上须释明“履行不能”的抗辩适用，排除“履行不能”的资金困境，健全“履行不能”的救济举措；在程序上须对减资程序前置制度进行法理解释，并界定减资程序完成的时间节点。

一、问题提出：对赌协议履行阶段所须突破障碍之厘定

（一）对赌协议规制的裁判阐释

对赌协议，也称为“估值调整机制”（valuation adjustment mechanism），是指投资方与融资方达成股权性融资协议时，为避免目标公司发展的不确定性、信息不对称及代理成本问题设计的，利用股权回购、业绩（现金）补偿等手段估值调整的机制。[1] 实践中，根据投资人风险负担和投资安排，还可以分为投资人与目标公司对赌，投资人与目标公司的

* 程向文，法学硕士，广西壮族自治区高级人民法院行政审判庭法官助理。

〔1〕 最高人民法院民事审判第二庭编著：《〈全国法院民商事审判工作会议纪要〉理解与适用》，人民法院出版社2019年版，第114页。

股东或实际控制人对赌，投资人与目标公司的股东、目标公司对赌三类。其中，投资人与目标公司股东对赌时，往往会要求目标公司提供担保。

被称为“对赌协议第一案”的“海富案”[1]包含了上述第一类和第二类的对赌情形，最高人民法院以“这一约定使得海富公司的投资可以取得相对固定的收益，该收益脱离了世恒公司的经营业绩，损害了公司利益和公司债权人利益”为由，认定股权回购条款中目标公司的部分无效，但对于与目标公司股东对赌的部分则认为“公司股东对投资者的补偿承诺不违反法律法规的禁止性规定”，认定有效。可见“海富案”对与不同对象对赌的效力作出区分。在后续的“邦奥案”[2]“通联案”[3]中，最高人民法院分别以“连带担保责任损及其他股东与债权人利益”“投资人未尽到要求目标公司提交股东会决议的合理审查义务”而否定担保合同效力。但在2018年的“瀚霖案”[4]中转而认为“否认担保合同效力不符《合同法》中关于合同无效的规定”，在形式要件和实质要件兼具的情形下判定担保原则上有效。对赌协议的效力范围进一步得到拓宽。司法裁判上具有转折意义的“华工案”[5]，江苏省高级人民法院在肯定对赌协议有效的基础上区分了效力与履行，着重关注了法律和事实上履行可能性的问题，认为可以通过减资程序实现股份回购，约定固定收益并不违反资本维持原则。

由此可见，对赌协议中有关股权回购义务的裁判论证要点由效力阶段的认定演化至履行阶段的规制，条款有效与义务可履行的结合构成支持诉请的充分必要条件。对赌协议的规制进路和研究重点聚焦于是否“履行不能”，从而给司法实务提出了新课题和新挑战。

（二）《全国法院民商事审判工作会议纪要》下对赌协议的履行难题

2019年11月最高人民法院发布了《全国法院民商事审判工作会议纪要》（以下

---

〔1〕参见苏州工业园区海富投资有限公司与甘肃世恒有色资源再利用有限公司、香港迪亚有限公司、陆某增资纠纷案，（2012）民提字第11号。

〔2〕参见郭某某、山西邦奥房地产开发有限公司与郑某某、潘某某股权转让纠纷案，（2017）最高法民申3671号。

〔3〕参见通联资本管理有限公司、成都新方向科技发展有限公司与公司有关的纠纷案，（2017）最高法民再258号。

〔4〕参见强某某、曹某某股权转让纠纷案，（2016）最高法民再128号。

〔5〕参见江苏华工创业投资有限公司与扬州锻压机床股份有限公司、潘某某等请求公司收购股份纠纷案，（2019）苏民再62号。

简称《纪要》),第5条明确了与目标公司对赌有效,但需要满足不违反股东禁止抽逃出资、股份回购、利润分配等规定,且设置了通过减资程序来实现回购的前提条件。有实务人士指出,《纪要》将投资人作为合同当事人而享有的清晰且完全独立裁判处理的合同权利同作为公司股东需履行的义务事项混杂,并将公司治理结构与财务状况问题置于外部合同相对方权利之上,据以对抗基于合同形成的外部独立债权。[1]对于一些具体问题如金钱债务缘何履行不能、违约责任是否随之成立、无利润则不支持诉请,对于一些具体机制如金钱债务缘何履行不能、减资程序前置、只能以税后利润作为现金补偿的设计,也不乏争议。《纪要》开始重视对赌协议的合同法规制,不再拘泥于公司法资本维持原则下的严格做法,消减了对于股权回购的极度审慎态度,但也采取了保守态度,将资本维持的要义贯之于协议权义履行之始终。对于如何妥善解决在资本维持之原则上平衡投资人的合同债权人权益,是为关键。

二、实体研判:“履行不能”的三重阻碍及解决路径

股权回购履行需要在资本维持的框架下运作,而所谓资本维持原则,又称资本充实原则,是指公司应当维持与公司资本总额相当的财产。以具体财产充实抽象资本[2],是一种底线规则,[3]以不损及公司资本为要,为认缴制的规范发展和融资经营风险的管控提供保障。也即,资本维持原则构成了公司财产向股东单向流出的拦水坝,因此也被视为一种法律障碍。[4] 资本维持原则的约束何以导致对赌协议下股权回购的“履行不能”,其与“金钱债务无履行不能”的基本原理相互抵牾时如何进行解释和适用,都是以下要讨论的重点。需要说明的是,这里的可履行性既包括规范层面的适法性,也包括实践层面的可行性。即出现《纪要》第5条未提及的目标公司董事会、股东会人为主观制造的不提交、不通过回购决议或减资决议等情形时,排除救济阻碍而获得履行的可能性。因此,需要循着履行过程中遇到的抗辩阻碍、资金阻碍和救济阻碍三大难题,探索其解决路径。

---

〔1〕 陶修明:《投资对赌协议纠纷裁判处理的定性和定量问题分析》,载《北京仲裁》第111辑,第52-53页。

〔2〕 柯芳枝:《公司法论》,中国政法大学出版社2004年版,第127页。

〔3〕 张保华:《资本维持原则解析——以“维持”的误读与澄清为视角》,载《法治研究》2012年第4期。

〔4〕 刘燕:《“对赌协议”的裁判路径及政策选择——基于PE/VC与公司对赌场景的分析》,载《法学研究》2020年第2期。

(一)释明"履行不能"的抗辩悖论

1."履行不能"为法律不能而非事实不能

此处的"履行不能"是法律不能还是事实不能?实际上,合同法视角下的对赌回购义务实则为目标公司向作为债权人的投资人支付股份回购款,为金钱给付之债。[1] 原《合同法》第 109 条规定,当事人一方未支付价款或者报酬的,对方可以要求其支付价款或者报酬。《民法典》第 579 条在此基础上扩张了支付类型,除价款或报酬外,还包括租金、利息及其他金钱债务,据此对赌标的可归入其他金钱债务中。根据该条,对于金钱之债,债务人原则上不能以没有金钱为由主张给付不能。且债务人没有金钱不意味着给付义务灭失,即不会导致客观不能。[2]

在"华工案"中,江苏省高级人民法院指出"股份回购义务,尚需具备法律上及事实上的履行可能",遵守相关强制性规定,履行相关程序,不构成违法抽逃出资则满足法律上的可履行性;参照公司经营财产状况,义务的履行不减损公司财产,不影响公司清偿能力则满足事实上的可履行性。然而,在《纪要(征求意见稿)》第 6 条中,仅有的表述是"存在法律上不能履行的情形的",应当依据原《合同法》第 110 条规定驳回诉请,从而间接否认了事实不能的合理性。

但原《合同法》第 110 条是非金钱债务履行之规定,将本质为金钱债务的股份回购款的履行类推适用此款规定,确有法理不容自洽之处。因此,《纪要》正式出台后未见该表述,我们要从另一种角度来阐释法律不能的机理。涉及资本维持制度的规定,规制的对象主要是公司和股东的行为而非禁止公司的对外缔约行为本身,故倾向其属于管理性强制规定。[3] 效力性强制规范和管理性强制规范都体现的是公权力对私法主体内部治理的干预,违反前者直接导致合同无效,违反后者则可能产生履行后果的阻却。具体到对赌场境中,是《纪要》第 5 条下不支持合同履行诉请的法律障碍,构成法律不能。

2."履行不能"为一时不能而非永久不能

此处"履行不能"是一时不能还是永久不能?涉及投资人后续是否能获得股份回购款或现金补偿,其作为债权人的权利是否能得到救济的根源性问题。事实上,德国

---

[1] 张保华:《对赌协议下股份回购义务可履行性的判定》,载《环球法律评论》2021 年第 1 期。

[2] 黄薇:《中华人民共和国民法典合同编解读》,中国法制出版社 2020 年版,第 411 页。

[3] 顾全:《民事法律行为效力评价维度——兼论及限制性规范体系的理解适用》,载《东方法学》2021 年第 1 期。

学者弗里德里希于1853年论述给付不能学说时，就已经区分了一时给付不能和永久给付不能。近年来债务履行费用过高问题被越来越多地关注，同样作为履行障碍的一种，对于暂时性履行费用过高的情形，动态体系论、动态适用的解决方案〔1〕也是基于一时给付不能的原理。有学者指出，公司基于资本维持原则的约束，不能支付回购款或进行现金补偿的，而形成履行障碍。但上述款项和补偿均为金钱债务，不存在履行不能问题，因而构成合同法上的履行迟延。〔2〕 永久不能的语境下，债务灭失即义务永久灭失，这不仅与《民法典》第579条关于金钱债务之继续履行相冲突，且也不符合《纪要》第5条第3款目标公司日后有可分配利润可供清偿债务时，支持投资人另行起诉的规定。不同于破产程序终结的特殊情形，金钱债务的追索性一直存在。因此，在受到履行障碍时，即进入了一时不能履行期间，债务人的给付义务或者债权人的履行请求权因抗辩而受到中止，但其履行请求权在根本上继续存在。

概言之，一时不能导致的履行迟延，不影响金钱债务发生，只影响其履行期限，但履行内容上是否要增添迟延履行之违约责任，还需要探讨。在延期规则上，一种是自动延期（展期），另一种为法定宽限期。〔3〕 自动延期时，以资本维持原则作为考量底线，不符资本维持原则下资本充足要求时，会自动延期至符合的那天，且不以期间任何一天满足要求为标准，以债权人申请履行时作为是否满足的判断时间。这里的法定宽限期也并非传统债法上的固定履约期限，其履约期限是动态的，时间节点为延后至满足资本维持原则之时。但是，前者的优势在于，自动延期意味着债务未到期，不存在迟延违约责任，但法定宽限期的成立是以债务到期为前提，迟延违约的补偿责任与资本维持原则平衡的新一轮博弈又是难以解决的问题。

3. 资本维持原则不可作为法定抗辩

受启发于一时不能为一种抗辩，“履行不能”这一履行障碍或可被替代为资本维持原则基础上的法定抗辩。有实务界人士提出，资本维持的申明不需要借助于履行

---

〔1〕 时明涛：《动态体系论在履行费用过高判断中的运用》，载《财经法学》2020年第6期；张兰兰：《履行费用过高规则的动态适用——对〈合同法〉第110条第2项第2种情形的具体化》，载《华东政法大学学报》2020年第1期。

〔2〕 潘林：《重新认识“合同”与“公司”——基于“对赌协议”类案的中美比较研究》，载《中外法学》2017年第1期。

〔3〕 贺剑：《对赌协议何以履行不能？——一个公司法与民法的交叉研究》，载《法学家》2021年第1期。

不能的证成，直接将资本维持的强制性规定作为一项法定抗辩。[1]“法律不能”与“一时不能”的组合看起来似乎是司法实践和理论中的正解，但摆脱自身无履行义务能力的解释，挣脱理论类推比附适用的困境，从两造对抗角度出发，在面对履行请求权时强化对“不得抽逃出资”“股份回购原则禁止、例外许可”等规定的对抗性适用，贴合实际需要。

但是，该说无法解释股东身份与债权人身份相竞合时，合同法之法益与公司法之法益孰优孰劣的问题。该说依据《公司法》第166条第5款，在公司违法分配利润时，即违反《公司法》第167条第2款有关分配顺序时，股东对此有返还利润之义务，从而推出股东无权领受该笔分红，据此公司可提出抗辩。而对赌协议的投资人不仅是高溢价投资的股东，还是对赌协议中的债权人一方，根据《公司法》第3条的规定，公司以其全部财产对公司的债务承担责任。据此，即便公司违法分配利润，内部治理出现问题，债权人也有权利领受该笔利润。这也是《公司法》之要义。

4. 履行条件是否成就不能作为裁判路径

有实务人士提出，《纪要》第5条第2款从反向角度把“目标公司完成减资程序”作为目标公司履行股权回购义务的前提条件，也即“只要目标未满足回购的强制性规定及履行减资程序时，法院将驳回投资人请求目标公司回购其股权的诉讼请求”。进一步得出“只有在满足特定前提条件时，法院方可支持投资人就目标公司支付回购款的诉请”的处理思路。[2]“实际履行的条件是否成就”是一种以结果为导向的标准，比“实际履行是否具备法律上和事实上的可能性”这种以可能性为导向的标准，要走得更远，且对于判决的形成具有更直接的指引意义。但是却忽视了“条件是否成就”同样离不开客观履行条件是否具备的实体判断。

实际上，上述第一种“只要……就……”的表述在法律逻辑学上为$\neg A \rightarrow \neg B$，等价于$B \rightarrow A$；第二种“只有……方可……”的表述在法律逻辑学上为$B \rightarrow A$，也即无论以结果还是可能性为导向，其法律判断的逻辑进路都是一样的。不同导向的提出应当助益于法律裁判说理更具有支撑力，而非在逻辑上更改文字说法和表述方式，甚至

[1] 游冕：《对赌裁判的发展与思索：资本维持、履行标准与法定抗辩》，载天同律师事务所，http://www.tiantonglaw.com/Content/2020/07-12/1013234452.html。

[2] 谢秋荣：《对赌协议的效力和履行：九民会纪要解析》，载微信公众号“高杉LEGAL”2021年4月2日，https://mp.weixin.qq.com/s?__biz=MjM5ODA5NzYzNg==&mid=2652120710&idx=1&sn=5fec4af9df7bf18278ea90c88592c569&chksm=bd2f610d8a58e81b6ef682282100b0f89faab0df03de1b2979de3f8c15d02fe82596fafb334d&scene=21#wechat_redirect。

苛加负担给其中一方当事人。根据结果导向理论，法院需要依职权审查投资人要求公司履行回购要求的请求并提出关于实际履行条件是否成就的认定意见，在此过程中，默认空置了义务人目标公司的“履行不能”为名的抗辩权，或者将公司“履行不能”的抗辩内容当作可能性导向标准避而不谈，与后续裁判执行的可能性脱节。可见，条件成就说也难以经得起严格的理论检验。

总的来说，对赌协议下减资回购履行难的根本原因在于股东、董事的拖延阻挠，而我国目前未建立通过委托投票或强制方式要求预期违约的目标公司进行表决的决议机制，司法也无法强制介入减资程序，迫使债务人召开股东会会议并表决，最后在不违反资本维持的硬性规则下，也无法支付回购款或分配利润。因此，违约责任抑或迟延履行责任都会导致公司财产向股东单向流出，陷入资本不能维持之虞。以法定抗辩说或以条件成就说替代不能说论证，是针对履行不能说固有理论缺陷的修正和完善。这两种方式都为法院裁判提供了另外的角度，都为目标公司筑牢资本维持和保证相当财产创造了抗辩思路，但却均忽视了投资人双重身份下享有的综合性权利，如何用资本维持的“拦水坝”调节以公司全部财产清偿债务的“洪流”还需要商榷。综合来看，在人为导致“履行不能”、久拖不议的情形下，可通过司法手段排除“救济不能”的风险，将在下文展开论述。

（二）排除“履行不能”的资金困境

资金限制是资本维持原则在股份回购阶段的具体体现。《公司法》第 142 条和第 166 条对于股份回购和现金补偿的类型和缘由进行了说明，《纪要》也对一些系争资金和做法是否可适用作了补充，综合来看，我国《公司法》目前用于回购的合法且实际可用的资金未作规定。在股份回购制度的各项规则中，集中体现债权人保护这一规范意旨的是资金来源限制。[1] 但是，债权人保护应当是与资本维持原则一同作为公司行为的底线约束，存在损害或有损害债权人权益之虞的，都应当予以制度性保护。[2] 对赌协议下股份回购款应当源于债权人保护标准下的合法且实际可用资金。

1. 具有满足债权人保护标准的回购资金

股权回购遵循“原则禁止、例外允许”规则，因为股份回购将导致公司资本减少，或者形成股份自我交易，在未来破产清算时对于债权人可期待获得的清算利益有所

〔1〕 张保华：《债权人保护：股份回购资金来源限制的法律漏洞及其填补》，载《证券市场导报》2020 年第 5 期。

〔2〕 冯辉：《“维护公司价值及股东权益所必需”而回购的法律规制》，载《东方法学》2019 年第 6 期。

减损。但股份回购有着在资本结构优化,稳定股票价格,防范敌意收购,实现激励机制,保护少数异议股东,替代红利分配等方面的优势,[1]成为现代资本市场不可或缺的一项制度。股份回购后的处理方式有两种:一是减资,对股份进行注销,在对赌关系中只存在以减资为目的的回购,但是回购的目的不限于减资,减资仅仅为回购的表现效果;二是减持(或转让),减持不会带来减资的效果,用以实行员工持股计划或者留作债转股的份额。而以减资为目的的回购,不必然能够达到护盘股价的效果,公司可供分配或清偿的资本减少,必然削弱其偿债能力。[2] 对这项必然的风险,很多国家将回购义务的资金来源限制作为资本维持的延伸和检验,一是将回购资金与利润分配资金的约束规则统一适用,如日本《公司法》将回购行为视作向股东支付的债法行为,以利润分配的标准衡量和规制。二是设定回购资金之来源,防止公司资产无序流出,如 2006 年《英国公司法》中即规定公众公司只有通过可分配利润或为回购义务之履行发行新股所获利益,才能向股东支付回购款。[3] 三是直接沿用原则进行申明,美国特拉华州公司法规定公司回购股份不得损害公司股本,遵循的是盈余分配标准。[4] "履行不能"很大程度上是因为资金来源可用性与合法性的反复论证和妥适质疑,尤其在债权人利益与公司资本结构稳定之间抉择,司法对公司内部治理事项不宜介入等因素作用下,往往采取保守态度,不轻易对可用资金的范围作出拓宽和延展。

上述做法也可称为"财源限制",即对公司所持有的库存股设定上限限制,如不得损及资本维持,不得从可分配利润以外的公司资产进行支付。[5] 这一限制与库存股的特性有关,库存股不是真正意义上的公司财产,在减资情形下,资本会随着股份注销而减少。但在减持情形下,库存股暂置于公司,处于尚待弥补的状态,这种状态随第二次转让而变化,若转让价格低于当初回购的价格,那么公司资产确定地发生了亏

---

[1] 张勇健:《股份回购制度的完善与司法应对》,载《法律适用》2019 年第 1 期。

[2] 李振涛:《护盘式股份回购制度的演进及其设计——基于证券市场异常波动应对的视角》,载《政法论坛》2016 年第 4 期。

[3] [日]前田庸:《公司法入门》,王作全译,北京大学出版社 2012 年版,第 117 – 118 页;[英]保罗・戴维斯、[英]莎拉・沃辛顿:《现代公司法原理》,罗培新等译,法律出版社 2016 年版,第 319 页。转引自张保华:《对赌协议下股份回购义务可履行性的判定》,载《环球法律评论》2021 年第 1 期。

[4] 潘林:《股份回购中资本规制的展开——基于董事会中心主义的考察》,载《法商研究》2020 年第 4 期。

[5] 刘燕:《"对赌协议"的裁判路径及政策选择——基于 PE/VC 与公司对赌场景的分析》,载《法学研究》2020 年第 2 期。

损,损害公司资本。[1] 然而,《纪要》没有就库存股的上限进行约束,现行公司法亦无对回购对价的财源有所限制,否认以减资以外的目的回购股份的做法,直接将减资程序与之挂钩绑定,成为回购目的达成必须要履行的程序性义务,转由减资程序中债权人保护制度进行审查,防止资本虚化。根据《公司法》第177条,减资程序中要履行向债权人公告及通知、债权人要求公司清偿债务或者提供相应的担保,但却存在减资程序与股权回购成就关系、因果关系的巨大争议。

事实上,我国2005年《公司法》有过"用于收购的资金应当从公司的税后利润中支出"的表述,尽管有混淆会计上实际现金支出流的争议,但也可理解为只能通过分配利润的方式回购资金,是一种财源限制的做法。但是,在2008年修改《公司法》后该条已被删去,依照文义解释,目前股份回购没有任何资金限制,显然是对债权人保护的巨大漏洞。《公司法》第74条[2]以"合理的价格"的表述,间接地表明回购资金的限制性,即不能大于公司的可分配财产。但该条仅适用于特定情形下少数异议股东股份回购权之行使,在对赌回购情形,正如股份回购纠纷裁判中法官对回购价格形成的判断或者干预会在一定程度上体现对公司分配财源约束的认识和经验,[3]对于价格限制的合理解读、创新性适用,可能是满足债权人保护程序下,资金来源为何及具体数额多少的最好答案。

2. 具有实际且合法可用的回购资金

《纪要》中指出,投资方入股目标公司时,其投资的小部分进入"资本",多数进入资本公积金。有观点认为,在目标公司"对赌"失败的情况下,进入资本公积金的金钱可以用来补偿投资方。[4] 最高人民法院对这一观点予以否定,认为在对赌失败情况

---

〔1〕 概言之,公司以一定财产回购股份,若将股份计作公司财产,股份的增加抵销了财产的支出,那么资产负债表仍然是平衡的,但是对价财产的支付只能带来公司净资产的减损,债权人保护标准强调公司以全部财产清偿债务,而非以全部股份,纯粹由股份组成的资产集合没有任何价值。

〔2〕 有下列情形之一的,对股东会该项决议投反对票的股东可以请求公司按照合理的价格收购其股权:(一)公司连续五年不向股东分配利润,而公司该五年连续盈利,并且符合本法规定的分配利润条件的;(二)公司合并、分立、转让主要财产的;(三)公司章程规定的营业期限届满或者章程规定的其他解散事由出现,股东会会议通过决议修改章程使公司存续的。自股东会会议决议通过之日起六十日内,股东与公司不能达成股权收购协议的,股东可以自股东会会议决议通过之日起九十日内向人民法院提起诉讼。

〔3〕 潘林:《股份回购中资本规制的展开——基于董事会中心主义的考察》,载《法商研究》2020年第4期。

〔4〕 最高人民法院民事审判第二庭编著:《〈全国法院民商事审判工作会议纪要〉理解与适用》,人民法院出版社2019年版,第119页。

下,要遵循先减资再回购,越过减资直接以公司财产或资本公积金补偿投资方的方式,都是不能得到支持的。[1] 可见《纪要》奉行的是严格的资本维持原则。当投资人要求目标公司支付现金补偿时,依照《纪要》第5条第3款的规定,需要同时依照公司法上不得抽逃出资和利润分配顺序的强制性规定进行审查。既肯定了投资人作为股东的分红权,又肯定了其作为债权人要求金钱补偿的权利,逻辑完备。前述回购资金的来源合法性是间接通过减资程序中债权人保护机制履行时的同意,以及法官对财源限制的裁判经验和价值判断证成的,这里的现金补偿似乎默认了现金补偿的来源是公司的可分配利润,但是"不得抽逃出资"约束的存在,是否意味着不违反这一约束的其他合法可用资金也能作为"财源"?

合法可用资金在美国特拉华州司法实践中,是一种"溢余"(surplus),在特拉华州公司法的定义下,是指公司净资产超过公司声明资产的金额,且还是作为分配利润、回购股份等维持资本原则的标准。[2] 合法可用资金一般由目标公司通过同类公司及同类交易等方法计算得出,投资人须得证明董事会恶意、计算不科学或其他构成欺诈的情形时才予以推翻。在Thoughtworks案中,董事会通过咨询财务与法律顾问了解公司经营情况,满足持续能力的前提下对合法可用资金数量作出全面的统计,以赎回投资人股份。[3]

在我国公司法框架下,"溢余"应当包括资本公积、盈余公积和未分配利润。根据《纪要》,资本公积金作为文件所不认可的财源项,可予以排除。对于可分配利润是否是唯一的标准,还待考虑。若将会计学的术语运用到公司法的理论中来,可能会造成水土不服的现象,正如2005年《公司法》股权激励计划中,删除的"以税后利润支付回购资金"这一规定,税后利润在法学上是一种外来物,此概念偏向于会计学,同理,会计学上的"净资产""净利润"等概念与《公司法》中的"财产""可分配利润"并非能转化吻合。若对赌回购可用资金来源仅限于可分配利润,在实践中可能存在很大的监管真空。在上海证券交易所网站披露的苏州泽璟生物制药股份有限公司的科创板IPO申请的审计报告中,其历年未分配利润为巨额负数,但其净资产和银行存款均为

---

〔1〕 其依据在于《公司法》第168条"公司的公积金用于弥补公司的亏损、扩大公司生产经营或者转为增加公司资本。但是资本公积金不得用于弥补公司亏损"这一项限制,将回购资金视为公司对赌失败后,亏损之下的债务。

〔2〕 刘燕:《对赌协议与公司法资本管制:美国实践及其启示》,载《环球法律评论》2016年第3期。

〔3〕 潘林:《重新认识"合同"与"公司"——基于"对赌协议"类案的中美比较研究》,载《中外法学》2017年第1期。

巨额正数。[1] 若投资人与该公司就对赌失败要求其回购股份或现金补偿时，会面临无资可赎、无产可补，但并不属于履行不能的资金困境，其诉请会受到来自法律规则不能的阻碍。

财源范围及类型的讨论寥寥无几，具体来说，一是参照2006年《英国公司法》的规定，将以支付回购股份对价为目的发行新股的收益纳入财源之中，即股份转让所得。这一方法的优势在于以新发行的股本对价弥补后续用于回购的资金，在目标公司不履行回购义务时，投资人可将手中持有的股份出卖给第三人或用作担保；缺点在于对赌失败情形下往往是没有实现上市计划，或没有达成业绩目标，此时对外融资难度更大，新股发行价款完全抵偿的可能性变小。二是可分配利润，但在《纪要》第5条下，可分配利润的适用范围限于现金补偿场景。在约定股权回购时，允许公司减资后回购投资方的股权，投资方可以收回投资；而在约定现金补偿的情形下，却要以目标公司有可分配利润为前提。[2] 尽管同时规定了日后目标公司有利润时可另行起诉，但对于常年亏损甚至濒于破产的公司，投资人主张的诉权或许成为永久不能。三是其他合法可用的资金，如合法筹借资金、非货币财产或其他自有资金。

(三)健全"履行不能"的救济举措

作为融资债权人，这层身份容易被《纪要》之下对股东的约束性条件所覆盖，且资本维持原则的保护对象往往优先考虑投资人以外的公司债权人，甚至资本规制过度，增加了投资人与目标公司的对赌交易成本。[3] 并且，投资人并非传统意义上的股东，享有充分的股权权益。[4] 由于投资人多为通过签署协议进入公司的小股东，其出资较大比例进入公司的资本公积金，只有少部分作为股款，表决权等权利受到极大约束。而且其利润的分配不取决于盈余数额，而是对赌协议约定条件的成就，具有不确定性和高风险性。因此，在多种可能发生"履行不能"的情况下，给予充分的救济手

---

〔1〕 谢秋荣：《对赌协议的效力和履行：九民会纪要解析》，载微信公众号"高杉LEGAL"2021年4月2日，https://mp.weixin.qq.com/s?__biz=MjM5ODA5NzYzNg==&mid=2652120710&idx=1&sn=5fec4af9df7bf18278ea90c88592c569&chksm=bd2f610d8a58e81b6ef682282100b0f89faab0df03de1b2979de3f8c15d02fe82596fafb334d&scene=21#wechat_redirect。

〔2〕 廖炜冕：《对赌协议纠纷解决的历史变迁及完善——兼评〈全国法院民商事审判工作会议纪要〉第5条》，载《湖北经济学院学报》2020年第6期。

〔3〕 张先中：《私募股权投资中估值调整机制研究——以我国〈公司法〉资本规制为视角》，载《法学论坛》2013年第5期。

〔4〕 王延川：《规范对赌协议不宜"削足适履"》，载《证券法苑》2020年第28卷。

段,进行制度设计,很有必要。

典型的情形是股东、董事会阻挠股东会召开,使减资决议或股份回购决议无法形成。更复杂的情况是,对于特殊设置的一票否决权、同股不同权、一致行动协议等制度安排存在效力上认定的不确定性,[1]投资人将处于信息不对称、法律保护模糊的状态,而依据《纪要》关于公司减资程序是否具有可诉性问题的解答中,认为减资属于公司自治事项,否认了司法介入路径。[2] 在公司确履行了减资决议和程序之后,在分配利润决议上达不到多数决,能否通过最高人民法院《关于适用〈中华人民共和国公司法〉若干问题的规定(四)》(以下简称《公司法解释四》)第 15 条的规定诉请法院要求目标公司分配利润?[3]该条但书规定了在大股东滥用股权损害小股东利益时,可以诉请法院分配利润,在实践中也有诸多争议,而根据域外立法例,该但书并不构成对公司自治和商业判断的侵害,法官也有足够的判断能力,[4]且实践中也不乏有"居立门业案"允许控制股东滥权情形下司法强制分红的案例,是当前公司自治与司法介入平衡的大趋势。然而,《纪要》在回答目标公司能否按照约定定向为投资人减资进行诉讼的问题时给出了否定意见。诚然,利润分配与减资是两个不同的概念,但均作为公司财产向股东单向流出的表现形式,均体现为公司利益让渡到股东、股东权益得到救济的行为,其导向都是一致的,故也可推断,《纪要》同样不倾向于肯定这类诉求。如此,股权回购条款即使满足了资本维持等的客观规范,也难以得到履行。

对于投资人而言,事先拟定意定条款显得至关重要,法院对这类约定条款的有效性进行审查,进而确定利益归属。一是可在对赌协议上要求目标公司全体股东一致同意不按照实缴比例分配利润,通过修改公司章程或议事规则,对目标公司利润分配机制作出特别约定。二是将上述要求作为对赌协议生效之要件,设定违约责任,要求

---

〔1〕 金立宇、赵宇先:《对赌条款是否能被"提前"触发,回购价款公允性如何认定?》,载汉坤律师事务所,https://mp.weixin.qq.com/s/hz-dxRnQl q0-h8 VNpYF7qA,最后访问日期:2021 年 4 月 3 日。

〔2〕 最高人民法院民事审判第二庭编著:《〈全国法院民商事审判工作会议纪要〉理解与适用》,人民法院出版社 2019 年版,第 120 页。

〔3〕 最高人民法院《关于适用〈中华人民共和国公司法〉若干问题的规定(四)》第 15 条规定,股东未提交载明具体分配方案的股东会或者股东大会决议,请求公司分配利润的,人民法院应当驳回其诉讼请求,但违反法律规定滥用股东权利导致公司不分配利润,给其他股东造成损失的除外。

〔4〕 李建伟:《法院如何支持股东的抽象股利分配请求——来自 197 份商事裁决书的类型化分析》,载《中外法学》2021 年第 2 期。

公司股东或实际控制人在协议约定条件生效后未能履行义务承担连带责任。〔1〕《公司法解释四》有关司法介入的条款未来是否能在对赌股权回购规制中发挥作用,仍然值得期待。另外,《纪要》第5条关于利润补偿一时履行不能,可待目标公司有利润时另行起诉之规定,也是对债权股权竞合的投资人一种特殊的保护,以至于突破“一事不再理”,给予投资人持续性且可期待的追索权利。

三、程序检视:减资程序前移履行之探讨

(一)减资程序前移的争议与解释范式

公司法沿革发展中,以往的立法精神颇有“不减资就不予以回购”的思维风格。2004年以前关于公司分立的规定是“不清偿债务或者不提供相应的担保的,公司不得分立”。立法者认为,要达成公司结构的变化或进行资本调节,必须要以充实的资本和足够的经济能力为担保。对赌回购本不属于公司法中股份回购的6项例外规定的任何一项,即本不以减资为必经程序,甚至在性质上更接近于异议股东回购,也是一种依股东申请而回购的被动回购方式。〔2〕《纪要》在“华工案”基础上有所发展,也有所修正。在“华工案”中,江苏省高级人民法院并未将目标公司是否履行减资程序作为先决条件,满足相关要件后,径直判决目标公司向股东支付现金补偿。依据学界通说,对赌回购不必然导致减资,除非以公权力施加审批性前置性义务,即公权力的介入拟制。诚然,减资只是对赌回购的目的,即便不减资,也可以形成一般性回购,达成其他目的。《纪要》则认为,之所以要求目标公司必须履行先减资的程序,实质是正确处理公司股东与公司债权人之间的关系,〔3〕并明确债权人利益优位,股东利益次之。而利益导向的实现,依靠的是减资程序。

为弥补逻辑关联问题,需要展开对减资决议、回购决议、回购协议之间关系的讨论。在救济处理方式上,可以将回购决议的内容拟制为减资决议的保证通过,即投资人与大股东等签订股东协议,约定召开减资决议时一致同意;或者将股东在回购协议

〔1〕 崔琦:《对赌效力相关诉讼、监管、财税问题简析》,载微信公众号“高杉LEGAL”2021年4月3日,https://mp. weixin. qq. com/s? _ _ biz = MjM5ODA5NzYzNg = = &mid = 2652120734&idx = 1&sn = c053bb29ac6bdbcfe507ffbf44b3f1b0&chksm = bd2f61158a58e803319b69fda5b53550353278c0d817a23de4703cf4b73b7776e1ceb7656b8b&scene = 21#wechat_redirect。

〔2〕 张保华:《对赌协议下股份回购义务可履行性的判定》,载《环球法律评论》2021年第1期。

〔3〕 最高人民法院民事审判第二庭编著:《〈全国法院民商事审判工作会议纪要〉理解与适用》,人民法院出版社2019年版,第117页。

上签名视同减资决议；或进行预决议，将股权回购约定写入章程。[1] 此时，减资决议间接或直接地等同于回购决议，其效果相当，但在概念上仍有划分，即减资决议始终是回购决议项下的预先履行程序，对赌协议中也只存在以减资为目的的回购。而减资程序相对于股权回购的前置必要性可通过合同效力待定的方式拟制与解决。减资决议相当于对法定代表人签订股权回购协议的追认，决议未召开，因越权代表而效力待定，拒绝召开的视为拒绝追认，回购协议无效。在此情形下，必须要履行了减资决议才能进行下一步的回购行为。减资决议拒绝召开导致的回购协议无效，会发生返还出资财产之效果，投资人可收回高溢价投资款，且合同无效是效力性强制性规定，法院可判决直接返还财产给投资方。

（二）减资程序完成的标准界定

目标公司是否完成减资程序的节点，大致有三种不同意见：一是作出减资决议时即完成；二是减资决议作出后向债权人履行通知、公告程序时即完成；三是完成减资最终的变更登记时即完成。有人认为，减资程序的完成止于第一步，即减资决议的作出。[2] 理由一是减资回购股权是投资人与目标公司之间的法律关系，不以通知公告债权人、办理变更登记为生效要件。但是，回购行为本也不以减资为生效要件，但出于债权人保护之需要，将其拟制前置；根据体系解释，这种保护原意和法益精神是一以贯之、一脉相承的，若减资时未通知公告债权人，下一步即作出回购决定，债权人在回购股份、决议形成之后才知晓，《纪要》所述“要减资、先保护”的内容就变成一句空话。理由二是《公司法》第 177 条只是赋予公司债权人在公司减资时享有“要求公司清偿债务或者提供相应的担保”的权利，没有赋予公司债权人阻止公司减资的权利。诚然，第 177 条确实未赋予债权人阻碍公司减资的权利，但是履行至第二步的通知公告债权人时，若债权人提出需要清偿债务或提供担保，也是对自己应享有之权益的主张。这一主张是通过目标公司履行义务来完成的，而这一义务的履行并不会导致减资受阻，两者无必然因果关系。理由三是即使是在目标公司的减资行为损害公司债权人利益的情形，公司债权人也可以另行寻求救济，包括要求减资股东对公司债务承担相应的责任。这一理由也略显牵强，若是能一次性地走完“减资决议—保护程序—

〔1〕 贺剑：《对赌协议何以履行不能？——一个公司法与民法的交叉研究》，载《法学家》2021 年第 1 期。

〔2〕 谢秋荣：《对赌协议的效力和履行：九民会纪要解析》，载微信公众号“高杉 LEGAL”2021 年 4 月 5 日，https://mp. weixin. qq. com/s? __biz = MjM5ODA5NzYzNg = = &mid = 2652120710&idx = 1&sn = 5fec4af9df7bf18278ea90c88592c569&ch ksm = bd2f610d8a58e81b6ef682282100b0f89faab0df03de1b2979de3f8c15d02fe82596fafb334d&scene = 21#wechat_redirect。

回购股份—变更登记”这一流程,在各环节中妥善处理好债权人保护、投资人权利与公司利益之间的关系,何须徒增诉讼成本,徒用诉讼资源。《纪要》就《公司法》第177条阐述了要减资就先保护债权人的利益,债权人利益得到保障时法院才能支持其诉请的理由。因此,《纪要》倾向于第二个节点的选择,即债权人保护程序完成之后。

借贷纠纷等专题研究

票据质押关系中相关权利行使之辨析

——天夏公司票据追索权纠纷案

梁炳扬* 刘 超**

【裁判要旨】

票据权利质押与票据质押存在质押标的、行为性质、设定方式、权利范围以及是否适用“从随主”规则的不同，需精准识别当事人的请求权基础。与转让背书不同，设质背书确立的是一种担保关系，即在被背书人依法实现其质权时，才可以行使票据权利。而在行使票据抗辩权利时，亦需厘清票据抗辩、票据抗辩的限制及票据抗辩限制的例外之间的联系和区别。

［案号：(2020)桂民终 1247 号；合议庭成员：梁炳扬、黄滔滔、韦荣龙］

【基本案情】

2017 年 10 月 30 日，天夏智慧城市科技股份有限公司（以下简称天夏公司）开具 5 张票面金额分别为 1000 万元的电子商业承兑汇票。票

* 梁炳扬，法学硕士，广西壮族自治区高级人民法院审判委员会专职委员、一级高级法官。

** 刘超，法律硕士，广西壮族自治区高级人民法院民事审判第二庭四级法官助理。

据到期日期分别为2018年10月22日、23日、24日、25日、26日,汇票的出票人和承兑人为天夏公司,收票人为上海一江经贸有限公司(以下简称一江公司)。2017年11月3日,一江公司作为背书人将汇票转让背书给被背书人上海连行贸易有限公司(以下简称连行公司)。同月6日,连行公司又作为背书人将汇票转让背书给被背书人航中商业保理(深圳)有限公司(以下简称航中公司)。航中公司与杭州昀迪资产管理有限公司(以下简称昀迪公司)于2017年11月7日签订了1份《汇票质押合同》,约定出质人航中公司以上述5张电子商业承兑汇票为质押物,为质权人昀迪公司设定质押权,质押期限为2017年11月7日至2018年10月22日,质权实现条件为:航中公司在收益权产品期限届满(收益权产品发行期间不超过汇票到期日)未进行付款,或质权早于收益产品到期日,昀迪公司有权依法实现其已设立的质权。同日,航中公司在上述汇票上背书记载"质押"字样并交付给昀迪公司。上述票据到期后,昀迪公司提示付款,承兑人天夏公司。虽经昀迪公司多次催促,天夏公司未履行兑付汇票款项义务。

昀迪公司向一审法院提起诉讼,请求判令天夏公司、连行公司、一江公司、航中公司连带支付票据金额5000万元及其利息。

【审理结果】

一审法院认为,本案的争议焦点是:原告昀迪公司是不是合法的票据持有人,是否可以行使票据权利。原告昀迪公司与被告航中公司签订的《汇票质押合同》是双方当事人的真实意思表示,不违反法律法规的规定,应为合法有效。根据《票据法》第35条第2款"汇票可以设定质押;质押时应当以背书记载'质押'字样。被背书人依法实现其质权时,可以行使汇票权利"的规定,本案中,航中公司依据《汇票质押合同》将案涉5张《电子商业承兑汇票》背书质押给了昀迪公司,天夏公司为出票人,航中公司为背书人,被背书人为昀迪公司,上述背书事项连续,内容完整,合法有效。昀迪公司作为被背书人,在票据到期且承兑人天夏公司拒付的情况下,有权要求行使票据权利,根据票据的无因性、独立性,天夏公司应无条件付款。但天夏公司在票据到期后,拒绝向昀迪公司付款,根据《票据法》第61条第1款"汇票到期被拒绝付款的,持票人可以对背书人、出票人以及汇票的其他债务人行使追索权"的规定,昀迪公司向连行公司、一江公司、天夏公司、航中公司行使票据追索权合理合法,应予支持。天夏公司主张昀迪公司没有合法取得票据权利,无权通过票据追索权向其追索,权利来源于票据以外的第三方委托,应当行使票据的优先权而非追索权于法无据,不予支持。根据《票据法》第26条“出票人签发汇票后，即承担保证该汇票承兑和付款的责任。出票人在汇票得不到承兑或者付款时，应当向持票人清偿本法第七十条、第七十一条规定的金额和费用”以及第70条“持票人行使追索权，可以请求被追索人支付下列金额和费用：（一）被拒绝付款的汇票金额；（二）汇票金额自到期日或者提示付款日起至清偿日止，按照中国人民银行规定的利率计算的利息……”的规定，昀迪公司的诉讼请求于法有据，依法予以支持。据此，一审法院判决：被告连行公司、一江公司、天夏公司、航中公司于判决生效之日起10日内向原告昀迪公司支付票据款5000万元及其利息。

一审宣判后，天夏公司不服，向广西壮族自治区高级人民法院上诉，认为一审判决仅考虑票据外观上是否合法的事实，未查清持票人取得票据的过程事实作为裁判的依据，明显属于事实不清的情形。本案中，昀迪公司明知涉案票据的真实权利人存在票据抗辩事由，仍通过质押背书接收涉案票据。接收票据后未取得真实权利人的合法有效授权，不享有票据权利，无权向前手行使票据追索权。请求撤销一审判决，发回重审或依法改判驳回一审诉讼请求。

二审认为，本案中，天夏公司作为出票人和承兑人，将案涉5张《电子商业承兑汇票》背书转让给一江公司，一江公司作为背书人将上述汇票背书转让给连行公司，连行公司作为背书人将上述汇票背书转让给航中公司，航中公司与昀迪公司签订《汇票质押合同》，同时在上述汇票上背书记载“质押”字样并交付给了昀迪公司。上述背书事项连续，内容完整，合法有效。根据《票据法》第35条第2款“汇票可以设定质押；质押时应当以背书记载‘质押’字样。被背书人依法实现其质权时，可以行使汇票权利”的规定，昀迪公司作为被背书人，在票据到期且承兑人天夏公司拒付的情况下，有权行使票据权利。在票据到期后，天夏公司拒绝向昀迪公司付款，根据《票据法》第61条第1款“汇票到期被拒绝付款的，持票人可以对背书人、出票人以及汇票的其他债务人行使追索权”的规定，昀迪公司有权向连行公司、一江公司、天夏公司、航中公司行使票据追索权。一审法院判决连行公司、一江公司、天夏公司、航中公司连带支付票据金额人民币5000万元及其利息符合法律规定。天夏公司上诉要求查清持票人昀迪公司取得票据的过程事实，并主张昀迪公司明知涉案票据的真实权利人存在票据抗辩事由，仍通过质押背书接收涉案票据。接收票据后未取得真实权利人的合法有效授权，不享有票据权利，无权向前手行使票据追索权。根据票据的无因性、独立性原则，天夏公司的请求和主张无法律依据，本院不予支持。判决：驳回上诉，维持原判。

【裁判评析】

一、原告权利请求的识别

权利请求,是指当事人为保护自己的民事实体权益而向人民法院提出的诉讼请求。权利是请求的基础,请求是权利的保障。因此,对原告的权利请求进行识别,是法官审理案件需要具备的基本功之一。

(一)原告在本案中设定了权利质押和票据质押

本案中,航中公司与昀迪公司于2017年11月7日签订《汇票质押合同》,约定出质人航中公司以5张电子商业承兑汇票为质押物,为质权人昀迪公司设定质押权。同时,航中公司在上述汇票上背书记载“质押”字样并交付给昀迪公司。根据原《担保法》和《票据法》的相关规定,前者设立的是权利质押,后者设立的是票据质押。权利质押与票据质押分属于《担保法》和《票据法》,二者有着重要区别:

1. 质押之标的不同。权利质押,是指以权利为标的物的质押。我国原《担保法》第75条和原《物权法》第223条都规定,可以质押的权利包括汇票、支票、本票。从原《担保法》和原《物权法》的立法条文表述中可以清晰地看出,原《担保法》《物权法》规定的是权利质押而非票据质押。票据质押,又称质押背书、设质背书、质权背书。《票据法》第35条第2款规定,汇票可以设定质押;质押时应当以背书记载“质押”字样。背书质押,在我国票据法中属于背书转让汇票的一种方式。可见,权利质押之标的为票据权利,而票据质押之标的为票据。

2. 质押之行为性质不同。权利质押是为了担保债务的履行而设定的担保物权,其设定行为是依附于主合同的从属性行为,在行为性质上为合同行为。因此,质押合同的成立应当符合合同成立的基本要件,即经过要约与承诺的缔约过程。票据质押属于一种典型的票据行为。最高人民法院《关于审理票据纠纷案件若干问题的规定》第54条规定:“依照票据法第三十五条第二款的规定,以汇票设定质押时,出质人在汇票上只记载了‘质押’字样未在票据上签章的,或者出质人未在汇票、粘单上记载‘质押’字样而另行签订质押合同、质押条款的,不构成票据质押。”可见,权利质押行为在性质上属于一般的合同行为,而票据质押行为在性质上为票据行为。

3. 质权之设定方式不同。权利质权的设定以合同的形式进行,即通过签订权利质押合同进行。票据质押属于单方民事法律行为,无须遵循合同成立与生效的要件因素,而是应当按照票据行为的要式性、抽象性、文义性和独立性要求进行。《票据法》第35条第2款规定:“汇票可以设定质押;质押时应当以背书记载‘质押’字样。”

可见,权利质权的设定以签订权利质押合同的形式进行,而票据质押的设定以实施记载"质押"字样的票据背书行为进行。

4. 质权之权利范围不同。原《物权法》第208条规定:"为担保债务的履行,债务人或者第三人将其动产出质给债权人占有的,债务人不履行到期债务或者发生当事人约定的实现质权的情形,债权人有权就该动产优先受偿。"同法第229条规定:"权利质权除适用本节规定外,适用本章第一节动产质权的规定。"据此规定,有关权利质权除有特殊规定外,适用有关动产质权的规定,这说明权利质权与动产质权具有功能上的一致性,即都是为了实现被担保债权的优先清偿。票据质押中的质权人在质权行使的条件成就之前,确实并非如票据受让人一样享有一切票据权利,其持有票据的根据和目的仅在于通过阻止作为质押标的物之票据的流通而实现债权的保障;但是,在质权行使的条件成就之后,为实现票据权利从而实现优先受偿权,质权人对作为标的物之票据即享有与通常的票据受让人的票据权利。

5. 质押在是否适用"从随主"规则上不同。权利质押合同的订立,遵循原《合同法》和原《物权法》的一般原理,其目的是担保债的履行,主合同的效力决定了担保合同的效力。在认定权利质押合同的效力时,必须考量的因素就是主合同之效力。票据质押,因票据质押本身是一种票据行为,根据票据行为的无因性理论,基础合同在法律上的纰漏甚至无效却不会影响作为票据行为之票据质押在票据法上的效力。即使票据出质人与质权人之间根本不存在基础合同关系,这也只是两方当事人内部在原因关系层次的瑕疵,只要设质背书已经完成并交付,就不会影响票据质押的有效成立,更不会影响票据上其他票据行为独立发生法律效力的事实。

根据上述分析,本案原告昀迪公司既享有权利质权,也享有票据质权。

（二）原告可以行使权利质权

权利质押设定的目的跟动产质押一样,都是保障其担保的债权得以受偿,因此在质权所担保的主债权已届清偿期而债务人不履行债务时,质权人有权以一定的方式来实现质权,并就由此所得的价款对其债权优先受偿。权利质权与动产质权的一个重要区别就是以权利作为质押的标的。因此,其质权的实现方式不完全相同。特别是有价证券质权的实现尤为不同:动产质押,质权人以对动产的折价或拍卖、变卖的价金优先受偿;权利质押,质权人直接取代出质人的地位,行使出质人的权利。主债务人债务的清偿届至,债务人不履行债务,同时汇票、支票、本票、债券、存款单、仓单、提单的兑现日期或者提货日期也届至时,质权人有权行使质权,按权利质押协议兑现价款或者提取货物,自无疑义。实践中,有时会出现证券兑现日期或提货日期与债务履行期限不一致的情形。按照原《物权法》的规定，汇票、支票、本票、债券、存款单、仓单、提单的兑现日期或者提货日期先于主债权到期的，质权人可以兑现或者提货，并与出质人协议将兑现的价款或者提取的货物提前清偿债务或者提存。因此，证券兑现日期或提货日期先于债务履行期的，质权人亦可实现其上权利，取得所兑现价款或者提取货物而行使占有。质权人在取得价款或货物后，应立即告知出质人，并与出质人通过协议将兑现的价款或提取的货物提前清偿债权或提存。如果上述诸项证券的兑现或提货日期晚于债务履行期，而被担保的债权又未获清偿的，质权人则无权提前兑现或者提货。因为，如果允许质权人兑现或者提货，就等于要求第三债务人提前履行债务，这样无疑加重了该第三债务人的责任，对该第三债务人来讲也是不公平的。而且该第三人的债务是对出质人的，原与质权人无关，只是由于权利质押的设定才与质权人发生法律上的关系。因为第三债务人的债务尚未届期，如果质权人提前兑现或者提货，即违反了法律的规定。因此，质权人只能在证券到期日实现兑现或提取货物而受偿，或者在被担保债权届期未获清偿时，于证券上权利行使之日期之前，将证券转让，以所得价款受偿。

本案中，航中公司与昀迪公司签订的《汇票质押合同》约定：质押期限为 2017 年 11 月 7 日至 2018 年 10 月 22 日；质权实现条件为：航中公司在收益权产品期限届满（收益权产品发行期间不超过汇票到期日）未进行付款，或质权早于收益产品到期日。原告昀迪公司可以依原《物权法》的有关规定和《汇票质押合同》的约定，对航中公司行使权利质权，将质押的汇票兑现，以清偿所担保的债务。但原告昀迪公司没有单独行使权利质权。

（三）原告行使的票据权利

票据权利，是指持票人向票据债务人请求支付票据金额的权利。票据权利是体现在票据上的权利，因此，它是一种证券权利。它是请求支付一定数额货币的权利，所以，也是金钱债权。票据金钱债权与普通金钱债权不同。[1] 普通金钱债权是一种简单的一次性的请求权。票据金钱债权包括两次请求权：第一次请求权是付款请求权，即持票人向票据付款人请求支付票据金额的权利；第二次请求权是追索权，即持票人到期行使付款请求权被拒绝或因法定原因而使付款请求权的实现出现障碍时，向其前手请求偿还票据金额及其利息和相关费用的权利。票据付款请求权和追索权是票据权利中的两次权利，存在行使顺序的先后，付款请求权是第一顺序的权利，追

〔1〕 谢怀栻、程啸：《票据法概论》，法律出版社 2017 年版，第 59 页。

索权是第二顺序的权利。追索权是为了维护票据制度、增强票据信用而设立的一项特殊制度。根据该制度,持票人可以以全部票据债务人为对手,请求全体债务人(包括承兑人和付款人)偿还票款。我国《票据法》第 61 条第 1 款规定:“汇票到期被拒绝付款的,持票人可以对背书人、出票人以及汇票的其他债务人行使追索权。”第 68 条第 1 款规定:“汇票的出票人、背书人、承兑人、保证人对出票人承担连带责任。”

票据的特点在于其流通,流通的基础在于转让。因此,票据转让是票据制度的核心。票据转让不仅是票据本身的转让,而且是票据上权利的转让。票据转让是要式行为,有两种方法:一是单纯交付,二是背书交付。单纯交付就是持票人以转让票据权利为目的将票据交付与他人的一种票据行为。这种方法只适用无记名票据和空白背书票据。[1] 背书交付是持票人以转让票据权利为目的在票据上作成背书并将票据交付他人的一种票据行为。依背书的目的为标准,背书分为转让背书和非转让背书。转让背书是以转让票据权利为目的的背书,非转让背书是具有其他目的(转让权利以外的目的)的背书包括:以设定质权担保债权为目的的设质背书和以委任被背书人代为行使票据权利为目的的委任取款背书。

值得注意的是,设质背书与转让背书不同。设质背书确立的是一种担保关系,即在背书人与被背书人质押产生一种票据质押关系,而不是一种票据的转让与被转让关系。因此,质押背书成立后即背书人作成背书并交付,背书人仍然是票据权利人,被背书人并不因此取得票据权利。具体来说:(1)债权到期,债务人清偿后,质权人应当将质押的票据返还给出质人;(2)债权到期,债务人不履行债务,质权人依法行使质权时,如果票据的金额超过了担保的债务数额,则多余的应当返还给出质人;(3)如果设质的票据到期日先于债务履行期的,质权人虽可以在债务履行期届满前兑现,但是应与出质人协议将兑现的价款用于提前清偿所担保的债权或向与出质人约定的第三人提存。

票据质权人,除了可以行使质权外,根据《票据法》第 35 条关于“被背书人依法实现其质权时,可以行使票据权利”的规定,符合一定条件的时候,还可以行使票据权利。本案中,案涉质押的 5 张汇票到期日期分别为 2018 年 10 月 22 日、23 日、24 日、25 日、26 日,均在主债务履行期限和权利质押期限届满之后,昀迪公司有权依法实现其已设立的质权。我国《票据法》第 35 条第 2 款规定:“汇票可以设定质押;质押时应当以背书记载‘质押’字样。被背书人依法实现其质权时,可以行使汇票权利。”作为

〔1〕 参见谢怀栻、程啸:《票据法概论》,法律出版社 2017 年版,第 65－66 页。

汇票被背书人的昀迪公司依法实现其质权时,可以行使汇票权利。昀迪公司作为被背书人,在票据到期后可以向承兑人天夏智慧公司请求付款(第一次请求权),在被拒付的情况下,有权要求昀迪公司向连行公司、一江公司、天夏公司、航中公司行使票据追索权(第二次请求权)。本案审理的即为原告行使第二次请求权引发的纠纷。所以,本案案由确定为票据追索权纠纷,而不是票据权利质押纠纷。

二、基础法律关系对票据权利行使的影响

天夏公司不服一审判决,上诉认为一审仅考虑票据外观上是否合法的事实,未查清持票人取得票据的过程事实作为裁判的依据,明显属于事实不清的情形。这涉及对票据关系与票据基础关系之间的关系认识问题。

1. 票据关系与基础关系。票据关系是指票据当事人之间基于票据行为而发生的债权债务关系。票据的基础关系是作为票据当事人之间之所以签发、转让票据的实质原因或以某一人为票据付款人的实质原因的法律关系。票据的基础关系有三种:原因关系、资金关系、票据预约。票据关系与票据基础关系的关系实行无因性规则。票据的无因性是指基于票据行为的票据关系一经形成,就与基础关系相分离,二者各自独立。基础关系是否存在,是否有效,原则上对票据关系不发生影响。

2. 票据的无因性。[1] 票据无因性原则的立法依据在于降低持票人的风险,保障票据的流通。若实行有因性原则,票据的基础关系的效力与票据关系效力相联系,那么持票人在取得票据时就不仅要考虑票据是否有效、取得票据的票据行为是否有效,还要了解导致票据关系产生的基础关系是否存在是否有效。在票据流通过程中,每一环节的当事人是不同的。这样,持票人必须要充分确保前面各个环节的票据当事人之间存在真实、合法的交易关系才能使自己取得票据权利,而持票人在事实上不可能了解各个前手之间交易关系的情况,在法律上也无权强行要求各个前手向其提供他们基础交易关系的合同及履行情况。即使持票人有可能了解各个前手之间的基础交易关系,必然要花费大量的人力、物力去对每一个环节的基础交易关系进行调查,这将极大增加持票人的成本,势必导致人们不愿意使用票据,从根本上使票据失去流通性,票据制度存在的意义大打折扣。实行票据无因性原则,将基础关系与票据关系的效力分开,持票人在取得票据时只要保证自身合法取得票据,无须过问或调查各个前手之间基础交易关系的情形,即可取得票据权利,从而使持票人的风险大大降低,

[1] 吕来明:《票据法学》(第2版),北京大学出版社2017年版,第43-44页。

其权利原则上不受前手之间基础关系效力的影响,使持票人通过票据签发转让实现交易目的时,处于比其他债权转让完成交易更有利的地位,这样人们就愿意使用票据,从而实现票据的流通功能。在此意义上,票据无因性制度是《票据法》的支柱。世界各国及地区的票据法和国际统一的票据法,无不贯彻着票据无因性原则。

3. 票据无因性的例外。票据的无因性有一定的例外,即票据关系与基础关系在例外情况下具有牵连性。其主要表现在:(1)如果原因关系与票据关系当事人范围是一致的,即授受票据的直接前后手当事人之间,如持票人向其直接前手主张票据权利时,直接前手可用原因关系对抗票据关系;(2)持票人取得票据时无对价,则不得优于直接前手的权利。

4. 本案的适用分析。本案中票据质押关系的基础关系是质押合同,航中公司根据其与昀迪公司签订《汇票质押合同》将案涉汇票质押背书给昀迪公司,航中公司为背书人,昀迪公司为被背书人,昀迪公司取得票据质权。根据《票据法》第 35 条第 2 款的规定,昀迪公司依法实现其质权时,可以行使汇票权利。根据票据的无因性及其例外情形,如果航中公司依据基础关系即汇票质押合同进行对抗是可以的,上诉人天夏公司作为出票人和承兑人,与昀迪公司并无直接的基础关系,也就无权以基础关系对抗票据持有人。因此,其上诉请求查清持票人取得票据的过程事实作为裁判的依据并无法律依据。

三、票据抗辩权行使的范围

天夏公司主张昀迪公司明知涉案票据的真实权利人存在票据抗辩事由,仍通过质押背书接收涉案票据。接收票据后未取得真实权利人的合法有效授权,不享有票据权利,无权向前手行使票据追索权。这涉及票据抗辩的理解与适用问题,亦必要厘清。

1. 票据抗辩。票据抗辩,指的是被请求承担票据责任的人对于持票人提出的权利请求,基于某种法定事由而予以拒绝、不承担票据责任的行为,理论上也称为票据债务人的抗辩权。根据票据抗辩的事由,可以将票据抗辩分为物的抗辩和人的抗辩。物的抗辩是指基于票据本身的内容包括票据上记载的事项以及票据的性质发生的事由而为的抗辩。这种抗辩来自票据本身,所以不论持票人为谁,也不论债务人是谁,均可以援用。所以,这种抗辩又称为绝对的抗辩或客观的抗辩。例如,因票据要件欠缺、票据上有禁止记载的事项等产生票据行为不成立的抗辩,任何票据债务人均可对票据债权人援用。人的抗辩主要是指由于债务人基于与特定持票人之间的一定关系或因特定持票人自身的原因之间而产生的抗辩。这抗辩来自当事人之间的特定关系而不是票据本身,因此称为人的抗辩,又称相对的抗辩或主观的抗辩。

2. 票据抗辩的限制。物的抗辩是随着票据本身的发生而并存的,无论票据转让到何人手中,这种抗辩都随着票据存在,由新的票据债务人行使。因此对这种抗辩不能限制。在人的抗辩中,对直接当事人之间也无法限制。例如,在出票人和收款人之间,既存在票据关系,也存在原因关系。出票人可以援引原因关系中事由抗辩收款人的权利行使。但是,票据关系除直接当事人之间外,票据债务人还可能与前债权人(现在的持票人——债权人——的前手)发生关系。随着票据权利的转移,票据债务人对原持票人所存在的抗辩事由原则上不能及于票据权利的受让人。换言之,票据债务人不得以对抗原持票人的抗辩事由对抗后手票据权利人,这在理论上称为票据抗辩的切断。这与民法上的债务抗辩不同。在民法上的债务抗辩中,债务人对原债权人存在的抗辩事由可以用来对抗债权受让人,抗辩权随债权的转移而扩及新的债权人,不能被切断;而在票据法中,票据转让一次,票据债务人对原持票人(让与人)的抗辩即被切断,债务人的抗辩权限制在他和原持票人之间,不能扩大到其他人。我国《票据法》第13条第1款即规定,票据债务人不得以自己与出票人或者与持票人的前手之间的抗辩事由,对抗持票人。

3. 票据抗辩限制的例外。票据抗辩限制的实质在于为保障票据的流通性而降低票据受让人的风险,加重票据债务人的风险。如果受让人存在某种情形而应当承担风险,仍然由票据债务人承担风险以致利益失衡时,就不应当对票据债务人的抗辩权加以限制。这在理论上称为票据抗辩限制的反限制或票据抗辩限制的例外。票据抗辩限制的例外主要有两种情形:(1)持票人明知票据债务人与其前手存在抗辩事由。票据债务人以此为由对持票人主张的抗辩,在理论上称为“恶意抗辩”。此时,票据债务人对持票人前手的抗辩并不因票据转移给持票人而切断,票据债务人仍可以用对抗原持票人的抗辩事由对抗持票人(票据受让人)。我国《票据法》第13条第1款后段就规定了这种例外情形。应该指出的是,债务人对持票人存在恶意,应负举证责任。(2)持票人从其前手无对价取得票据的。票据债务人与持票人的前手存在抗辩事由,而持票人从其前手是无对价取得票据的,基于无对价取得票据的不得优于其前手的权利的规则,在此情况下,票据债务人对持票人前手的抗辩,不因票据转移给持票人而切断,也可以用来对抗持票人。

4. 对本案的分析。(1)本案中,根据我国《民事诉讼法》“谁主张,谁举证”的举证责任原则,应由天夏公司举证证明其与航中公司及其前手之间存在抗辩事由且昀迪公司对存在此种抗辩事由主观上具有恶意，但天夏公司并未举出证据证明持票人昀迪公司取得票据存在恶意。同时，其上诉中主张航中公司与昀迪公司之间《汇票质押合同》不成立以推翻案涉票据质权的设定，法院认为该主张也不成立。第一，对象不符合要求，票据抗辩限制例外的适用对象为票据债务人与持票人之前手或出票人，而非本案中的持票人及其前手；第二，案涉法律关系为票据质押关系，与昀迪公司和航中公司之间的《汇票质押合同》并非同一法律关系，不能放在本案一起讨论；第三，汇票作为一种流通证券，对于后手的持票人，只能要求其依外观形式来判断票据的效力，故对持票人合理的注意义务不应太过苛求，故案涉票据背书事项连续，内容完整，本案中持票人已尽一定注意义务。（2）天夏公司上诉认为昀迪公司取得案涉票据质押权未支付相应对价的主张。本院认为，根据票据抗辩限制的例外规则，持票人从其前手无对价取得票据的，票据债务人对持票人前手的抗辩，不因票据转移而切断。本案中，尽管原告昀迪公司从前手航中公司取得票据没有直接支付相应的对价，但天夏公司与航中公司没有直接的基础关系，其对航中公司也就没有对人的抗辩权，故天夏公司的权利并不优于持票人前手。同时，航中公司与昀迪公司签订的《汇票质押合同》明确约定，将案涉汇票质押给投资人委托的昀迪公司，昀迪公司取得票据亦是有合法依据的。综上，天夏公司的上述主张无事实和法律依据，法院不予采纳。

借条出具人与实际收款人不一致、实际收款人自认承担借款债务的情形下如何认定还款责任主体

——符某某、庞某某与陈某某民间借贷纠纷案

谭庆华[*]　徐　玫[**]

【裁判要旨】

在民间借贷纠纷中,借条以及借条中的收款账户内容分别由不同的自然人书写在同一张纸上,且借条中约定的借款人与借条上载明的收款人不一致。出借人按照借条约定,将出借款项支付至借条中所载明的收款人及收款账户,借条出具人主张其未收到案涉借款,借条所载明的借贷行为并未实际发生。人民法院在审查认定借条出具人是否应就案涉借款承担还款责任时,应根据"谁主张,谁举证"的民事诉讼证据规则分配借贷双方的举证责任,并结合借款金额、交易习惯、借贷双方的经济能力、职业、还款情况、证人证言等综合予以审查。

[案号:(2019)桂民终1069号;合议庭成员:谭庆华、王华妍、李萍萍]

【基本案情】

2014年10月24日,符某某向陈某某出具《借条》,载明:"今借到陈

* 谭庆华,法学硕士,广西壮族自治区高级人民法院民事审判第一庭庭长、三级高级法官。

** 徐玫,法学硕士,广西壮族自治区高级人民法院民事审判第四庭一级法官助理。

某某同志人民币捌佰万元整,借款期限叁拾天。"庞某某在《借条》下方注明"收款账号户名:庞某某;开户行:中国银行广西分行南宁支行;账号:6217××××5191"。当天,陈某某通过银行转账 776 万元给庞某某。陈某某认可在支付借款时按月利率 3% 预先扣除了第一个月的利息 24 万元。

2015 年 4 月 14 日,陈某某向庞某某催款并出具《庞某某 800 万元借款本金和利息逾期明细》,该明细载明 2015 年 1 月至 5 月的本息数额;庞某某在该明细上签字承诺结清利息并还款等内容。2015 年 11 月 3 日,庞某某向陈某某出具《欠条》,载明"兹欠陈某某先生人民币捌佰萬元(¥8,000,000 元),拟於 2015 年 11 月还清,分两期:①11 月 16 日还一期;②11 月底前还清。经双方友好协商,免收利息。待经济状况好转,我方再感谢陈先生"。2016 年 4 月 11 日,庞某某向陈某某出具《还款计划书》,就陈某某借款本金柒佰万元出具还款计划,且该《还款计划书》中有庞某某签署的"监督人符某某"。庞某某分 9 次向陈某某偿还了部分借款(一审判决认定为 189.5 万元,二审查明认定为 229.5 万元),在每次收到还款之后,陈某某均出具了收据,收据载明收到符某某的款项。

【审理结果】

南宁市中级人民法院认为,符某某出具借条,借款意思明确,对庞某某注明的收款账号无异议,属其与陈某某之间约定的接受借款的方式,陈某某已履行支付借款义务,其与符某某之间的民间借贷关系成立。庞某某实际收到陈某某的借款款项,并多次出具《欠条》《还款计划书》等确认借款的事实,应视为庞某某对符某某向陈某某借款的债务加入行为,应为共同借款人,共同承担责任。判决:(1)被告符某某、庞某某应于本案判决生效后 10 日内向原告陈某某返还借款本金 586.5 万元;(2)被告符某某、庞某某应于本案判决生效后 10 日内向原告陈某某支付利息(利息按年利率 24% 根据具体还款时间分段计算)。

符某某、庞某某对一审判决不服,向广西高院提起上诉。

广西高院认为,符某某应就案涉借款与庞某某一并承担还款责任,理由如下:(1)案涉《借条》为出借人与借款人之间存在借款合同关系的证明,符某某作为完全民事行为能力人应当清楚出具《借条》的法律后果。自然人之间的借款合同自借款实际支付时成立并生效。各方当事人均认可案涉《借条》的下方收款账号及收款人为庞某某所写而款项实际亦为庞某某所收取。通常情况下,《借条》上的收款账号及收款人应为借款人所指定或同意,指定收款人收到借款即视为借款人收到借款。虽然符某某否认其指定或同意庞某某收取借款，但符某某没有提交证据证实其在出具《借条》却未能收到借款的情况下曾要求陈某某支付借款或退回《借条》。虽然符某某主张其曾要求陈某某归还案涉《借条》而陈某某称该《借条》已销毁，但符某某无充分理由即轻信陈某某已销毁《借条》之说辞而不要求陈某某出具《借条》已销毁的说明或采取其他救济措施不符合常理。(2)陈某某在收到还款后多次出具的《收据》均载明是收到符某某的还款，表明陈某某始终将符某某视为本案借款人。陈某某主张将《收据》交给符某某，但符某某予以否认。在一审审理中，庞某某的委托诉讼代理人(亦为符某某的委托诉讼代理人)提交了部分《收据》原件，表明庞某某收到了陈某某出具的《收据》。庞某某称《收据》为其手下所收执，其没有看到《收据》所载内容，但没有提交证据对此予以证实，亦与常理相悖。庞某某没有提交证据证明其就本人还款却收到载明还款人为符某某的《收条》之问题曾向陈某某提出任何异议，表明庞某某对符某某为本案借款人是清楚及认可的，且该行为与庞某某在本案审理过程中始终坚持该800万元与符某某无关而为其个人借款主张相矛盾。(3)案涉借款发生之后，虽然陈某某催款时出具的《庞某某800万元借款本金和利息逾期明细》所写明的催款对象为庞某某，庞某某亦在该逾期明细上签字确认欠款。庞某某还以个人名义出具《欠条》或《还款计划书》，表明庞某某本人愿意承担案涉借款的还款责任。但因各方当事人并没有提交证据证明各方已经约定由庞某某承担还款责任即免除符某某的还款责任，故庞某某愿承担债务系并存的债务承担，即并不免除原债务人符某某的还款责任，此亦为庞某某对本案债务的加入。(4)各方当事人均认可陈某某与符某某为多年朋友，而陈某某与庞某某刚认识不久，故陈某某称因基于与符某某多年的朋友关系及对其作为银行高管身份的信任，而愿出借款项给符某某具有合理性。根据以上分析可以认定符某某出具案涉《借条》之后同意或指示款项由庞某某收取之事实具有高度盖然性，符某某作为借款人及庞某某作为实际用款人及债务加入者应共同向陈某某承担借款偿还责任。另外，关于还款的实际数额问题，根据二审查明事实，一审遗漏查明庞某某已还借款40万元，予以扣减并改判。经广西高院审判委员会讨论，判决：(1)撤销南宁市中级人民法院(2017)桂01民初133号民事判决；(2)上诉人符某某、庞某某向被上诉人陈某某归还借款本金546.5万元；(3)上诉人符某某、庞某某向被上诉人陈某某支付利息(利息按全国银行间同业拆借中心的公布贷款市场报价利率根据还款情况分段计算)；(4)驳回被上诉人陈某某的其他诉讼请求。

【裁判评析】

本案的审理重点在于符某某出具的借条中所载明的借款事实是否已实际发生，

符某某是否为案涉借款的借款人。本案中,借贷双方对符某某是否系案涉借款人各执一词,陈某某主张案涉借条形成当日符某某在场并且其系根据符某某的要求将案涉借款转至庞某某账户,而符某某抗辩其出具借条后并不知晓后续庞某某向陈某某借款的事实。借贷双方形成近似对等的冲突主张,双方均未能提交充分的证据证明己方主张或否定对方主张。针对以上情形,二审法院的审判思路主要从如何合理分配举证证明责任、如何详细审查借贷过程中的事实以形成法官内心确信两个方面出发,对全案综合予以审查认定,形成最终裁判结果。

1. 关于如何依法合理分配借贷双方的举证证明责任。按照“谁主张,谁举证”的民事诉讼证据规则,出借人应就借款合同成立及转款事实真实存在承担举证证明责任,被告应就借款行为未实际发生承担举证证明责任。本案中,案涉借条由符某某出具,借条中所载明的收款人及收款账户等信息由庞某某出具且载明案涉款项汇至庞某某个人银行账户。从借贷双方举证责任的分配角度分析,出借人陈某某已提交借条、转款凭证及收据等证据证明案涉借贷行为已实际发生,而符某某虽抗辩借贷行为未发生,但其未能就该抗辩提供相应证据证明。根据最高人民法院《关于适用〈中华人民共和国民事诉讼法〉的解释》第 90 条第 2 款“在作出判决前,当事人未能提供证据或者证据不足以证明其事实主张的,由负有举证证明责任的当事人承担不利的后果”,符某某未就借贷行为未实际发生的抗辩进行举证,故应承担不利的法律后果。

2. 关于如何评判出借人在借贷协商过程中的优势地位。在司法实践中,有观点主张基于出借人在借贷协商过程中天然的优势地位,可就借款数额、利息、转款方式、借条出具方式等与借款人进行充分协商,故而出借人应就借贷事实发生承担更大的举证证明责任。具体到本案,则认为陈某某提交的借条存在一定的形式“瑕疵”,即借条上的收款账户非符某某本人书写,故而陈某某应就符某某委托庞某某书写收款账户并实际收取借款进行举证。该观点认为对出借人课以更高的责任义务,可以进一步规范民间借贷行为,以避免出现本案中“瑕疵”借条的情形,在一定程度上杜绝当事人诉争的空间与可能,净化民间借贷的乱象。然而,二审法院未采纳这一观点,主要原因是关系始终是复杂多元的,不应片面认定出借人在借贷协商中存在绝对的优势地位。借贷双方究竟是借方占优,还是贷方占优,不仅应审查双方的借贷关系,还应审查双方的其他社会关系与角色。本案中,陈某某与符某某系多年好友,陈某某在本地经商而符某某系银行高管,双方之间除了好友关系,还有金融业务上可能存在的合作关系,因此陈某某虽为出借人,但基于其对符某某的信任、信赖等,也会导致符某某作为借款人在借贷磋商中享有一定优势。基于此,二审法院严格按照《民事诉讼法》

及相关司法解释的规定，在借贷双方中依法分配举证证明责任。

3. 关于如何综合判断查证借贷事实是否发生。二审判决中多处采用了“不符合常理”的表述，这种表达范式并非源于法官对案件的主观臆断，而是法官基于经验法则、逻辑推理及内心良知对案件事实进行评判分析。最高人民法院《关于审理民间借贷案件适用法律若干问题的规定》第16条第2款规定“被告抗辩借贷行为尚未实际发生并能作出合理说明，人民法院应当结合借贷金额、款项交付、当事人的经济能力、当地或者当事人之间的交易方式、交易习惯、当事人财产变动情况以及证人证言等事实和因素，综合判断查证借贷事实是否发生”。根据以上司法解释规定及司法实践，针对本案审理，法官还可以通过查清借贷金额、款项交付、当事人的经济能力、当地或者当事人之间的交易方式、交易习惯、当事人财产变动情况以及证人证言等进行综合评判。本案中，符某某关于案涉借贷行为未实际发生的抗辩不具有合理性，对此有几点分析考量：(1)从符某某职业的特殊性看，符某某系当地某银行高级管理人员，作为金融从业人员，其对出具借条的法律后果充分知晓，但其未有任何证据证明自己在出具借条后曾向陈某某主张返还借条或采取其他救济措施；(2)从当事人的关系看，符某某与陈某某系多年好友、符某某与庞某某系老乡、庞某某与陈某某在案涉借款发生前经符某某介绍相识，陈某某对符某某存在相对稳定的信任关系；(3)从借款数额看，自然人之间借贷且金额高达800万元(实际转账776万元)，且案涉借款并无任何担保；(4)从还款的后续行为看，陈某某在收到款项后多次出具的收据均载明是符某某的还款，未有证据证明庞某某收到收据后在诉讼前曾向陈某某提出任何异议。综上所述，陈某某向符某某出借案涉借款的行为已实际发生这一事实显然具有高度盖然性。民事诉讼的高度盖然性标准为法官综合判断查证提供了一把尺子，在综合查证基础之上判断诉争事实是否具有高度盖然性，是否达到法官内心确信。

“危旧房改造项目”下的法律问题分析

——再审申请人广西建工集团第一建筑工程有限责任公司与被申请人广西兆邦置业集团有限公司民间借贷纠纷案

张 捷* 刘 超**

【裁判要旨】

在“危旧房改造项目”中一般存在三方主体,即发包人、代建方、承包人。对于三方主体在“危旧房改造项目”下发生的法律关系,需结合三方主体各自签订的合同内容进行判断,主要有委托关系、建筑施工合同关系。而对于其他法律关系是否成立的问题,需以合同相对性原则从严把握认定。

[案号:(2020)桂民申2174号;合议庭成员:张捷、农海雄、韦荣龙]

【基本案情】

2010年12月29日,广西建工集团第一建筑工程有限责任公司(以下简称一建公司)(乙方)与广西兆邦置业集团有限公司(以下简称兆邦公司)(甲方)签订《协议书》,约定:(1)在本协议签订之日起90日内,甲方应将其代办代建的广西壮族自治区民族医院开发建设的“危旧房改住房改造”工程项目通过合法程序发包给乙方进行施工总承包……(7)甲方向乙方借款4,000,000元,用于办理上述项目开发所需要的手续,借

---

* 张捷,法学硕士,广西壮族自治区高级人民法院民事审判第二庭副庭长、三级高级法官。

** 刘超,法律硕士,广西壮族自治区高级人民法院民事审判第二庭四级法官助理。

款期限为4个月,甲方按每月2%支付乙方借款利息,计息时间从本协议签订且乙方将上述4,000,000元转入甲方账户之日起计算。(8)若甲方没有按约定期限向乙方返还借款和支付利息的,甲方应每天按借款本金千分之一向乙方支付违约金。

2011年1月4日,一建公司通过银行转账方式向兆邦公司转账支付了2,000,000元、2,000,000元,合计4,000,000元。

2016年2月3日,兆邦公司向一建公司出具《借款延期申请报告》,上载:由兆邦公司进行代建的民族医院宿舍区危旧房改造项目于2014年8月取得《施工许可证》,本项目截至2016年2月,由一建公司施工新建5号楼已经至地面3层,目前兆邦公司未获得收益……鉴于以上原因,请一建公司同意借款予以延期,兆邦公司尽快加快项目建设进度及返还一建公司借款。

2018年8月28日,一建公司以兆邦公司未偿还借款为由起诉。一建公司因本案申请财产保全,由天安财产保险股份有限公司广西壮族自治区分公司为其提供担保,并为此支出了保全保险费12,386元。

广西壮族自治区民族医院已经完成招投标,并已进行开工建设,曾经停工过,但现在已经恢复施工,目前未竣工。

双方除了本案的项目外,还有疾控中心和第一幼儿园等其他项目建设。

【审理结果】

一审法院认为,一建公司与兆邦公司之间形成借款合同关系,合法有效,双方均应恪守。本案中,一建公司依约向兆邦公司交付了借款本金,兆邦公司应按约定偿还借款本息,现约定的借款期限已届满,一建公司诉请兆邦公司偿还借款本金4,000,000元,有合同和法律依据,应当予以支持。对于利息,双方在《协议书》中约定借款利息为月利率2%,现一建公司主张兆邦公司应自交付借款之日即2011年1月4日起按月利率2%支付利息至实际还清之日止,有合同和法律依据。故兆邦公司应支付的利息为:以4,000,000元为基数,按月利率2%,自2011年1月4日起计至款项清偿之日止。关于一建公司主张的保全保险费12,386元,因双方在《协议书》中并未就保全保险费的负担作出明确的约定,故一建公司该主张无合同依据,不予支持。

二审法院认为:广西壮族自治区民族医院的危旧住房改造项目,兆邦公司是代建方,与一建公司签订本案的《协议书》。一建公司中标后,广西壮族自治区民族医院与一建公司签订《建设工程施工合同》,将其危旧房改住房改造项目交给一建公司施工。

2010年12月29日,一建公司与兆邦公司签订的《协议书》中约定兆邦公司将其代建的广西壮族自治区民族医院危旧住房改造工程项目交给一建公司进行施工总承包,其中第7条约定兆邦公司向一建公司借款400万元用于办理上述项目开发所需要的手续,借款期限为4个月;同时第8条约定如果兆邦公司没有按照约定期限返还借款和支付利息的,一建公司有权收取违约金并解除本协议书。实际履行中,在双方签订合同起的4个月内,广西壮族自治区民族医院项目并未进行招投标,而是在2013年2月一建公司才获得中标,一建公司与广西壮族自治区民族医院是在2016年6月才签订施工合同。在一建公司将款项支付给兆邦公司时,在银行转款凭证上注明的用途是"付民族医院旧房改造项目保证金"。从建设施工合同来说,一建公司作为承建方,是从工程项目的代建方兆邦公司或者发包人广西壮族自治区民族医院获得工程款的一方,其不需要向兆邦公司支付费用,除非是特定用途的款项,如本案的400万元,其用途是办理项目的开发手续,其实质是一建公司为了获得工程项目而先期向发包人垫付的款项,双方并未另外签订有借款合同,400万元借款的条款是作为施工合同的组成部分。在一建公司与广西壮族自治区民族医院签订施工合同并实际进行施工后,该款项应当归入施工合同进行结算,不应当另行以借款合同进行处理。故一建公司请求兆邦公司返还借款本金并支付利息的请求,不予支持。

广西高院再审认为,二审法院查明事实没有证据证实,对400万元款项的定性错误。具体理由如下:(1)二审法院认为400万元借款的条款是作为施工合同的组成部分,在一建公司与广西壮族自治区民族医院签订施工合同并实际进行施工后,该款项应当归入施工合同进行结算,不应当另行以借款合同进行处理。该认定没有事实依据。本案《建设工程施工合同》的当事人是广西壮族自治区民族医院与一建公司,兆邦公司不是该施工合同当事人。(2)从《协议书》内容看,借款条款与其他条款是独立的,不受其他条款的制约。《协议书》第7条约定,甲方(兆邦公司)向乙方(一建公司)借款4,000,000元,用于办理上述项目开发所需要的手续,借款期限为4个月,甲方按每月2%支付乙方借款利息,计息时间从本协议签订且乙方将上述4,000,000元转入甲方账户之日起计算。之后兆邦公司向一建公司出具《借款延期申请报告》,请求延期支付该笔借款。(3)该笔款项的银行转款凭证上注明"付民族医院旧房改造项目保证金"仅表明款项用途,并不能因此定性为施工合同中的款项。综上,依照《民事诉讼法》第204条、第206条,最高人民法院《关于适用〈中华人民共和国民事诉讼法〉的解释》第395条第1款的规定,裁定如下:(1)本案由广西高院提审;(2)再审期间,中止原判决的执行。

【裁判评析】

"危旧房改住房改造项目"存在两种建设模式：一是直接改造模式，即危旧房改住房土地使用权单位直接与建设施工单位之间签订建设施工合同，由建设施工单位直接实施改造项目；二是通过委托代建机构组织房屋开发建设的方式予以改造。由于"危旧房改住房改造项目"涉及许多专业性的具体问题，如土地变性、勘察设计、拆迁补偿、三通一平、基础建设等，通过委托代建机构组织房屋开发建设模式为绝大多数单位采用。

本案中，广西壮族自治区民族医院与兆邦公司签订《广西壮族自治区民族医院住宅区危旧房改住房改造项目代建合同》（以下简称《代建合同》），约定由兆邦公司具体负责经营案涉"危旧房改住房改造项目"的开发和建设工作。故本案是采取委托代建机构组织房屋开发建设的建设模式。

一、本案存在的四种基础法律关系

本案中，2010 年 3 月 30 日，民族医院与兆邦公司订立《代建合同》；同年 12 月 29 日，一建公司与兆邦公司订立《协议书》；2013 年 6 月 8 日，民族医院与一建公司订立《建设工程施工合同》。案涉 3 份合同涉及 4 个基础法律关系。

（一）民族医院与兆邦公司成立委托法律关系

委托合同的主要特征有：(1)委托合同是以他人之事务之处理为目的之契约；(2)委托合同是受委托人允为委托人处理事务之契约；(3)委托合同是诺成契约且原则上为非要式行为；(4)委托合同分为有偿委托和无偿委托。民族医院与兆邦公司签订《代建合同》，主要内容为：兆邦公司受民族医院委托，全权负责案涉项目开发和建设的经营管理，负责案涉项目建设的组织、管理及协调；兆邦公司按有关规定取得项目代建总造价 7% 的利润；项目开发前期所需资金（包括相关项目开发前期的危旧房鉴定、评估及各部门审批费用等前期各类费用）由兆邦公司先行垫付。从合同内容分析，兆邦公司是以民族医院之事务处理为目的之契约，且为兆邦公司允为民族医院处理事务之契约，同时民族医院需为兆邦公司处理其事务支付一定报酬。故从合同内容看，《代建合同》更契合委托合同的特点，因此，民族医院与兆邦公司之间构成委托法律关系。

（二）一建公司与兆邦公司成立服务法律关系

关于服务合同，一般是指全部或者部分以劳务为债务内容的合同，又称为提供劳务的合同。一建公司与兆邦公司签订《协议书》,部分内容为:兆邦公司应将其代办代建的民族医院开发建设的“危旧房改住房改造”工程项目通过合法程序发包给一建公司进行施工总承包。从《协议书》的上述内容看,因兆邦公司需将案涉工程项目通过合法程序发包给一建公司,该约定属于为一建公司提供服务,具备服务合同条款的特点,应当定性为服务合同法律关系,故兆邦公司与一建公司之间构成服务法律关系。

(三)一建公司与兆邦公司成立借款法律关系

借款合同是指借款人向贷款人借款,借款人到期返还借款,并向贷款人支付利息的合同。主要特点为:(1)合同标的物为货币;(2)借款合同一般为有偿合同;(3)借款合同为双务合同;(4)金融机构与自然人、法人和非法人组织的借款合同是诺成合同,自然人之间的借款合同为实践合同。一建公司与兆邦公司签订《协议书》,部分内容为:兆邦公司向一建公司借款400万元,并约定了借款期限、利息及利息起算时间。首先,从《协议书》的签订主体为一建公司与兆邦公司;其次,从《协议书》的内容看,关于400万元借款的条款具备借款合同的特征;最后,《协议书》中的服务条款与借款条款相互独立存在,并无关联性。所以一建公司与兆邦公司之间成立借款合同关系。

(四)民族医院与一建公司成立建设工程法律关系

《建设工程施工合同》是指发包人为完成工程建设任务与承包人订立的关于承包人进行工程建设、发包人接受工程并支付价款的合同。民族医院与一建公司签订《建设工程施工合同》,主要内容为民族医院将案涉“危旧房改造项目”发包给一建公司,并对工程概况、工程承包范围、合同工期、质量标准、合同价款、合同生效等条款作了明确约定,即民族医院为完成案涉“危旧房改造项目”工程建设任务与一建公司订立的关于一建公司进行工程建设、民族医院接受工程并支付价款的合同。案涉《建设工程施工合同》无论从合同名称,还是合同内容,比较符合我国合同法中的关于建设工程合同的规定,故民族医院与一建公司之间构成建设工程合同法律关系。

通过对委托、服务、借款、建设工程4种法律关系的分析,应将400万元款项的定性为借款。具体理由如下:(1)法律关系主体。结合上述分析可知,案涉借款法律关系的主体为一建公司和兆邦公司,而建设合同法律关系的主体为一建公司与民族医院,故两种法律关系的主体明显不同,不能将两种法律关系混为一谈。(2)法律关系内容。《协议书》中的借款条款与其他条款是独立的,不受其他条款的制约,所以案涉借款法律关系与服务法律关系是独立的;且《协议书》《代建合同》《建设工程施工合同》内容相互独立,故案涉4种基础法律关系相互独立,互不影响,所以本案借款法律关系独立于其他法律关系存在。(3)法律客体。一建公司依据《协议书》第7条向兆邦公司转账400万元，后兆邦公司向一建公司出具《借款延期申请报告》，请求延期支付该笔借款。故从合同实际履行来看，亦能表明一建公司与兆邦公司有达成借款的一致意思表示，所以双方之间成立借款合同法律关系。综上，一审法院认定400万元款项性质正确，二审法院将400万元款项认定为建设工程施工合同中的垫资款，突破了案涉4种法律关系的独立性，且与合同的实际履行情况不符，确有不妥。

二、本案借款法律关系独立存在的法理基础及规范性文件

合同是当事人之间设立、变更或终止债权债务关系的协议。作为一种民事法律关系，合同关系不同于物权关系的重要特征在于合同关系的相对性，它是合同规则和制度赖以建立的基础和前提。案涉3份合同涉及4种法律关系，故从合同相对性原则角度出发，有助于厘清本案4种法律关系。

（一）从合同相对性原则阐释案涉4种法律关系的独立性

关于合同的相对性，主要包含三方面内容。[1] 第一，主体的相对性。主体的相对性是指合同关系只能发生在特定的主体之间，只有合同当事人一方能够向合同的另一方当事人基于合同提出请求或提起诉讼。第二，内容的相对性。内容的相对性是指除法律、合同另有规定外，只有合同当事人才能享有某个合同所规定的权利义务，并承担该合同规定的义务，除合同当事人以外的任何第三人不能主张合同上的权利。第三，责任的相对性。责任的相对性是指违约责任只能在特定的当事人之间即合同关系的当事人之间发生，合同关系以外的人不负违约责任，合同当事人也不对其承担违约责任。违约当事人应对自己的过错造成的违约后果承担违约责任，而不能将责任推卸给他人；在因第三人的行为造成债务不能履行的情况下，债务人仍应向债权人承担违约责任；债务人只能向债权人承担违约责任，而不应向国家或第三人承担违约责任，因为只有债权人与债务人才是合同当事人。[2] 合同相对性，在大陆法系被称为“债的相对性”，是指债权人得向债务人请求给付，债务人之给付义务及债权人之权利，乃同一法律上给付关系之两面。[3] 与物权的绝对性原理不同，因债权是相对权，债的效力仅约束特定的债权人和债务人，对处于债的关系之外的第三人没有约束力。所以无论合同相对性原则，还是债权相对性原则，都反映了民法所坚守的充分

---

〔1〕 王利明：《论合同的相对性》，载《中国法学》1996年第4期。

〔2〕 崔建远：《合同责任研究》，吉林大学出版社1992年版，第14页。

〔3〕 王泽鉴：《民法学说与判例研究》（第4册），台北，三民书局1991年版，第103页。

尊重私人自治理念,除非法定情形,不得轻易突破。故合同只在特定的当事人之间发生法律约束力,只有合同当事人一方能基于合同向对方提出请求或提起诉讼,而不能向与其无合同关系的第三人提出合同上的请求,也不能擅自为第三人设定合同上的义务。因案涉3份合同订立主体、合同内容、违约责任均不相同,且本案中亦不存在突破合同相对性的法定情形,故案涉3份合同相互独立,所以案涉4种法律关系应区别对待,分开讨论。

(二)我区规范性文件中关于"危旧房改造项目"的相关规定

根据《广西壮族自治区危旧房改住房改造暂行办法》第23条、第32条的规定,"危旧房改住房改造项目"存在两种建设模式:一是直接改造模式;二是委托代建模式。在委托代建模式下,根据业主的授权,代建方的权利义务一般如下:(1)义务包括:代办项目审批、项目立项等手续,办理建设工程规划许可证、施工许可证、市政工程接用等的相关手续,协调配合业主通过公开招投标等方式选定勘察、设计、施工、监理、造价等单位,协助业主洽谈工程合同,负责项目施工管理和协调,代办工程竣工及备案有关手续等,协调施工等单位编制工程概算、预算和工程结算报告,办理工程竣工文件及相关技术文件资料的整理汇编和移交、备案,为所有购房户办理银行按揭贷款及公积金代理的各项手续及工作;完成《购房准购证》《房屋所有权证》的手续。(2)权利包括:①资金来源。一般实行业主实际承担原则,但是业主没有资金的情况下,代建机构可以先予垫资,垫资后向业主提供正规发票,业主按照正规发票支付垫资费。②服务费。代建机构按照代建协议约定收取服务费,按照《广西壮族自治区危旧房改住房改造暂行办法》第32条之规定,服务费不能超过项目代建总造价的7%。本案中,案涉项目属于委托代建模式,兆邦公司已在《代建合同》中与民族医院约定收取项目代建总造价不超过7%的服务费,且该400万元条款约定于一建公司与兆邦公司签订的《协议书》中,故该400万元明显不属于服务费的范畴,不应属于《代建合同》中的收费项目,因此二审判决确定在《建设工程施工合同》中收取没有依据。

民间借贷案件审判中标准业务处理的自动化、信息化相关问题探讨

廖炜斌[*]　梁珈瑜[**]

摘要：民事审判中的标准业务，是指民事审判人员的审判业务中能被分解出来而相对独立，且依据现有规范不存在裁量空间的工作内容。在民事审判人力资源难以支持案件压力的背景下，探索将标准业务交由非审判人员或者计算机完成，进一步集中稀缺审判资源，不失为一条应对“案多人少”的可行路径。民间借贷案件关注资金往来的特性使该类案件的审判中存在更大比重的标准业务。在尚由审判人员承担审判职责的民间借贷案件处理过程中，当前技术条件下能够实现自动化的标准业务包括借贷本息计算、资金往来和争议点可视化以及裁判文书中非说理部分的辅助编写。标准业务自动化的价值主要体现在通过高效完成信息抓取、整合，数据统计分析，计算结果的直观比较等辅助工作，为审判人员提供快速决策、决断的事实分析基础，切实提升审判效率和司法社会效果。

四项基础性司法体制改革自2013年开展以来，人民法院的民事审判资源得到了显著丰富，民事审判人员工作积极性明显提高，人员流失情况有所减少，结案数量、结案率、司法公信力和司法满意度都有较大提

* 廖炜斌，法律硕士，广西壮族自治区高级人民法院司法技术管理处副处长。

** 梁珈瑜，法律硕士，广西壮族自治区南宁市青秀区人民法院民事审判第一庭五级法官助理。

升。但是,当前的民事审判资源特别是审判人力资源仍不能满足民众持续快速增长的纠纷解决需求,“案多人少”问题仍然普遍存在。一些基层法院的业务部门需要连续加班方能应付结案任务。比如,在广西区内某中型城市N市的X区法院,一些民事审判团队每周需工作六天四晚,开庭时间甚至排到了夜间。

缓解民事审判中“案多人少”矛盾的传统路径无外乎减少审判工作量、提高审判工作效率和增加审判资源。提高诉讼门槛在法理和情理上都不正当,多元化纠纷解决途径的案件“截流”作用有限,内部管理效率挖潜的边际效应明显,增加审判人员数量的空间也不大。[1] 从四项基础性改革之一的人员分类管理到当前正在推行的“繁简分流”以及流程服务外包反映了解决矛盾的综合办法,即通过对审判过程的拆解分流,实现审判人力资源的精细化分工以及法院内、外资源的再调配,以应对“案多人少”问题。在诸如民间借贷案件等特定类别的审判中,审判业务在已进行的分流之外仍然有进一步拆解和精细分工的空间。

本文将民事审判中的标准业务界定为“民事审判人员(包括法官和法官助理)的审判业务中能被分解出来而相对独立,且依据现有规范不存在裁量空间的工作内容”。“标准”意指在不出现技术差错的情况下,审判人员之间的差异诸如知识和经验水平、熟练度、情感因素等都不会影响工作结果的一致性,差异带来的影响只可能体现在效率和差错率上。在民事审判人力资源难以支持案件压力的背景下,探索将标准业务交由非审判人员或者计算机完成,进一步集中稀缺审判资源,不失为一条应对“案多人少”的可行路径。

一、民间借贷案件的地位与特点

民间借贷在司法体系和经济运行中都占据重要位置。民间借贷相对金融机构信贷而言具有灵活、简便和快捷的优势,长期以来都在信贷市场占有较大份额。民间借贷有利于调动社会闲置资金投入生产,满足了民众的多元融资需要,也在一定程度上缓解了企业特别是小规模企业面临的融资门槛高、成本高的难题。随着民间借贷市场的活跃,民间借贷纠纷的数量也大幅上升。特别是在新冠疫情发生之后,经济下行压力下小规模企业和个体工商户营收下降,融资成本负担能力不足,借贷纠纷明显增多。相应地,民间借贷案件数量在近年来呈井喷式增长,就广西区内而言,每7件民

〔1〕 张海燕:《法院“案多人少”的应对困境及其出路——以民事案件为中心的分析》,载《山东大学学报(哲学社会科学版)》2018年第2期。

事诉讼案件中就有至少1件与民间借贷案件相关。除了数量的剧增以外,民间借贷案件的审理难度也在逐步上升。社会发展的多样性催生了信贷的新形式,网络借贷、P2P融资给借贷关系的认定提出了新要求。为法律否定的非法借贷关系也大量存在,有以"虚增债务"、"制造资金走账流水"、"肆意认定违约"和"虚假诉讼"等手段侵占他人财产的"套路贷",有未取得资质而以放贷为业的"职业放贷人"以及套取金融资金放贷等,这些情形都给法院认定借贷事实增加了难度。对于法院而言,民间借贷案件所占的巨大比例使其审结速度直接关乎民事审判的大局。对于经济和社会发展而言,民间借贷案件的审判能有效地发挥司法的引导作用,合理合法地界分债权人和债务人的权利义务,而案件的审结速度又关乎金融结算的平稳和顺畅,关乎营商环境和社会稳定。

民间借贷案件关注资金往来的特性使该类案件的审判中存在更大比重的标准业务。民间借贷案件的争议点不外乎合法借贷关系是否存在以及应付本息数额是多少,而查明这两项争议需关注的重点都是资金往来情况,具体而言是资金往来的时间、数额、性质以及与案件的关联性。资金往来的认定贯穿民间借贷案件的审理过程,也直接影响案件的裁判结果。资金往来的时间、数额都可以用数字呈现,性质(包括资金来源)和关联性也很容易转化为固定格式的表达,这意味着当事人对案件事实的大部分陈述和举证可以采用统一的规程,并且这些经标准化的信息还能为后续的多个诉讼环节共用。资金问题贯穿审判始终,审判业务中与资金相关联的部分也就可能成为标准业务。

二、民间借贷案件审判中可实现自动化的标准业务

在尚由审判人员(包括法官和法官助理)承担审判职责的民间借贷案件处理过程中,当前技术条件下能够实现自动化的标准业务包括借贷本息计算、资金往来和争议点可视化以及裁判文书中非说理部分的辅助编写。

(一)借贷本息计算

借贷本息计算是自动化辅助系统的核心功能。就现有技术水平而言,实现借贷本息的一键计算并不困难。承办人员只需要输入经法庭认定的资金往来数额、流向、时间与借贷利息,辅助系统即可依据给定的计算方法自动计算借贷关系中的应付本息、已付本息和未付本息的数额,并给出精细到每一笔资金的计算过程。本息计算的数据录入由人工控制(包括在其他环节输入并在计算环节获取),计算方法由审判人员选择,计算结果与审判人员依据同标准手工计算的结果一致,计算过程亦可输出作

为裁判文书说理部分的参考材料。

民间借贷案件的本息计算可以分为“趸算法”和“抵扣法”，在“抵扣法”中又依抵扣顺序的不同存在几种不同算法。在实践中，民间借贷双方约定的利率超过法律所保护的利率范围实属常见情形，债务人依照约定进行还款时，就可能存在超额偿还利息并触发本金抵扣的情形。依据对已还款部分打包计算还是分笔抵扣的不同，本息计算方法可分为“趸算法”和“抵扣法”两大类。“趸算法”是将一个时间段内的所有还款金额打包计算，不对单笔还款可能产生的抵扣本金情况进行评价，并以打包统一时间段内本金加上约定利息或上限利息的本息和，以确定该时间段内债务人是否已足额还款。“趸算法”模糊了还款的实际情形较为偏向债权人的利益，与当下司法精细化以及推动融资成本下降的趋势有所冲突。但“趸算法”因其计算过程简单而难免成为法官人工计算多笔还款时的现实选择。“抵扣法”对各笔还款的抵扣情况分别评价，对于超过该期应付利息的部分认定为抵扣本金，由此借款本金数额相应减少并影响后续的每一期利息计算。至于存在多笔借款（多笔本金）时抵扣是依序进行还是同时发生，以及《民法典》第 560 条“优先履行债务人负担较重的债务”的含义，实务中有不同的理解，相应地，也就有着不同的本息算法。具体的算法不是本文的讨论重点，此处不再赘述。总之在“抵扣法”中，本金数额可能不断变化，本息计算需要分步进行环环相扣。“抵扣法”的本息计算更贴合还款的实际情况，对借贷双方的利益平衡更为合理，但计算的工作量也非常巨大。

自动化辅助系统可以内置多种本息计算方法，但选择权归于审判人员。鉴于在实践中存在多种不同的本息算法，本息计算功能可以将各计算方法均内置于其中。计算方法直接影响裁判结果，故方法选择属于裁量权只能由审判人员行使。应当指出的是，虽然存在多种不同的算法，但本息计算仍然属于审判标准业务的范畴。因为计算方法的选择发生在实际计算之前，在需要实际计算裁判结果时算法已经确定，人工计算和自动计算的结果是一致的。本息计算功能也可用于模拟计算，供决策者对比确定不同计算方法的优劣。当政策或法律规定发生改变时，仅需要更新计算公式即可实现辅助系统迅速而经济的调整。

（二）资金往来和争议点可视化

资金往来和争议点可视化涵盖信息收集、信息比对和事实查明辅助，其中自动化的部分主要体现在信息差异对比和后续环节的数据自动导入。在信息收集阶段（A 阶段），当事人需在举证期内将双方间的资金往来填入格式的表格中形成电子数据，由此获得原告申报的 A1 表及被告申报的 A2 表。在信息比对阶段（B 阶段），系统将自动生成载明双方无争议信息的B1表和载明双方争议信息的B2表。B2表所载明的争议信息能够辅助法官快速锁定法庭调查重点，促进审判资源的合理化、精确化配置，对当事人的举证亦有帮助。在事实查明阶段（C阶段），除了少数恶意串通的情形外，B1表载明的无争议信息相当于当事人一致认可的证据和事实，法庭对此只需进行形式上的审查即可，并形成载明无争议事实且经法庭认可的C1表。对于B2表载明的争议信息，法官结合双方的举证对争议事实“去伪存真”，并将其所认定的争议部分的事实载于C2表。之后，系统自动合并C1表和C2表，形成载明法庭认定事实的D表。从A阶段到D阶段的各数据表均向当事人公开，通过争议点的可视化和事实认定的透明化，向当事人呈现裁判结果的形成过程，既能防止技术性差错，也增加当事人对裁判判结果的认可度。

为了保证辅助系统自动化、便利化目标的实现，辅助系统运行中的数据表的法律地位需要被确认。A1表、A2表应被视为证明其所载列事实的证据而适用《民事诉讼法》关于证据的有关规定，表格经诉讼当事人签字确认即具有证明能力，能够作为庭审质证的客体。

（三）裁判文书编写辅助

裁判文书的编写辅助功能并未突破裁量权归于法官的原则。裁判文书制作是审判的核心工作，必须由法官亲自实施。当前裁判文书编写辅助系统的功能主要包括流程信息抓取，以及类案与关联法条推送。就前者而言，其获取的内容由承办人决定并经人工审核，除却技术错误外抓取内容与原始信息一致，辅助系统没有裁量或选择的空间。关联推送功能旨在辅助承办法官进行决策，由于可能对裁量产生实质性影响而存在不少争议。有人认为，现有的基于公开裁判文书的审判数据来源并不能反映审判工作的全貌，再加上数据污染和算法偏见，由此发展出的联想功能难以准确识别同类案件。[1] 也有人认为，当关联推送识别的案件类型与法官认定的不一致时，关联推送会阻碍法官甚至冲击法官的审判主体地位。[2] 应当承认，关联推送功能的设计初衷是为审判人员提供帮助和支持，其也确实或多或少地发挥了预期作用。[3] 审判人员认为关联推送不正确，可以忽略推送的内容，无非回到不存在关联推送的纯人工状态。避免关联推送功能负面影响的关键在于保持该功能的辅助和支持地位，

〔1〕 左卫民：《从通用化走向专门化：反思中国司法人工智能的运用》，载《法学论坛》2020年第2期。

〔2〕 王禄生：《司法大数据与人工智能技术应用的风险及伦理规制》，载《法商研究》2019年第2期。

〔3〕 潘庸鲁：《人工智能介入司法领域的价值与定位》，载《探索与争鸣》2017年第10期。

防止法官对关联推送的过度依赖并避免关联推送系统就法官的类案同判作出评价。当然，民间借贷案件围绕资金往来的特点使辅助系统能够更多地参与裁判文书的起草过程，能够给予承办法官更多的支持，减少其工作量，降低错误率。

广西区内外的一些法院已经开展了文书智能编写系统的探索。例如，河南许昌法院推行的文书智能编写系统能智能采集案件当事人信息、诉请和答辩要点等内容，“自动生成80%以上的裁判文书内容”。江苏苏州中级人民法院（以下简称中院）探索建立了简易裁判文书生成系统，根据案件类型对提取的电子卷宗信息进行处理，生成文书底稿供办案法官确认。广西崇左中院、北京各级法院等也上线了包含类似文书编写辅助功能的系统。〔1〕

裁判文书编写辅助在民间借贷案件中有更多施展空间。除了当前文书编写辅助常见的抓取当事人信息和诉辩要点外，在民间借贷案件中编写辅助还能在事实认定和裁判结果部分发挥文本生成作用，从而进一步减少承办法官工作量。民间借贷案件大多具备资金流动相对复杂但法律关系相对简单的特征，裁判文书也大多包含已发生本息的认定以及支付/退还本息的判项。这些涉及本息金额的表达相对固定，主要差别内容为款项的数额、支付时间以及性质，而这些差别内容又恰好能通过资金往来可视化以及本息计算功能得出。因为技术的局限性，人工智能在抓取信息时存在不能准确定位的风险，但在民间借贷案件自动化辅助系统的设计中，除了人工审核外，信息电子化过程中的人工参与以及资金往来表达格式相对固定的特点几乎可以杜绝定位错误的问题。裁判文书草稿生成主要通过将法官认定的（并在系统中操作选择）事实和本息计算结果套用预先设定的表达模板生成，辅助系统不对内容作鉴别或取舍，在本质上仍然是机械性的复制操作。相较而言，辅助生成的文书草稿对资金流向的描述能够更为细致，亦能减少错误发生。

三、民间借贷案件审判中标准业务自动化的价值

（一）减少审判人员工作量，提高结案效率

审判标准业务的自动化，将原本由审判人员亲自处理的工作交由自动化辅助系统完成，减少了审判人员工作量，有助于优化审判资源配置，缓解法院办案压力，缩短民间借贷纠纷解决耗时。仅是借贷本息自动计算一项即可显著减少审判人员的工作

〔1〕 罗书臻：《裁判文书大数据运用驱动司法审判各项工作向好发展》，载中国法院网，https://www.chinacourt.org/article/detail/2017/08/id/2983142.shtml，最后访问日期：2020年10月28日。

用时。以N市X区法院民事审判第一庭为例，在实施民事案件“繁简分流”以后，2020年4月至6月审判人员的人均繁案结案数超过110件，按每周工作45小时计算，每起案件的结案工时仅5.3小时，这其中还包括部分案件的开庭时间。若以“抵扣法”计算借贷本息，每笔还款的抵扣计算需要一位熟练审判人员用普通计算器计算数分钟，一起案件需花费半小时到数小时不等的工时用于本息计算。自动本息计算所花费的仅是非常少的数据录入时间。相似地，资金往来可视化和裁判文书辅助编写也能减少相应环节的人力投入，提高工作效率。缩短审判人员工作时间，能极大地减轻审判人员工作压力，审判的速度和质量也能相应提高。此消彼长，这一部分由自动化节约出的审判人力可以重新调配到其他审判业务中，对民事审判工作的撬动效应已不局限于民间借贷类案件中。

(二)提高裁判结果认同度，提升司法公信力

审判标准业务的自动化能够实现借贷纠纷同标准精细化裁判，提升司法透明度和裁判公信力。一方面，即使是采取“抵扣法”计算本息的法院，在面对几十笔乃至几百笔资金往来的个案时，也会因人力不足而不得不采取“趸算法”，引起裁判标准的不一致。另一方面，自动化辅助系统通过对当事人申报的资金往来数额、时间、性质等信息进行甄别，形成可视化争议点，辅助法官锁定事实查明的重点，并向当事人呈现裁判结果的形成过程，从而深化审判透明化的程度，增加裁判结果的精确度，强化当事人对裁判结果的认同度，提高群众对司法的满意度。再者，“迟来的正义非正义”，裁判效率的提高能使权益受损者及时获得救济，降低纠纷对于生产经营活动造成的不利影响。这是公正司法的社会诉求，亦是司法公信力提升的重要途径。

(三)助力营商环境优化，激发市场主体活力

良好的营商环境可以使市场主体在法治的框架内公平、自由地呼吸，创造更大的社会价值。营造公平、透明和可预期的营商环境是激发市场主体活力的重要课题。作为保持市场活力的重要融资手段，作为国家金融的有益补充，民间借贷市场的规模日益扩大。面对纠纷数量急速飙升的态势，若无法对其加以保护和合理规制，则难以保证营商环境的规范有序。提高司法效率是优化营商环境的重要途径，民间借贷纠纷的解决若有自动化辅助系统的助力，既能够高效快速地定分止争，维护融资安全，又能采用使债权债务双方利益更平衡的本息计算方法，合理降低融资成本，引导民间资本适应当前市场发展的需要，充分激发市场主体的活力，营造规范有序的营商环境。

四、民间借贷案件审判标准业务自动化与司法改革的关系

民间借贷案件审判中标准业务的自动化与各级法院正在推行的多项司法创新具有相同的逻辑起点,都希望通过精细化分工实现审判资源的合理分配。标准业务自动化与司法改革中"让审理者裁判"的要求并不矛盾,反而能为法官亲历审理提供支持。标准业务的自动化亦能增进司法透明度,提高裁判结果认同度和司法满意度,有助于人民法院司法改革目标的实现。前文已经讨论,此处不再赘述。

(一)标准业务自动化合乎司法改革的分流逻辑

司法改革中的一系列创新都以"分流"为逻辑起点。人员分类管理是本轮司法改革的四项基础体制改革之一,其核心是通过对"事"的分流而实现对承办人的分类。人员分类改革包含三个基础认识,即案件审判过程是可分解的;分解的各个环节对于承办人员的专业素养要求是不同的;将所有环节都交由理论精深经验丰富的法律精英处理既不必要又浪费资源推高成本。司法改革中同时推行的"繁简分流"和"流程服务外包"也是为了缓解审判资源紧张而在不损害司法公正和公信力的前提下,对审判事务进行分流,并以工作任务确定承办者,实现审判人力资源的精细化分工以及法院内、外资源的再调配,以便在资源有限的情况下将优势资源、稀缺资源集中于复杂困难的业务环节。

审判标准业务自动化的设想亦是基于分流逻辑。从业务分流的角度出发,将标准确定而没有裁量空间、承办结果不因承办者不同而改变的甚至带有机械性质的业务,交由非人类承办者处理,通过人与机器(自动化辅助系统)的分工,进一步释放有限的审判人力资源,将人力集中于需要法律人智慧的判断环节之上。

(二)标准业务自动化与亲历性原则不矛盾

亲历性原则是审判的基本原则,也是司法改革的核心之一。亲历性原则要求案件承办法官应当亲身经历案件审理的全过程,直接听取各当事方就事实、证据和法律适用提出的主张和抗辩,通过直接感知丰富而生动的信息获取一致性的内心确证。[1] 审判的实质是判断,是依据特定的事实和既定的规则通过一定的程序对是非真假的认定,在实践中主要表现为法律解释与裁量。[2] 案件审判并不是法条机械适用的过程,法官既需要将法律与事实相结合,也需要综合个案的场景特征、个人经验

---

〔1〕 朱孝清:《司法的亲历性》,载《中外法学》2015年第4期。

〔2〕 孙笑侠:《司法权的本质是判断权——司法权与行政权的十大区别》,载《法学》1998年第8期。

阅历以及社会情理等要素。诉讼的价值不仅仅在于得出裁判结果，还提供了各方间互动的机会，当事人在沟通、对话和协商等过程中矛盾得到一定程度的释放，法官也从中提取卷宗以外的信息并对矛盾各方释放人文关怀。[1] 因此，参与庭审不仅是获得客观、公正裁判结果的必然要求，也是达到定分止争社会效果的重要支撑。

审判标准业务的自动化与亲历性原则不冲突，并在一定程度上有利于法官亲历审理的实现。亲历性原则的“亲历”要求系对法官参与审理提出，而审判标准业务的自动化并不阻碍法官亲自参与审理，相反，经由自动化法官更容易识别当事人间的矛盾冲突。自动化与亲历性原则的目的也不矛盾，亲历审理、亲自听取当事人言辞是为了保证作出裁量时能全面考量个案场景特征和社会情理等对裁判结果有直接影响的要素，而经由辅助系统自动化处理的审判环节，则是不具备裁量空间的部分，对判决结果不存在影响。

(三)标准业务自动化应坚守不替代裁判的底线

自动化辅助系统还不具备替代裁判的能力。用于自动化辅助系统的人工智能与当今大多数冠以智能的程序一样，实质上是遵循人类预先设定的“算法”，依据取得的变量进行的计算，不具备自主思维能力，更不存在计算机基于自主思考后在已有材料上额外附加。法官在审判中不可避免地要运用价值判断，而当前人工智能的裁判功能大多是通过建模的方式实现的，难以被精细建模的价值判断自然被排除在外。人工智能算法在平衡逻辑理性和实践理性中存在困难，也难以纳入人性情感以及法治精神等对公正审判影响重大的因素。[2] 与诸如阿尔法狗那样模仿生物神经大脑具备自主学习和选择能力的人工智能程序相比，自动化辅助系统在技术上来说只是人工智能发展的早期阶段，但恰好与法律规定和司法伦理相契合。即使人工智能在技术上已经能够将这些经验、情感和道德因素纳入，并能取得较人类裁判者而言更为客观和全面的裁判结果，以计算机代替人类作出裁决的行为仍然难以被社会接受。

将人类案件交予计算机裁判，首先无法逾越的是人类的尊严问题。人类的尊严与人类的身份地位挂钩。科技在不断进步，但长久以来科技或者说科技产品与人类的关系一直并未突破主体与工具的范畴，而人工智能的发展却可能打破这一关系。人工智能既具有如传统科技般增强人类自然禀赋的能力，同时开始获得原本由人类所独享的智力能力，甚至在这份独有能力上超越人类。这就贬低了人类所拥有的独

---

[1] 高可：《司法智能化的功能、风险与完善》，载《西安交通大学学报(社会科学版)》2020年10月16日。

[2] 盛学军、邹越：《智能机器人法官：还有多少可能和不可能》，载《现代法学》2018年第4期。

特地位，动摇了人类超然地运用工具和支配其他物种的权力。[1] 就审判权的起源和正当性而言，法官行使的是国家和人民赋予的维护公平正义的权力。[2] 允许人工智能替代人类作出裁决，要么是认同人工智能已经具备与人类同等的身份地位，要么是将人类交由人类创造出来的、身份地位低于人类的工具，无论是哪一种都是对人类尊严的侵犯。

人工智能不能替代人类裁判的另一原因系其行为后果难以归责，不符合司法责任制的要求。“让裁判者负责”是司法改革的核心目标之一，人工智能不具有法律主体地位，无法承担法律责任，即使赋予其法律主体资格，也缺少相对应的责任承担形式。若将与之相关联的人作为责任主体，无论是向研发者、自我学习素材（大数据）提供者或者人工智能程序的使用者追责都存在情理障碍，也与司法责任制的本意不符。

五、结语

审判实践中标准业务自动化的构想，顺应了信息时代的势趋，也是构建司法现代化体系的题中之义。在民间借贷纠纷的审判中引入标准业务自动化，是细化“智慧法院”建设要求的一项具体措施，也是响应裁判智能化改革的一项具体落实措施。自动化技术在审判业务领域的介入和渗透，对于构建网络化、阳光化、智能化的人民法院信息化体系意义重大，亦是维护经济平稳健康发展、激发市场主体活力、营造规范有序营商环境的重要途径和抓手。相信科技理性与司法能动性的相互映衬，定能助推社会主义法治现代化建设及中国特色社会主义经济建设事业迈上更高的台阶。

〔1〕 陈景辉：《人工智能的法律挑战：应该从哪里开始？》，载《比较法研究》2018 年第 5 期。

〔2〕 黄辰、潘留杰：《人工智能审判的伦理冲突与基本立场》，载《河南工业大学学报（社会科学版）》2020 年第 4 期。

期货公司强行平仓之前履行法定通知义务的认定

——蒙某某与国海期货公司、国海贵港营业部期货强行平仓纠纷案

黄文臻*

【裁判要旨】

1. 期货公司强行平仓是否合法应当审查期货公司强行平仓之前是否履行法定通知义务。

2. 对期货公司通知义务的证据审查应当根据《期货经纪合同》约定条款及当事人签署情况、期货公司发送交易结算数据记录、交易客户的知识水平、查询能力、查询记录并结合交易终端与查询网站的数据关联情况进行综合判断，必要时应当依职权或依当事人申请向有关部门调取有关证据，不能仅以交易客户是否收到《期货经纪合同》为唯一判断标准。

［案号：(2019)桂民终767号；合议庭成员：兰曲、黄文臻、黄滔滔］

【基本案情】

2014年6月11日，经证券公司营业部介绍，蒙某某与期货公司签订《期货经纪合同》，约定：期货公司为蒙某某提供期货交易服务；中国期货保证金监控中心查询系统为期货公司向蒙某某发送交易结算报告、追

---

* 黄文臻，广西壮族自治区高级人民法院民事审判第二庭三级高级法官。

加保证金通知等文件的主要通知方式，期货电子邮局的形式为辅助通知方式；蒙某某的风险率超过 100% 时，期货公司将于当日向蒙某某发出追加保证金通知，蒙某某应当在下一个交易日开市前及时追加保证金或者在开市后立即自行平仓，否则，期货公司有权对蒙某某的部分或者未平仓合约强行平仓。《期货经纪合同》所附的《期货交易风险说明书》《客户须知》对期货交易的保证金规则及期货保证金账户和结算资料的查询网址有明确告知。证券公司营业部以合同需要邮寄期货公司总部盖章为由，未将合同交付蒙某某，但蒙某某在期货公司开设了期货交易账号，签收的期货密码包括交易密码、资金密码、保证金监控中心查询密码、行情系统登录密码、电子邮局密码，并通过文华、博易大师等软件进行账户操作。2017 年 12 月 4 日，蒙某某账号持仓的硅锰 1801 合约出现了涨停，当日结算显示账户风险率达到 156% 。当日，期货公司通过中国期货市场监控中心网站向蒙某某发送了该交易日结算单和追加保证金通知书，要求蒙某某在下一个交易日开盘前追加保证金至期货公司账户，否则期货公司有权按规定实施强行平仓。2017 年 12 月 5 日 8 时 53 分、8 时 57 分，期货公司通过发送手机短信和电话方式向蒙某某提示风险。当日 9 时 01 分，郑州商品交易所开市后，期货公司即对蒙某某持有的 107 手硅锰 1801 合约进行强行平仓。2018 年 1 月 9 日，蒙某某在证券公司营业部领取了《期货经纪合同》。2018 年 5 月 1 日，蒙某某向法院起诉，请求判令期货公司向其赔偿强行平仓所造成的损失、证券公司营业部承担连带清偿责任。

【审理结果】

贵港市中院一审认为，证券公司营业部是在强行平仓行为发生之后将《期货经纪合同》交付蒙某某，导致蒙某某不知悉期货公司向其发送每日交易结算报告、追加保证金通知的途径，期货公司也不能举证证明蒙某某通过中国期货保证金监控中心查询系统或者期货电子邮局接收、查阅期货公司发送的通知，期货公司主张通过中国期货保证金监控中心查询系统向蒙某某发送追加保证金通知缺乏依据。期货公司在 2017 年 12 月 5 日 8 时 53 分以短信方式告知蒙某某追加保证金，但期货公司在开市后的 9 时即进行了强行平仓，没有预留必要的、合理的时间给蒙某某追加保证金，属于没有按照约定履行通知义务，应当对强行平仓造成蒙某某的损失承担赔偿责任。

广西高院二审认为，根据《期货经纪合同》约定的内容和蒙某某在《期货交易风险说明书》《客户须知》上签署确认的内容，结合蒙某某开户时签收了期货交易的相关密码以及其在开户后进行了多年期货交易的事实，蒙某某应当知晓交易结算数据和追加保证金通知的查询方式和途径,蒙某某是否收到《期货经纪合同》不会导致其无法登录资金账户、中国期货保证金监控中心查询系统、期货电子邮局等,也不影响其在持仓过程中随时关注持仓、保证金和权益变化情况及妥善处理交易持仓。二审法院依据期货公司申请向中国期货保证金监控中心调取的蒙某某登录监控中心查询系统记录和期货公司提交的上海澎博网络信息咨询有限公司说明、证券公司营业部提交的蒙某某于2017年12月4～5日登录交易系统记录等证据也证实期货公司已按合同约定通过中国期货保证金监控中心查询系统向蒙某某发送了2017年12月4日的交易结算数据和追加保证金通知。在蒙某某未追加保证金的情况下,期货公司强行平仓符合合同约定和法律规定,由此带来的损失由蒙某某自行承担。

【裁判评析】

期货交易强行平仓案件中,因为期货公司是否按照法律规定及合同约定履行了向客户发出追加保证金的通知义务而引发的纠纷不在少数。本案二审法院围绕期货公司是否在强行平仓之前履行了法定通知义务组织当事人进行证据演示,并依当事人申请调取证据,给予当事人充分的主张和举证空间。二审法院根据《期货经纪合同》的约定和当事人签署合同情况、期货公司发送交易结算数据记录、交易客户的知识水平、查询能力、查询记录,并结合交易终端与查询网站的数据关联情况进行综合判断,作出的认定具有充分的事实依据。本案关于期货公司是否履行通知义务的证据审查,提炼了几个考量因素,为该类纠纷的处理提供了科学的分析方法及思维指引,有利于提高该类案件办理的质效。

(一)期货交易强行平仓制度的由来

期货交易是市场经济发展到一定阶段的必然产物,其目的是防范商品价格波动带来的交易风险,由现货交易中的远期合同交易发展而来。在远期合同交易中,交易者集中到商品交易场所交流市场行情,寻找交易伙伴,通过拍卖或双方协商的方式签订远期合同,待合同到期交易双方进行实物交割,该远期合同履行完毕。在频繁的远期合同交易中,交易者逐渐发现,由于价格、利率或汇率的波动,合同本身就有价差或利益差,完全可以通过买卖合同来获利,而不必等到实物交割时才获利。为适应上述需求,期货交易应运而生。

在期货交易中,交易者的赢利方式主要为两种,既可以买入期货合约作为其期货交易的开端——买入建仓低买高卖,也可以卖出合约作为其交易的开端——卖出建仓高卖低买,即通常所说的“买空卖空”。期货交易实行会员制,只有会员可进场交易，场外投资者通过委托期货经纪公司代理亦可进入期货交易所交易。交易者只要交纳5%～15%的保证金，就可以在期货交易所内进行各种商品标准化合约的买卖，完成数倍乃至数十倍的合约交易，以较低的保证金比例撬动很高的成交量。因此，期货交易又被称为保证金交易、杠杆交易，保证金是期货交易的最低(基础)交易金额。如果持仓情况与市场行情持续相反，就可能发生亏损数额大于保证金数额的情况，甚至不仅交易者建仓前账户上的保证金全部亏损，还可能倒欠或占用期货交易所或期货公司的资金。如果交易者未及时追加保证金，会出现期货交易所或期货公司为客户垫支交易的情形，本应由客户承担的风险转嫁到了期货交易所或期货公司身上，客户未追加保证金的行为构成了对期货交易所或期货公司的侵权，从而给整个期货市场带来不稳定因素。因此，上述保证金交易方式实质上放大了期货交易风险。为有效进行风险管理，期货市场制度围绕保证金建立起了当日无负债结算制度、强行平仓制度等一系列配套制度。也就是说，在每个交易日结束后，对交易者当天的盈利状况进行结算，如遇交易者亏损严重导致保证账户资金不足而期货会员或客户未及时足额追加保证金或相应减仓的，通过强行平仓使期货会员或客户持有仓位的风险得以释放，防止损失扩大。最高人民法院《关于审理期货纠纷案件若干问题的规定》中的强行平仓制度包括期货交易所对会员的强行平仓和期货公司对客户的强行平仓两种情形[1]，本案即属于第二种情形。

(二)强行平仓通知义务的证据认定

期货市场的正常运行以必要的保证金和强行平仓手段为保障，及时补足保证金是客户应尽的义务，当期货公司保证金低于交易所规定标准(结算准备金小于零)或者客户保证金低于期货公司与客户约定风险控制标准时，期货交易所或者期货公司必须进行强行平仓。最高人民法院《关于审理期货纠纷案件座谈会纪要》、最高人民法院《关于审理期货纠纷案件若干问题的规定》明确规定期货交易所和期货公司实施强行平仓应尽通知义务，即当会员或客户的保证金不足时，期货交易所或期货公司首先必须将追加保证金的合理时间和数额通知给客户。若不先行通知而进行强行平仓

---

[1] 最高人民法院《关于审理期货纠纷案件若干问题的规定》第36条规定："期货公司的交易保证金不足，又未能按期货交易所规定的时间追加保证金的，按交易规则的规定处理；规定不明确的，期货交易所有权就其未平仓的期货合约强行平仓，强行平仓所造成的损失，由期货公司承担。

客户的交易保证金不足，又未能按期货经纪合同约定的时间追加保证金的，按期货经纪合同的约定处理；约定不明确的，期货公司有权就其未平仓的期货合约强行平仓，强行平仓造成的损失，由客户承担。"

的，即使会员或客户的保证金余额低于期货交易所或者期货公司规定的维持保证金水平的，期货交易所或期货公司强行平仓造成的会员或客户的损失也应由期货交易所或期货经纪公司承担。这既是保护客户权益的需要，提醒客户及时采取补救措施；也是期货交易所或期货公司管控风险、进行保证金管理的内在要求。那么，是否履行了通知义务，就成为判断强行平仓是否依法进行、损失由谁承担的重要衡量标准，对期货交易所或期货公司以及会员或客户的利益影响甚大，故为防止发生纠纷后出现被动局面，期货交易所或期货公司均在交易规则或者与会员或客户签订的书面委托合同中对通知的具体方式予以明确约定。

关于期货公司是否已经履行通知义务的事实查明，应依照双方所约定的通知方式进行认定。本案《期货经纪合同》对强行平仓的条件（蒙某某账户风险率超过100%）、期货公司发送每日交易结算报告和追加保证金通知的主要方式（向监控中心查询系统发送前述文件）进行了约定。蒙某某对合同并无异议，而是主张其在涉案强行平仓交易发生前因未收到合同及相关材料导致其不知悉期货公司发送前述文件的途径，无法登录资金账户、监控中心、期货电子邮局等，使其在持仓过程中不能随时关注持仓、保证金和权益变化情况及妥善处理交易持仓，导致其被强行平仓造成账户资金亏损。事实上，一审法院对期货公司在强行平仓前一日通过监控中心网站向蒙某某发送该日交易结算报告和追加保证金通知书的事实予以了认定，但同时亦认定蒙某某因未收到合同不知悉期货公司通知途径，期货公司不能举证证明蒙某某在强行平仓前登录过监控中心查询系统或者期货电子邮局接收查阅有关通知，故一审法院以期货公司在强行平仓当日开市前几分钟的短信通知作为期货公司的初始通知时间，认为期货公司未预留必要、合理时间给蒙某某追加保证金，从而判决期货公司对强行平仓存在过错，承担赔偿责任。因此，本案的审理重点不在于《期货经纪合同》是否约定了通知方式，亦不在于期货公司是否进行了通知，而在于蒙某某未收到合同是否影响其知悉期货公司通知途径和方式，其是否在强行平仓前登录过监控中心查询系统。

关于蒙某某未收到合同是否影响其知悉期货公司通知途径和方式的问题。蒙某某在强行平仓前确未收到《期货经纪合同》，其据此主张不知悉期货公司通知途径和方式，进而否认收到期货公司的通知。期货公司已经发出通知，但如何证明蒙某某知道期货公司的通知，期货公司没有直接证据，这是本案的裁判难点之一。二审法院通过对蒙某某的知识经验水平、查询能力的分析来进行论证。

监控中心是中国期货市场监督管理机构，期货公司通过监控中心网站向客户发送每日交易结算数据是期货公司的法定义务[1],《期货经纪合同》进行了同样约定,该条款针对的是所有的客户,并非仅针对蒙某某的单独特别约定。蒙某某在强行平仓前虽未收到《期货经纪合同》,但其在明确记载期货交易的保证金规则及期货保证金账户结算资料查询网址的《期货交易风险说明书》《客户须知》上签署确认"以上各项内容,本人已阅读并完全理解",可以证明其应当知晓查询途径和方式。蒙某某自2014年6月签订《期货经纪合同》后就通过期货公司进行期货交易,强行平仓行为发生在2017年12月5日,至期货公司强行平仓前,蒙某某通过该期货公司进行期货交易已经3年多,蒙某某亦具备知悉自身账户资金和持仓情况以及操纵自身账户资金进行交易的知识和经验,故蒙某某主张其不知道监控中心网站这一查询途径理由不成立。另外,蒙某某开户同时签收包括交易密码、资金密码、监控中心查询密码、行情系统登录密码、期货电子邮局密码在内的期货密码,亦具备了相应的查询能力。因此,蒙某某是否收到《期货经纪合同》不会导致其无法登录其资金账户、监控中心、期货电子邮局,进而影响到其随时关注持仓情况以及保证金变化情况。

关于蒙某某是否在强行平仓前登录过监控中心查询系统的问题。二审法院组织双方当事人进行了证据演示,并依当事人申请对蒙某某登录监控中心查询记录进行了调查取证,结合期货公司发送交易结算数据记录、交易终端与监控中心查询网站的数据关联情况进行了审核认定。

由于监控中心查询系统后台数据的设置问题,二审法院向监控中心调取的有关证据没有期货公司通过监控中心向蒙某某推送追加保证金通知书的直接记录,仅有期货公司在监控中心查询系统设置追保通知模板及其状态的记录,故而期货公司是否发送了追加保证金通知成为本案的裁判难点之二。

二审法院认为,首先,一审法院认定期货公司在强行平仓前一日通过监控中心网站向蒙某某发送了该日交易结算报告和追加保证金通知书,蒙某某对此并无异议,仅主张其是不知悉期货公司通知的途径和方式进而未收到通知而已。其次,监控中心提供的证据记录期货公司追保通知模板的状态为有效,也就是说,一旦出现客户保证金不足的情况,就会触发追保通知的发送。事实上,蒙某某在对监控中心提供的证据进行质证时,亦未对期货公司通过监控中心向其推送追加保证金通知书提出异议。

---

[1] 《期货交易管理条例》第5条第1款规定:"国务院期货监督管理机构对期货市场实行集中统一的监督管理。"中国证监会《期货市场客户开户管理规定》第3条规定:"中国期货保证金监控中心有限责任公司(以下简称监控中心)负责客户开户管理的具体实施工作。期货公司为客户申请、注销各期货交易所交易编码,以及修改与交易编码相关的客户资料,应当统一通过监控中心办理。"

因此，期货公司向蒙某某发送每日交易结算报告和追加保证金通知不应存在疑义。

就蒙某某登录情况而言，期货公司一审期间确实也仅提供蒙某某登录交易终端的记录，二审期间的证据演示又因蒙某某登录交易终端超时没有成功，因此蒙某某是否通过交易终端接收到每日交易结算报告和追加保证金通知，是本案的裁判难点之三。

二审法院认为，首先，蒙某某虽然否认其登录过监控中心查询系统，但监控中心提供的数据明确记录其于强行平仓前后在监控中心的登录时间和方式，登录方式为“自动弹出账单”，蒙某某否认其登录过监控中心查询系统不攻自破。其次，交易终端的开发公司出具证明称，交易终端与监控中心查询系统的数据关联，自 2013 年 7 月 29 日起客户当日首次登录交易终端，软件会通过网络从监控中心获得客户结算单内容并展示，经本院向在桂的其他期货公司咨询，其他期货公司亦证实上述证明内容为真实。蒙某某登录监控中心的时间记录与其登录交易终端的时间记录吻合，也证明交易终端与监控中心的数据是关联的，蒙某某登录交易终端就意味着其也登录了监控中心。蒙某某二审提交的登录交易终端手机截屏，一不是发生于强行平仓前，二亦未证明该手机截屏为其当日首次登录交易终端，因此不能证明其于强行平仓前登录交易终端时没有接收到每日交易结算报告和追加保证金通知。最后，即使存在蒙某某所说问题，亦属于其签署确认的《期货交易风险说明书》第 9 条第 3 项“尊敬的客户：……您在考虑是否进行期货交易时，应当明确以下几点：九、利用互联网进行期货交易时将存在但不限于以下风险，您将承担由此导致的损失：（三）由于互联网上的数据传输可能因通信繁忙等原因出现延迟、中断、数据错误或不完全，从而使网上交易及行情出现延迟、中断、数据错误或不完全”约定的情形，应由其自行承担风险。蒙某某只要登录上述期货交易终端，就应视为其已查看到并知晓追加保证金通知，即使其实际确未查看到通知事项，也不影响期货公司通知义务已实际履行的结果。

综上，二审法院认定期货公司就保证金追加事宜向蒙某某履行了通知义务，在蒙某某未作追加的情况下，期货公司强行平仓符合合同约定和法律规定，由此带来的损失应由蒙某某自行承担。宣判以后，各方当事人息诉服判，取得较好的法律效果和社会效果。

（三）强行平仓盈亏的确定

蒙某某一审主张 2017 年 12 月 4 日其账户应追加的保证金为 250,279 元，期货公司于次日对其 107 手硅锰 1801 合约强行平仓远超其所需要追加的保证金数额，应承担超量平仓造成的损失赔偿责任。那么期货公司是否存在超量平仓？超量平仓如何确定？最高人民法院《关于审理期货纠纷案件若干问题的规定》第 39 条规定:“期货交易所或者期货公司强行平仓数额应当与期货公司或者客户需追加的保证金数额基本相当。因超量平仓引起的损失,由强行平仓者承担。”由此可以看出,超量平仓的损失认定与期货公司或客户需追加保证金的数额是紧密关联的,只有先确定了需追加保证金金额,才能确定是否存在超量平仓。

在确定追加保证金的数额时,必须考虑到期货公司或客户的亏损情况及承受能力,不能一味地要求期货公司或客户大量追加保证金,原则是亏损多少,就及时弥补多少。对于如何确定追加保证金金额,我国法律及其行政法规并无相应规定,因此首先需要确定计算标准的依据。笔者认为,追加保证金应受交易所的规定及合同约定的共同约束。理由一是期货交易是在交易所进行的集中交易,所有的交易都必须根据交易所的规定进行;强行平仓虽因保证金不足而发生,但理论上也属于一种期货交易形式,理应遵守交易所的规定。二是如前所述,期货交易是保证金交易,无论期货公司作为交易所的会员单位在交易所进行期货交易还是客户通过委托期货公司在交易所进行期货交易,期货公司与交易所、客户与期货公司之间都签订有合同,对于保证金的风险控制是合同内容的重中之重,故按合同约定确定追加保证金金额乃题中应有之义。本案中,《期货经纪合同》第 44 条约定“甲方(期货公司)以风险率(或者其他风险控制方式)来计算乙方(蒙某某)期货交易的风险。风险率(或者其他风险控制方式)的计算方法为:风险率 = 客户持仓保证金(公司向客户收取的保证金)/客户权益 ×100%”,第 45 条约定“乙方的风险率超过 100% 时,甲方将于当日交易结算报告中向乙方发出追加保证金通知,乙方应当在下一交易日开设前及时追加保证金或者在开市后立即自行平仓。否则,甲方有权对乙方部分或全部未平仓合约强行平仓,直到乙方可用资金 ≥0”。《期货经纪合同》附件一《术语定义》第 13 点对“权益”的定义为“权益指客户期货账户中的资产总额,包括被合约占用的保证金以及未被合约占用的可用资金”,上述合同条款系以客户账户中合约占用保证金金额与客户权益金额之比来作为风险控制参数。《郑州商品交易所期货交易风险控制管理办法》第 6 条规定“当日结算时,该期货合约的所有持仓按照当日结算价收取相应标准的交易保证金”,说明期货合约的保证金率不是一成不变的,将根据市场行情随时调整。《期货交易管理条例》第 28 条规定“期货交易应当严格执行保证金制度。期货交易所向会员、期货公司向客户收取的保证金,不得低于国务院期货监督管理机构、期货交易所规定的标准,并应当与自有资金分开,专户存放”,说明期货公司可依据该规定在交易所规定的保证金基础上上调。根据《期货交易管理条例》的规定,期货公司与客户之间保证金比例约定不得低于交易所规定的保证金比例,但一般不高过交易所对会员规定的保证金比例的3%。2017 年 12 月 4 日,本案硅锰 1801 合约出现涨停,当日结算价为 7674 元/吨,蒙某某持仓 130 手。郑州交易所将该合约的保证金率提高为11%,期货公司将该合约的保证金率相应定为 14%,根据客户持仓保证金 = 合约价值[1] ×保证金比例的计算公式,蒙某某的当日期货公司持仓保证金为 7674 元/吨 × 130 手 ×5 吨/手 ×14% =698,334 元,蒙某某的当日资金权益为 448,055 元,其客户可用资金为 448,055 元 -698,344 元 = -250,279 元,期货公司风险率(客户持仓保证金或者是公司向客户收取的保证金/客户权益 ×100%)为 698,344 元 ÷448,055 元 × 100% =155.86%,已经处于客户透支状态;交易所持仓保证金为 7674 元/吨 ×130 手 × 5 吨/手 ×11% =548,691 元,交易所可用资金为 448,055 元 -548,691 元 = -100,636 元,交易所风险率为 548,691 元 ÷448,055 元 ×100% =122.46%,已经处于交易所透支状态,低于交易所保证金标准。2017 年 12 月 5 日强行平仓当天,硅锰 1801 合约开盘价为 8190 元/吨,与前一日结算价的价差为 7674 元/吨 -8190 元/吨 = -516 元/吨,蒙某某的账户风险率继续走高,蒙某某的即时持仓盈亏(价差 ×持仓手数 ×合约乘数)为 -516 元/吨 ×130 手 ×5 吨/手 = -335,400 元,加上前一日结算后未补足的保证金 -250,279 元,12 月 5 日开盘时蒙某某应当追加的保证金为 595,679 元。蒙某某一审主张其应当追加的保证金 250,279 元为其 12 月 4 日收盘后应当补足的保证金,因其 12 月 4 日未补足、12 月 5 日开盘后也未减仓,12 月 5 日开盘后硅锰 1801 合约价格继续走高,其保证金数额也相应增加,故蒙某某上述主张漏算了 12 月 5 日开盘后应当追加的保证金。12 月 5 日硅锰 1801 合约开盘后,开盘价为 8190 元/吨,蒙某某的即时权益(上一日资金权益 - 即时持仓盈亏)为 448,055 元 -335,400 元 = 112,655 元,持仓保证金(合约价值 ×合约乘数 ×保证金比例)为 7674 元/吨[2] × 130 手 ×5 吨/手 ×14% =698,344 元,期货公司风险率(客户保证金/客户权益 × 100%)为 698,344 元 ÷112,655 元 =619.89%,交易所风险率为(7674 元/吨 ×130 手 ×5 吨/手 ×11%)÷112,655 元 =487.05%。期货公司强行平仓 107 手硅锰 1801 合约后,蒙某某的客户权益为 110,381.75 元,持仓保证金为 7674 元/吨 ×23 手 × 5 吨/手 ×14% =123,551 元,期货公司风险率为 123,551 元 ÷110,381.75 元 =119%,仍

---

[1] 合约价值,即该期货合约的总价值,计算方式:合约价值 = 价格 × 合约数量 × 合约乘数(合约乘数即交易单位,如本案硅锰 1801 合约为 5 吨/手)。

[2] 因当天尚未收盘结算,价格有波动未最后确定,以前一日结算价作为持仓保证金的计算依据。

大于《期货经纪合同》约定的 100% 风险率，故蒙某某主张期货公司超量平仓是不成立的，期货公司的强行平仓没有给蒙某某造成经济损失。

从另一个方面来说，一审判决按蒙某某 107 手硅锰 1801 合约的购入价格 535,210元来认定期货公司的强行平仓给蒙某某造成的损失也是错误的。理由一是该计算结果将蒙某某 12 月 4 日之前的损失计入强行平仓损失，没有考虑蒙某某截至 12 月 4 日的损益已经清算交收的事实，违反了《期货交易管理条例》第 11 条及《郑州商品交易所期货结算细则（2019 年 12 月版）》第 3 条规定的当日无负债结算制度；二是没有考虑蒙某某自身对期货行情走势的错误判断因素，混淆了交易盈亏和强行平仓盈亏。期货交易是保证金交易并实行每日无负债结算制度（逐日盯市制度），当客户持仓出现亏损时，期货公司将根据交易所每日的结算结果在当日对客户进行结算，并将相应的持仓亏损从客户账户中持仓保证金之外的资金里扣除。蒙某某自 2017 年 11 月 27 日起开始持有硅锰 1801 合约 30 手的卖空仓位（开仓价为 7060 元/吨），至 2017 年 12 月 4 日持有该合约 130 手，当日该合约涨停收盘后（当日结算价为 7674 元/吨），蒙某某在该合约上的持仓盈亏累计为 -309,500 元，12 月 5 日开盘后硅锰 1801 合约价格持续走高，蒙某某在该合约的即时持仓盈亏达到 -335,400 元，该损失系蒙某某对行情判断错误导致的交易亏损，即使期货公司对其 107 手硅锰 1801 合约进行了强行平仓，如前分析，其账户仍处于亏损状态（蒙某某客户权益 110,381.75 元 - 强行平仓后的持仓保证金 123,551 元 = -13,169.25 元），而这个损失理应由蒙某某自行承担。

借款合同主体认定的审理思路

——以《民间借贷司法解释》第22条第2款的适用为中心

黄彩云[*]　王　君[**]

【裁判要旨】

最高人民法院《关于审理民间借贷案件适用法律若干问题的规定》（以下简称《民间借贷司法解释》）调整了自然人、法人、其他组织间的融资行为，使民间借贷行为得以有序进行。该司法解释的目的是平衡出借人与借款人之间的利益关系，使出借人得以安全及时的回款，借款人在支付合理对价后获得借款，在双方间架起公平的桥梁。但在司法实践中，对第22条第2款的适用，仍存在不同的理解。本文从案例出发，认为“负责人”的范围应采取广义理解界定，“所借款项用于单位生产经营”的证明程度可以从“借款用途”“收款账户”“加盖公章”等角度加以判断。

［案号：（2020）桂01民终1765号；合议庭成员：罗建燕、李帮、郑肖肖］

【基本案情】

2014年4月21日，湖南湘江工程建设有限公司（以下简称湘江公司）与国基建设集团有限公司（以下简称国基公司）签订了《驮卢至大新公路工程土建工程No.3标项目负责人岗位协议书》。湘江公司系中标

* 黄彩云，南宁市青秀区人民法院民事审判第二庭庭长、一级法官。

** 王君，南宁市青秀区人民法院民事审判第二庭五级法官助理。

承包单位,国基公司是次承包人,国基公司委托国基建设集团有限公司南宁建安分公司(以下简称建安分公司)对该项目进行管理。2015年11月3日,建安分公司与廖某某、梁某签订《国基建设集团有限公司项目授权管理目标责任书》,确定两人为该项目的项目经理及项目合伙人,代表建安分公司履行并承担承包人的权利和义务。

为顺利开展项目,自2016年3月开始,廖某某、梁某多次代表建安分公司与湘江公司向曾某借款,并以个人名义签订了《借条》《借款协议》,借款原因均载明为"因做工程驮卢至大新二级公路3标合同段,资金紧张,特向曾某借款"。2017年10月12日,曾某与廖某某达成《2017年10月12日止曾某材料及借款明细》,载明未付款项为2,086,995元,廖某某在空白处签字捺印。2018年8月3日,建安分公司在明细表上加盖公章,并载明"经核实此款为三标施工队施工路面工程产生的材料等款项"。同日曾某还出具了《承诺书》,载明:本次需要加盖国基公章是驮卢至大新公路三标路面施工队结算催要工程款。事后如产生法律责任与国基公司无关,与建安分公司无关。

2016年5月至2018年2月,账户名称为"湖南湘江工程建设有限公司驮卢至大新公路工程No.3合同段项目经理部"多次向曾某转款。

2019年1月5日,建安分公司负责人李某某出具1份《声明》,载明:驮卢至大新二级公路三标段材料供应商曾某所供材料、水泥、河沙、碎石、借款等其他款项,本人及我公司均没有支付过任何款项。没有支付的原因是总包单位湘江公司三标段项目工程款没有转入我公司账户,造成我及我公司没有能力支付曾某相关款项。

因尚有153,500元借款未还,2019年2月15日,曾某将国基公司、建安分公司、廖某某、梁某、湘江公司诉至法院,请求五被告对本案债务承担连带清偿责任。曾某认为本案实际借款人为国基公司、建安分公司,廖某某与梁某是代替前者借款,湘江公司虽未与曾某直接发生关系,但其将工程分包给国基公司,国基公司借款也是湘江公司偿还。

【审理结果】

一审法院经审理认为:曾某出借给廖某某和梁某的借款,目的是用于湘江公司的驮卢至大新公路工程土建工程No.3标工程建设。从建安分公司在《2017年10月12日止曾某材料及借款明细》中盖章确认来看,其认可收到曾某的借款目的是用于上述工程产生的材料等款项。曾某与建安分公司民间借贷关系没有违反法律的相关规定,是有效的民事法律行为,建安分公司对未还款项应承担清偿责任。由于其是分公司,不具有法人资格,国基公司应承担补充清偿责任。前述工程系湘江公司授权给建安分公司进行管理的,建安分公司未依约还款,湘江公司应承担连带清偿责任。廖某某、梁某在《借款协议》《借条》上的签名均代表建安分公司,系职务行为,曾某主张其承担本案责任,无法律依据,不予支持。

湘江公司、国基公司、建安分公司不服一审判决,提起上诉。二审法院经审理认为,本案的争议焦点是:(1)涉案借款153,500元是廖某某、梁某个人借款,还是建安分公司借款,建安分公司及国基公司应否承担偿还责任;(2)廖某某、梁某对涉案借款应否承担还款责任;(3)湘江公司对涉案债务应否承担连带清偿责任。根据涉案借款的《借款协议》《借条》均是廖某某、梁某以个人名义向曾某出具的,《收条》亦是两人共同出具,故廖某某、梁某是涉案借款的借款人,廖某某、梁某本应承担涉案借款的还款责任,但由于一审法院对于曾某要求廖某某、梁某承担还款责任的请求不予支持后,曾某未提起上诉,视为其对于一审判决该判项的认可,故对该项予以维持。建安分公司在《2017年10月12日止曾某材料及借款明细》盖章确认欠曾某借款153,500元,其负责人李某某还于2019年1月5日出具《声明》确认欠有曾某的借款,因此建安分公司应对涉案借款承担偿还责任,国基公司承担补充清偿责任。由于湘江公司不是涉案借款的相对方,不应承担涉案借款的还款责任,一审法院判决湘江公司承担连带清偿责任不妥,二审法院予以纠正。

【裁判评析】

本案的审理重点是企业负责人以个人名义借款,用于单位生产经营,单位是否要承担共同还款责任。《民间借贷司法解释》第22条第2款规定:"法人的法定代表人或者非法人组织的负责人以个人名义与出借人订立民间借贷合同,所借款项用于单位生产经营,出借人请求单位与个人共同承担责任的,人民法院应予支持。"该条款认可法定代表人或负责人的借款行为被视为职务行为,由企业承担责任,但根据合同的相对性,也需要法定代表人或负责人承担共同责任。"《合同法》与民间借贷司法解释均突破了合同相对性,这其实是一种司法政策的考量或者说此处追究的是欠款的走向和事实权利义务关系,而非仅依据合同处理。"[1]该条款虽然与民法私法的属性相背离,却与商法保护交易、快捷高效的精神相一致,更能维护出借人的权益,促进货

[1] 杜万华主编:《最高人民法院民间借贷司法解释理解与适用》,人民法院出版社2015年版,第391-392页。

币的流通。条款虽好，但在审判实践中，对该款项的适用还是存在两个问题：一是对“负责人”的范围如何界定没有标准；二是对“所借款项用于企业生产经营”如何判断未有详细规定，从而造成司法实务当中出现同案不同判的问题，影响司法权威。例如，本文所引用的案例中，一审、二审审理结果就有所不同。本文拟围绕前述两个问题，以案例为基础，对如何适用该条款进行梳理和总结。

一、“负责人”的范围应采取广义理解界定

笔者在北大法宝中搜索“民间借贷司法解释第 22 条第 2 款”，共找到相关案例 46 个，通过分析发现不同的法院、法官对如何界定“负责人”有所不同，可以分为“狭义的负责人”和“广义的负责人”之说。

在郑某某与黄某某、江苏省建工集团有限公司民间借贷纠纷案中，一审法院认为黄某某仅是江苏省建工集团有限公司蓟县乐园公寓项目的负责人，其并非营业执照中登记的人员，自然不是《民间借贷司法解释》第 22 条所规定的“负责人”，因此江苏省建工集团有限公司对黄某某以个人名义进行的借款不承担共同还款责任，由此可见一审法院对“负责人”的界定采用了狭义的观点。二审法院则认为黄某某是案涉项目的经理，与江苏省建工集团有限公司存在劳动合同关系，江苏省建工集团有限公司也授权其作为代理人签订过有关项目的合同，因此根据第 22 条第 2 款的规定，黄某某可被认定为“负责人”，承担共同还款责任。结合本文前述案例，一审法院认为廖某某、梁某的签字是职务行为，二人不是公司负责人，即使所借款项是用于项目经营，也无须承担本案责任。建安分公司承担责任的依据是廖某某、梁某代理行为所产生的法律后果，另一个原因是建安分公司的盖章行为，其在借款明细、《声明》中的盖章可认定借款主体为建安分公司。据此可以看出，一审法院采取的是狭义的解释，并不认可“廖某某、梁某”为建安分公司的“负责人”，承担共同还款责任。二审民法院则认为涉案借款的《借款协议》《借条》《收条》均是廖某某、梁某以个人名义出具的，由于所借款项是用于项目建设，加之建安分公司在借款明细和《声明》中对廖某某、梁某的借款行为盖章确认，因此，廖某某、梁某和建安分公司均应承担还款责任。二审法院的判决实际上对《民间借贷司法解释》第 22 条中“负责人”作了广义的理解，即所借款项用于企业生产经营，则项目承建人可被认定为“负责人”。

笔者认为，《民间借贷司法解释》第 22 条之所以突破合同相对性原则，目的即在于扩大责任主体，保护债权人的权益，做到款项的走向、事实和法律评判相一致。企业作为法律上的拟制主体，必须通过代理人才可行使民事权利、履行民事义务，但这

个代理人除法定代表人可确定以外往往并没有一个固定的主体，一般自然人与之进行民事活动时很难进行区分，特别是在工程类借款案件中，企业会就具体的项目设立专门的项目部，刻制项目部专用章，但对外进行民事活动时却往往用的是企业的名义。出借人基于对大企业的合理信赖，并不会强制要求加盖企业的公章，实践中项目部的负责人以自己的名义进行借款的现象比比皆是，如负责人所借的款项是用于工程项目，按照狭义的解释，出借人无法主张企业承担共同责任，其权利实现的可能性就大大降低，无法得到更好的保障，长此以往会增加交易成本，有碍经济发展，也与第22条的立法精神不一致。因此，笔者认为，“负责人”的范围应采用广义的理解，但广义并不意味着没有边界，是否应被认定为“负责人”，重点是要判断其与企业间的关系，即是否可控制企业或项目。笔者认为，公司实际控制人、项目负责人、大股东以个人名义出具的借条，如款项是用于企业生产经营所用，均可被视为“负责人”，与单位承担共同还款责任。在吕某某、单某某与李某、彰武五环文化休闲产业有限公司民间借贷纠纷案中，李某虽不是彰武五环文化休闲产业有限公司的法定代表人，但其是公司的实际控制人，一审、二审法院基于其实际控制人的身份，判定其应该承担共同还款责任。同样，在劳某某、陈某某与益华控股有限公司、广东益华百货有限公司民间借贷纠纷案中，由于广东益华百货有限公司是益华控股有限公司100%的子公司，一审、二审法院均认可了实际控制人益华控股有限公司“负责人”的身份，要求其承担责任。

二、“所借款项用于单位生产经营”的认定

从《民间借贷司法解释》第22条第2款的文义角度理解，企业承担责任的前提条件是所借款项用于单位生产经营。如何判断是否用于生产经营即成为查明的重点。为便于审判，笔者拟归纳一些具有形式化外观的要素进行认定。

第一，自认。自认是指一方当事人承认对方当事人所主张的不利于自己的事实是真实的，且对于该自认的事实无须证明。如果单位认可法定代表人或负责人的借款实际是单位所用，就足以证明“所借款项用于单位生产经营”这一要件。

第二，借款转入单位账户。在法定代表人或负责人出具借条后，如出借人将资金直接汇入单位账户，即可直接认定款项性质是用于单位生产经营。

第三，单位在借条中加盖公章或出具证明。如单位在法定代表人或负责人出具的借条空白位置加盖公章，但未表明自己共同借款人或保证人的身份，是否可以适用第22条第2款呢？笔者认为，单位在个人出具的借条中加盖公章，表明其对个人的

借款是明知的,对盖章的后果也是认可的,而之所以盖章也大抵是因为款项为自己所用,借款人也往往会认为虽然并未列明单位借款人的身份,但加盖行为即表明了共同借款的意思,为出借人提供了可信赖的事由。在本文前述案例中,《2017 年 10 月 12 日止曾某材料及借款明细》中,建安分公司虽然未列明借款人身份,但在该明细中载明“此款为三标施工队施工路面工程产生的材料等款项”并加盖公章。二审法院基于其盖章行为,结合款项用途,对廖某某所借款项是用于单位生产经营予以认可。因此,笔者认为,单位在借条中加盖公章的行为可认定为借款是用于单位生产经营。

单位出具证明的情况可分为两种:一种是仅表明知晓借款人的借款行为,该行为的性质与在借条中加盖公章的性质一致;另一种是表示借款是受自己委托或者款项直接用于单位,这种情况说明可相当于自认。不管是上述何种情形,均可认定为借款用于单位生产经营。

第四,约定借款用途。不管是自然人之间的借贷还是自然人与法人之间的借款,当事人往往会在借条或借款合同中载明借款用途。如果双方明确约定款项是用于购买原材料、支付工资、偿还单位欠款的话,除非单位可提供证据予以排除,否则均可认定为是用于单位生产经营。

根据合同相对性的原则,合同仅约束相对方,但市场经济实践总是会突破法律的制度设计。《民间借贷司法解释》第 22 条第 2 款作为对经济生活的回应,其立法精神是当名义上的借款人是实际使用借款的企业的控制人的时候,应当让实际使用借款的企业共同承担还款责任。因此,在司法实践中,为了平衡事实、利益与法律的关系,笔者认为,该规定中的“负责人”应当作广义的解释,不应缩小其范围,仅以是否进行行政登记作为标准。出借人如要证明“所借款项用于单位生产经营”,则可从款项走向、加盖公章、借款用途等角度予以举证。

借贷双方存在长期资金往来前提下多次结算行为的合法性认定

——黄某与梁某某民间借贷纠纷案

农慧兰*

【裁判要旨】

对借贷关系的生效与合法性审查，不应简单以借条的订立、转账记录的形成为要件，在借贷双方存在大量资金往来且曾形成多笔、多次结算的情况下，应根据"谁主张，谁举证"的举证规则，释明借贷双方各自厘清每笔转账、还款指向的基础事实，以审查双方的在先结算行为是否为对先前债权债务终结的真实意思表示；如双方的在先结算行为并非双方终结先前债权债务的真实意思表示，则无论双方在借贷期间经过几次结算，即便每次结算后表面形成新的借贷均有对应的转款流水，在对借贷关系的合法性审查时，仍应以双方形成的原始本金为基数，在法定借贷利息的范围内予以认定，超出的金额应不予支持。

[案号：(202)桂0102民初字5862号]

【基本案情】

黄某(出借人)与梁某某(借款人)于2016年6月至2017年3月陆续签订了多份《借款合同》。

黄某(出借人)与梁某某(借款人)还陆续签订了8份《借款合同补

---

* 农慧兰，法学硕士，南宁市兴宁区人民法院立案庭副庭长、一级法官。

充协议》，其中将上述《借款合同》的借款期限均延长至2018年12月30日，上述《借款合同》所涉本金共计为1,260,000元。黄某提交的转款凭证证实其实际交付的借款本金为1,260,000元。

黄某以梁某某未偿清借款为由诉至法院，并提出前述诉讼请求。

梁某某在诉讼中抗辩：(1)所有8份《借款合同》都是梁某某不情愿的情况下签订的，因为黄某和梁某某之前有过公司合作，在结算当日双方都未厘清债权债务，公司也处于停顿状态、无法经营。在此情况下，黄某就要求梁某某承担1,260,000元的费用，黄某即以借贷的方式拟好合同以后要求梁某某签字，非梁某某的真实意思表示。(2)黄某转款给梁某某1,260,000元过后几天内，梁某某又陆续转回了1,050,000元，所以相抵之后，在不计算利息的情况下，梁某某还欠黄某本金210,000元，梁某某亦不同意支付利息。(3)由于转账时梁某某的银行卡是由黄某支配，即从借款到还款的整个过程都是黄某自己操作，转款备注内容都是黄某自己操作，梁某某并不清楚，梁某某不认可转回给黄某的款项系抵扣先前的借款，只认可抵偿本案的欠款。

黄某陈述本案所涉8笔借款系以新还旧，将梁某某以广西壮熏堂投资管理服务有限公司、香港汇鑫国际投资集团有限公司名义与黄某形成的债权债务结清后，双方重新形成本案新的债权凭证，以确定黄某与梁某某个人之间的债权债务。

经法院释明，黄某根据梁某某的还款情况制作了《合同结算一览表》，双方均对该证据进行了质证。

【审理结果】

法院经审理后认为，从黄某、梁某某双方的银行流水记录反映的情况来看，双方之间存在大量资金往来，黄某提交的多份《借款合同》《借款合同补充协议》明确了借款日期、借款金额的对应款项为借款，且明确表达了借贷的合意，且黄某亦提交转账凭证证实借款交付的事实，符合民间借贷的法律构成要件，故法院认定黄某、梁某某之间成立借贷关系。

至于黄某提出本案所涉借款系以新还旧，将梁某某以广西壮熏堂投资管理服务有限公司、香港汇鑫国际投资集团有限公司名义与黄某形成的债权债务结清后，黄某与梁某某个人重新形成新的债权债务的主张，法院认为，梁某某以上述两公司名义与黄某形成债权债务，其后又以个人名义向黄某出具新的债权凭证，而本案借款的交付时间与梁某某转款备注偿还先前债务的时间可相连贯，与黄某提出以新还旧的主张相符；黄某根据双方之间形成的新旧债权凭证、资金往来情况制作了《合同结算一览表》,对梁某某的还款抵扣情况进行了详细的说明,同时,对本案所涉《借款合同》对应本金数额的结算依据进行了合理解释,梁某某虽不认可《合同结算一览表》中计算的数额,但未能提出反驳证据;上述证据从黄某转款的时间、双方形成新旧债务的时间、梁某某的还款时间以及还款备注内容、结算金额来看,可形成完整证据链,证实黄某、梁某某双方确存在以新债结算旧债的合意。综上,法院对黄某的该主张予以采信。梁某某抗辩上述转款备注均为黄某自行操作,无相应证据予以证实,法院不予采信。梁某某据此主张上述转款直接用于偿还本案《借款合同》的本金,该主张与现有证据反映的客观事实不符,法院不予支持。

根据最高人民法院《关于审理民间借贷案件适用法律若干问题的规定》(2015 年 9 月 1 日起施行)第 28 条第 1 款"借贷双方对前期借款本息结算后将利息计入后期借款本金并重新出具债权凭证,如果前期利率没有超过年利率 24%,重新出具的债权凭证载明的金额可认定为后期借款本金;超过部分的利息不能计入后期借款本金。约定的利率超过年利率 24%,当事人主张超过部分的利息不能计入后期借款本金的,人民法院应予支持"的规定,如上所述,双方系"以新还旧"的方式结算重新确认形成新的债务,新结算的本金数额应不能超出以原本金数额按年利率 24% 计算的范围,而从黄某对双方结算过程所制作的《合同结算一览表》以及黄某明确本案所涉 8 份《借款合同》的结算依据来看,除 2016 年 6 月 1 日签订的《借款合同》所涉 200,000 元本金未结算先前债务以外,其余 7 份《借款合同》所载借款本金均包含先前债务结算的利息,且结算的利息已超过年利率 24% 的范围,故该 7 份《借款合同》结算的本金数额已超过法律规定的范围,法院不予支持,后续结算的本金数额应以原实际本金数额据实计算;双方结算的本金数额中包含旧债中的尚欠利息,该部分欠款金额亦应以年利率 24% 为限据实计算。黄某主张梁某某按《借款合同》载明的借款本金偿还借款并以该借款本金为基数计算后续利息,法院不予支持。

综上,对于 2016 年 6 月 1 日签订的《借款合同》所涉借款 200,000 元,黄某主张该合同未对旧债予以结算,是双方实际形成的新债,该主张与黄某提交的旧债凭证、转款情况相符,梁某某未提出相反证据,法院予以采信。其余 7 份《借款合同》均系对旧债的结算,从黄某提交的旧债凭证即《签约体验消费合同书》《借款合约》等内容来看,黄某获取的均为固定金额的"津贴"等,并非以经营获利为前提,故事实上上述旧债的实质为民间借贷,亦应按照民间借贷关于年利率 24% 的限额计算利息,且双方对旧债本息结算后的尚欠数额不应超出以原借款本金为基数按年利率 24% 计算的总和。按照该计算方式,结合黄某自认梁某某的还款情况,经法院核算,截至所涉《借款

合同》签订之日,其余 7 份《借款合同》的结算情况审查如表 1 所示:

表 1 本金利息自动推算(先付息后还本)

序号	变动时间	借款本金	还款数额	月利率	计息天数	当期利息	累计尚欠本金	累计尚欠利息
(1)2016/7/7 两份《借款合同》结算金额共计 360,000 元	2015/8/2《签约体验消费合同书》							
	2015/8/2	100,000		2%			100,000.00	0.00
	2015/9/7		5000	2%	36	2400.0	97,400.00	0.00
	2015/10/8		5000	2%	31	2012.9	94,412.93	0.00
	2015/11/2		5000	2%	25	1573.5	90,986.48	0.00
	2015/12/3		5000	2%	31	1880.4	87,866.87	0.00
	2016/1/21		5000	2%	49	2870.3	85,737.19	0.00
	2016/7/7		0	2%	168	9602.6	85,737.19	9602.56
	尚欠本金共计	85,737.18726	5000			尚欠本息共计	95,339.75	0.00
	2015/10/31《签约体验消费合同书》							
	2015/10/31	200,000		2%			200,000.00	
	2015/11/2		4000	2%	2	266.7	196,266.67	0.00
	2016/7/7		0	2%	248	32,449.4	196,266.67	32,449.42
	尚欠本金共计	196,266.67				尚欠本息共计	228,716.09	
	以上两项尚欠本金共计	282,003.9				上述两项尚欠本息共计	324,055.84	
(2)2016/7/8 两份《借款合同》结算金额 150,000 元、126,000 元以及 2016/7/18《借款合同》结算金额 120,000 元,结算金额共计 395,000 元	2015/12/18《签约体验消费合同书》							
	2015/12/18	100,000		2%			100,000.00	
	2015/12/18		2000	2%	0	0.0	98,000.00	0.00
	2016/7/18		0	2%	213	13,916.0	98,000.00	13,916.00
	尚欠本金共计	98,000				尚欠本息共计	111,916.00	
	2016/3/15《借款合约》							
	2016/2/27	50,000		2%			50,000.00	
	2016/3/30		2500	2%	32	1066.7	48,566.67	0.00
	2016/7/18		0	2%	110	3561.6	48,566.67	3561.56
	尚欠本金共计	48,566.66667				尚欠本息共计	52,128.22	
	以上两项尚欠本金共计	282,003.9				上述两项尚欠本息共计	324,055.84	

续表

序号	变动时间	借款本金	还款数额	月利率	计息天数	当期利息	累计尚欠本金	累计尚欠利息
	2016/3/15《借款合约》							
	2016/3/11	18,000		2%			18,000.00	
	2016/3/14	182,000		2%	3	36.0	200,000.00	36.00
	2016/7/18		0	2%	126	16,800.0	200,000.00	16,836.00
	尚欠本金共计	200,000				尚欠本息共计	216,836.00	
	上述三项尚欠本金共计	346,566.6667				上述三项尚欠本息共计	380,880.22	
(3)2017/3/13《借款合同》结算金额60,000元	2017/3/3《结算书》							
	2015/12/7	50,000		2%			50,000.00	
	2017/3/13		0	2%	462	15,400.0	50,000.00	15,400.00
	尚欠本金共计	50,000				尚欠本息共计	65,400.00	
(4)2016/7/16《借款合同》结算金额245,000元	2015/11/30《签约体验消费合同书》							
	2015/11/30	200,000		2%			20,000.00	
	2015/11/30		4000	2%	0	0.0	196,000.00	
	2015/12/1		10,000	2%	1	130.7	186,130.67	0.00
	2016/7/16		0	2%	228	28,291.9	186,130.67	28,291.86
	尚欠本金共计	186,130.6667				尚欠本息共计	214,422.53	
附注	(1)2016/6/1《借款合同》所涉金额200,000元未结算旧债,据实计算尚欠本息;(2)2016/7/7两份《借款合同》结算金额共计360,000元,多于上述据实结算尚欠本息总和324,055.84元,应以324,055.84元作为合法结算依据,并以实际尚欠的本金数额282,003.9元计算后续利息;(3)2016/7/8两份《借款合同》结算金额150,000元、125,000元以及2016/7/18《借款合同》结算金额120,000元,结算金额共计395,000元,多于上述据实结算尚欠本息总和380,880.22元,应以380,880.22元作为合法结算依据,并以实际尚欠的本金数额346,566.67元计算后续利息;(4)2017/3/13《借款合同》结算金额60,000元,少于上述据实结算尚欠本息总和65,400元,双方结算数额60,000元合法,并以实际尚欠的本金数额50,000元计算后续利息;(5)2016/7/16《借款合同》结算金额245,000元,多于上述据实结算尚欠本息总和214,422.53元,应以214,422.53元作为合法结算依据,并以实际尚欠的本金额数186,130.67元计算后续利息。								

对黄某主张超出部分,法院不予支持。判决作出后,黄某、梁某某均未上诉。

【裁判评析】

在司法实务中,债权凭证的订立与借款交付凭证的明晰,是自然人之间民间借贷关系成立并生效的充分要件。一般情况下,债权凭证与借款交付凭证的一一对应关系,是认定独立民间借贷关系成立并生效的基础要件,但在借贷双方并非存在单一资金往来,且存在多次借贷、多次结算的情况下,构成对独立借贷行为的“阻断”,应综合全案证据,形成证据链,审慎判定双方之间是否形成独立借贷、独立结算,还是形成对旧债的连续结算,据此认定借贷关系的合法性以及法律保护界限。

一、对旧债连续结算行为的认定标准

结算,顾名思义,该过程是完成债权最终终结的过程,包括收集待结算的债权并进行完成性检验、保证结算资金具有可用性、结清借贷双方的债权债务并产生记录和通知双方的效果。对独立借贷行为的结算,一般包含以下要件:一是对尚欠本金、利息数额的确认;二是债务是否结清的意思表示;三是对未履行完毕的债务履行期限的约定;四是借贷双方对结算内容的确认。司法实践中,常见的独立借贷行为的结算方式有:(1)对单一借贷行为的结算,当事人据以主张的借贷笔数单一,且对单一的借贷行为有明确的结算依据;(2)对多笔借贷行为的总结算,借贷双方在某一结算期间存在多次、多笔借贷往来,当事人基于对某一期间的借贷往来对还款抵扣等进行统一结算后确认的尚欠债权总额;(3)对多笔借贷行为的分段结算,借贷双方分别对每笔借贷未履行的债务数额予以确认,并单独形成多份结算凭证,多份结算凭证之间的结算凭据具有独立性,结算的范围不相互涵盖。

同属结算行为,但相较之下,对旧债连续结算的行为具有隐蔽性和迷惑性。除具备上述独立借贷行为的结算要件以外,对旧债连续结算的行为一般还包含以下隐藏要件:(1)独立借贷行为结算后形成了明确的资金还款记录,构成结算后债权债务终结的表象;(2)独立借贷行为结算还款后又形成了明确的资金转账记录,构成结算后形成新债的表象;(3)独立借贷行为结算凭据中明确记录资金往来中转款、还款的具体指向,构成独立结算的表象;(4)独立结算行为结算后的新债金额与旧债金额不同,往往累加了旧债的尚欠利息,构成新债债务的表象。

本案中,黄某在立案阶段提交证据时,仅提交了独立的借款合同、独立的借款交付流水,诉状中仅交代了每笔借贷成立的独立性,符合独立借贷行为的构成要件。虽然双方在诉讼过程中均未明确旧债连续结算的主张,但从诉讼中梁某某抗辩还款用于抵扣本案借款、双方补充完善证据材料反映的客观事实来看,双方在此前已形成了多笔旧债。且旧债均亦有明确的款项支付流水,梁某某在单笔借贷债务结算后均按照结算的内容予以还款,此后又陆续形成多笔新债,且新债的金额大于等于旧债的金额,完全符合对旧债连续结算行为的认定。黄某在诉讼中对新债本金数额构成的说明亦进一步印证了该认定结论，故不应按独立借贷行为继续审理本案借贷关系，对黄某在立案结算提交的多份借款合同，应认定为双方对旧债的连续结算行为。

二、独立借贷行为与对旧债连续结算行为的法律后果

新旧民间借贷司法解释中，对民间借贷的法定借款利息以及复利情况下的法定保护范围作出了明确规定，即最高人民法院《关于审理民间借贷案件适用法律若干问题的规定》（2015 年 9 月 1 日起施行）第 28 条第 1 款“借贷双方对前期借款本息结算后将利息计入后期借款本金并重新出具债权凭证，如果前期利率没有超过年利率 24%，重新出具的债权凭证载明的金额可认定为后期借款本金；超过部分的利息不能计入后期借款本金。约定的利率超过年利率 24%，当事人主张超过部分的利息不能计入后期借款本金的，人民法院应予支持”以及最高人民法院《关于审理民间借贷案件适用法律若干问题的规定》（2021 年 1 月 1 日起施行）第 27 条“借贷双方对前期借款本息结算后将利息计入后期借款本金并重新出具债权凭证，如果前期利率没有超过合同成立时一年期贷款市场报价利率四倍，重新出具的债权凭证载明的金额可认定为后期借款本金。超过部分的利息，不应认定为后期借款本金。按前款计算，借款人在借款期间届满后应当支付的本息之和，超过以最初借款本金与以最初借款本金为基数、以合同成立时一年期贷款市场报价利率四倍计算的整个借款期间的利息之和的，人民法院不予支持”之规定。根据上述司法解释的规定，独立借贷行为的法律后果，是按借款本金数额、法定保护的利息上限，据实抵扣借款人的每笔独立借贷债务的还款后认定尚欠的本息额，并计算后续借款利息的计算；对旧债连续结算行为的法律后果，是按借贷双方最初形成的原始本金数额、法定保护的利息上限，据实连续抵扣借款人在一定结算期间形成的多笔借贷债务的还款后，据实计算借款人应还的本金、利息数额，并考量双方约定的复利方式是否符合法律规定的限度，超出限度的，不予支持。

本案中，黄某主张按新债即多份借款合同约定以及对应借款交付流水中载明的本金数额作为计算基数，并将被告在借款合同签订后备注为偿还旧债的还款全部排出在还款范围之外，是规避上述民间借贷司法解释规定的行为。双方以结算旧债的方式，实际上系将借款人未还的本金、利息总和重新计算借款利息的复利行为。在对借贷关系的合法性审查时，应按上述司法解释的规定，结合原始借款本金数额、借款人部分还款的流水、法定利息保护上限总和判定应支持的尚欠本息数额，而不应隔断旧债、新债的借贷行为分别对尚欠本息进行认定。

三、对旧债连续结算行为与套路贷的区别

套路贷是对以非法占有为目的,假借民间借贷之名,诱使或迫使被害人签订虚假借贷合同,通过虚增借贷金额、恶意制造违约、肆意认定违约、毁匿还款证据等方式形成虚假债权债务,并借助诉讼或者采用暴力、威胁等手段非法占有被害人此物的相关违法犯罪活动的概括性总称。它与对旧债连续结算行为在客观表现形式上有形似之处,但亦存在本质区别:(1)行为的性质不同。套路贷本质上是一种违法犯罪行为,出借人通过以此为常用手段谋取暴利;而对旧债连续结算行为本质上仍属民事法律行为,出借人本身不以此为业,结算的目的也不在于非法获利。(2)行为的方式不同。套路贷出借人往往故意不向借款人提供还款账号,或故意不接受还款,恶意造成借款人违约逾期还款的假象,以此达到通过诉讼获利的直接目的;而对旧债连续结算行为中,借贷双方对于借款人的还款情况、违约情况是共同确认的,双方基于对法律保护上限的误解均一致同意以复利方式继续计算后续利息,不存在恶意虚增借贷金额的主观故意。(3)行为的后果不同。在诉讼过程中,一旦发现案件涉嫌套路贷,应及时向公安机关、检察院提供案件线索,同时驳回起诉,移送相关司法机关处理;而借贷双方对旧债的连续结算行为,应按合法债务进行处理,同时结合借款交付、还款数额、法定利息保护上限据实审理。

本案中,经法院在广西审判平台查询,黄某并未以原告身份提起其他的借贷诉讼,其本人亦承诺无其他的借贷事实。同时,黄某与梁某某之间形成的旧债系基于双方形成的投资合作事实转化而成的借贷关系,是真实成立的法律事实。虽然双方通过结算行为用本息总和计算复利的方式虚增了部分借款金额,但并非出于非法占有借款人资金的恶意目的,故黄某在本案中的结算行为不应按套路贷的处理方式审理。

民间借贷中夫妻单方举债情形下夫妻共同债务的认定问题

钟瑛嫦*

摘要：根据《民法典》婚姻家庭编相关法律规定，对于夫妻共同债务的认定，存在三个层次：一是基于法定义务，包括夫妻相互之间的扶助、对子女的抚养、对父母的赡养等义务，主要体现在医疗、教育、住房等为满足基本家庭生活需求所产生的债务，即使是夫妻一方对外举债，另一方配偶也需承担无限连带责任。二是超出家庭日常支出，但是能够证明用于共同生活的情形。该种情形并非第一层次的家庭利益，是指除用于基础性、必需性的生活支出类型，且能够证明配偶或家庭直接或间接从债务中受益的情形。该层次依据“实际享有利益”的标准进行判断，以夫妻为核心的家庭组织与合伙组织的逻辑基础相似，非举债方配偶对债务的承担以夫妻共同财产为限，本质上是一种“有限责任”。第二层次中的间接受益类型，比较常见的是夫妻一方单独或与他人共同投资经营，所得收益明显用于家庭的情形。非举债方配偶基于对收益的分享，基于债务产生的利益在某种程度上成为夫妻共同财产的组成部分，应承担相应责任。三是超出家庭日常生活的个人名义债务，是夫妻共同经营所产生的情形。该种情形实则是基于夫妻共同经营的事实基础而推定非举债方知道或应知另一方的举债行为，是基于一种“视为同意”的共同意思表示所形成的共同债务，由夫妻共同承担无限连带责任。

* 钟瑛嫦，经济法博士，广西壮族自治区高级人民法院民事审判第二庭一级法官助理。

一、司法审判中的疑难点

(一)夫妻共同债务认定的实体判决与执行环节衔接问题

我国有关婚姻家庭关系立法中建立的婚后所得共同制包含的夫妻财产权属、财产分配内容在某种程度上具有一定的内部性,但夫妻作为社会、市场的参与者,从事各式各样的活动,前述婚后所得共同制与外部交易秩序直接发生牵连,本质上它不可能只是涉及解决内部利益争端的规则。在有关夫妻共同财产分配的规定中,虽然只规定在离婚以及法定情形下才能进行财产分割,但未限制在重要情况下可以对共同财产进行分配,如因外部活动产生债务并导致被强制执行财产,尤其在认定为夫妻其中一方个人债务时,对共同财产中的部分财产进行执行以清偿债务,就面临财产分割。由此,婚后所得共同制并非仅仅引导指向一种静态意义上的财产归属认定,它对动态交易秩序也发挥着实际作用。实践中,实体审判通常仅作出夫妻是否共同承担债务的认定,未进一步明确承担何种责任,是无限连带责任还是有限共同责任。该区分关系到是否执行夫妻的非婚姻关系存续期间的个人财产。同时,执行环节是否对夫妻共同财产甚至非举债方配偶的个人财产采取强制执行措施的依据都来源于实体裁判结果。该内容本质上属于债务主体、责任主体的认定问题,属于实体审理及裁判的范畴,因此,司法裁判应明确债务主体范围及责任范围,以便于执行。

(二)新规定出台后纠纷产生的可能情形以及审查的重点

《民法典》第1064条[1]第1款内容明确了认定夫妻共同债务的基本前提为以夫妻共同作出意思表示作为一般规则,第2款的内容作为例外情形。法律具有行为导向作用,新的规定出台后民商事活动行为人以“共债共签”为常态,“共债单签”应属例外。但在实践中,债务是否共签对于交易双方而言,是综合时间成本、风险控制成本、救济成本等因素考量后进行决策的问题。由此,在市场经济活动中,也可能存在两种不同的场景:一是与家庭利益的关联性低、证明成本高、风险的可控性低,合同先履行方通过要求交易相对方夫妻共同签字以降低市场成本、保障债权利益;二是交易内容与家庭利益关联性高、证明成本低,如要求交易相对方夫妻都签字存在时间成本

[1] 《民法典》第1064条规定:“夫妻双方共同签名或者夫妻一方事后追认等共同意思表示所负的债务,以及夫妻一方在婚姻关系存续期间以个人名义为家庭日常生活需要所负的债务,属于夫妻共同债务。夫妻一方在婚姻关系存续期间以个人名义超出家庭日常生活需要所负的债务,不属于夫妻共同债务;但是,债权人能够证明该债务用于夫妻共同生活、共同生产经营或者基于夫妻双方共同意思表示的除外。”

高、效率低、丧失交易机会的可能,故选择单方签名以快速达成交易。从以上两种交易的行为逻辑看,债务未进行夫妻共签不能当然地判定为非夫妻共同债务。即使债务共签,如未实质用于家庭或夫妻共同生活,一方未实际受益,是否可以抗辩免责。换言之,涉夫妻共同债务认定问题的审理是否单纯以意思表示为标准,还是应在特殊情况下兼采实际受益标准,以平衡各方主体的合法权益,成为司法裁判的主要疑难点。

二、认定民间借贷夫妻共同债务的基本逻辑

(一)"用途论"的适用背景

司法实践中,借款用途已经成为认定民间借贷关系夫妻共债的重要因素。分析其原因,主要有两个方面:一是借贷关系[1]的本源是合同关系,主要通过意思表示规则确认合同主体,由合同当事人承担相应义务及责任,具有一定的相对性。借贷关系作为纯粹的金钱往来之债,单从借贷双方的交易内容,无法获取更多其他的交易信息。二是婚姻法律规定中的夫妻内部关系直接影响外部交易关系中的主体认定。从《民法典》第1064条"夫妻共同债务"的构成要件来看,除夫妻均作出意思表示负担债务的情形外,其他认定为"共同债务"的情形均表现出要求证明所负债务的用途,如"为家庭日常生活所需""用于夫妻共同生活"。

(二)"用途论"在不同层次、维度中的作用不同

从法律规定的层次来看,产生债务的用途不同,夫妻承担债务的逻辑也不同,相应的责任也应有所区别。"为家庭日常生活所需"和"超出家庭日常生活需要用于夫妻共同生活"两者指向不同的对象。并且,前者被法律设定为"夫妻之间互相授权代理"的范围,因此,该类型债务由夫妻双方共同承担是基于共同意思表示,又或者是法定的夫妻共同债务。后者系区别于前者而存在的情形,从逻辑上看应属于与前者不同的债务类型,即非家庭日常生活所需的,其对于家庭生存的重要性弱于前者的类型。两者的根本差异并非体现在数额上,而是在于性质及种类之上。

法律在一定范围内要求无论夫或妻一方对外举债,都由夫妻双方承担共同责任。从有关夫妻共同债务认定的规则演变来看,正是因为不加区分地采用推定规则加重了非举债方的责任,修改完善后的相关规定仅将其限于特定的范围即家庭日常生活

---

[1] 《民法典》第667条关于民间借贷的定义为"借款合同是借款人向贷款人借款,到期返还借款并支付利息的合同",从该定义的内容无法判断借款人的配偶对于还款义务是否应承担相应责任。

所需的范围之内，体现该条立法背后遵循的比例原则。进一步而言，也反映了适用范围的基础性和必要性。

（三）运用“受益论”解释的逻辑基础

对于“其他用于共同生活”的债务层次，既然不属于家庭基础性、必要性支出，其背后是遵循何种逻辑裁判夫妻共同承担债务，夫妻双方又承担何种责任。从法律文义上看，债务的用途仍然是判断的核心。但在该层面上，用途范围因缺乏明确性而变得宽泛，实践中出现以非举债配偶是否共同享有利益作为判断要素。有学者认为应当进行一种事实性的审查，考察债务所生利益是否实际共享。[1] 但有学者认为，“利益共享”的认定标准实质上与原《物权法》第102条[2]“因共有财产产生的债权债务关系的效力”相关规定背后的逻辑一致，如果根据为取得、管理处分共同财产所生的债务而认定为夫妻共同债务，则没有必要判断是否为家庭共同利益，原以家庭共同利益作为判断标准所能涵盖的范围被大大限缩，实际上也会限缩对共同债务的认定。[3] 本文认为，原《物权法》在该条中所规定的债务共担的基础是债务与共有财产存在直接关联，又或者可以理解为系由财产引发的债务，如共有建筑物或其他设施因倒塌、脱落等造成第三人损害。从这一角度来看，原《物权法》第102条的内容包含保护受害人的目的，是遵循侵权责任认定中的“管理—责任”思维逻辑。民间借贷中夫妻共同债务的认定，若采用“利益共享”的标准，可以理解为系遵循民商事理念中的“共享利益、共担风险”的合伙原则，虽然与原《物权法》第102条基于管控责任产生的法律义务逻辑不同，但两者的规范基础都源于财产共有制度。

有关将夫妻团体拟制为合伙组织的观点，有的学者予以认可[4]；有的学者认为仅类比合伙企业财产归合伙人共有的规则推导出夫妻共同债务，未考虑婚姻家庭作为初级联合体、以情感或传统的伦理为基础、具有封闭性等与合伙组织相比的实质性差异，存在“逻辑上的跳跃”。[5] 本文认为，参考合伙相关制度的理念构建夫妻共同

---

〔1〕 参见李洪祥：《论夫妻共同债务构成的依据》，载《求是学刊》2017年第3期。

〔2〕 原《物权法》第102条规定，因共有的不动产或者动产产生的债权债务，在对外关系上，共有人享有连带债权、承担连带债务，但法律另有规定或者第三人知道共有人不具有连带债权债务关系的除外；在共有人内部关系上，除共有人另有约定外，按份共有人按照份额享有债权、承担债务，共同共有人共同享有债权、承担债务。偿还债务超过自己应当承担份额的按份共有人，有权向其他共有人追偿。

〔3〕 参见刘征峰：《夫妻债务规范的层次互动体系——以连带债务方案为中心》，载《法学》2019年第6期。

〔4〕 参见申晨：《夫妻债务类型的重构——基于有限责任的引入》，载《清华法学》2019年第5期。

〔5〕 参见冉克平：《论夫妻共同债务的类型与清偿——兼析法释〔2018〕2号》，载《法学》2018年第6期。

债务认定中的相关规则有其合理性与可行性。其主要理由如下：一是婚姻制度对债务人支付能力的影响既有积极方面，又有消极方面[1]，应通过法律解释使规范体系合理化，使债权人和债务人的利益平衡达到与债务人婚姻不存在时相似的状态。二是对于不易直接证明用于夫妻共同生活或家庭利益的，但有间接证据证明夫妻共同财产的全部或主要部分与举债方从事的经营活动收益紧密相关，而举债方的债务也产生于从事的经营活动的情形，应由非举债方承担一定的责任。三是对于非必要的、非基础的家庭支出但属于共同生活支出、夫妻双方共同受益的类型，从外观交易来看，非举债方并非通过主动缔约追求债务产生的利益，更多是举债方作出意思表示但效果作用于夫妻或家庭，但所负债务在相对意义上已经形成夫妻共同的财产，为平衡非举债方与债权人之间的利益，也防止"用途论"在合同债务主体认定问题上的一般性扩张，非举债方需要承担一定的责任，但仅限于在夫妻共同财产范围内承担连带责任。

参照合伙制度解释或者构建夫妻共同债务认定的规则，并不等于将夫或妻任何一方的所有行为都放置于拟制的合伙团体中进行解释，反而应当允许各自作为独立个人人格与作为集体一员时的人格两种状态的并存。申言之，除夫妻团体财产所承担的债务之外的部分，应属于个人债务，由此，举债方与非举债方所扮演的是执行事务合伙人与有限合伙人的角色。

（四）关于"谁主张，谁举证"与人民法院主动查证的适度把握

借款用途作为民间借贷中判断是否属于夫妻共同债务的重要基础，意味着借款用途是一般需要查明的内容，虽然借贷关系双方作为交易双方，出借人将款项出借是基于对借款人有一定的了解与信赖，对与清偿债务有关的信息如借款人的职业情况、财产状况、清偿能力等方面均应有一定程度的掌握。但同时，借款用途属于借款关系之外的事实，相关证据通常掌握在借款人一方，并且基于夫妻关系具有一定的封闭性、活动存在于内部之间而具有相应隐秘性的考虑，即使要求先由债权人对己方的主张提供初步证据，也不宜将初步证据的证明标准设立过高，而在债权人可以提供初步证据证明涉案债务可能用于夫妻或家庭的情况下，人民法院应主导双方进一步举证

[1] 积极方面指的是债务人的财产因婚后财产共有制度而有得到增加，尤其在夫妻另一方对共同财产贡献较多的情况下，债务人的清偿能力明显增加，对于债权人债权的实现是一种积极的影响。消极方面是指，作为对共同财产贡献较多的一方清偿债务时，其支付能力会因为婚后财产共同制度的效力受到减弱，对于债权人债权的实现是一种消极的影响。

质证，查明事实。具体可以适用以下原则：(1)债权人初步证明标准应适当。法院应不以要求债权人提供直接证据、原始证据为必要，债权人提供间接证据能够相互印证，通过传来证据提供线索的，应认定其已完成初步举证。其中，对于债权人已经提交相关线索予以证明而进一步举证由债务人或其配偶完成更为合理的情况下，法院应要求债务人一方进一步提供证据以便查明事实。(2)“谁主张，谁举证”原则在该类纠纷中的适用应灵活理解，基于待证事实与双方举证能力并不完全匹配，主要体现在债权人须证明债务用于债务人家庭或夫妻的事实之上，债权人主张属于夫妻共同债务与举债方、非举债方主张不属于夫妻共同债务、都应在一定程度上提供证据予以证明。

三、第一个层次的夫妻共债：用于法定的，基础的、必需的家庭生活支出，承担形式是个人无限连带责任

《民法典》婚姻家庭编第1059条有关夫妻相互扶养义务，第1067条有关父母的抚养义务和子女的赡养义务，第1068条有关父母教育、保护未成年子女的权利义务的规定，体现了以夫妻为核心的家庭关系中，夫妻的基本义务为相互扶助、赡养老人、扶养未成年子女。有关“夫妻双方家事代理权”的法律规定在一定意义上是保障相关家庭成员对于以上基本法律义务的履行，保护未成年人、老年人及其他成员的基本生存权益的配套机制。就此而言，法定义务、家事代理、夫妻共同承担三者存在内在联系，即夫妻因履行法定家庭义务而产生的债务，与家庭日常必要支出范围相重合，前述规定的法定义务与家事代理范畴均呈现出必要性与基础性，该部分债务即使只有一方对外表意的，按照法定效力，非对外表意的配偶方也需要共同承担责任。双方在意思表示上系基于法定的默示授权而形成共同意思表示的形态。基于前述确保未成年人、老年人及其他家庭成员基本生存、生活权益的法律目的，夫妻双方对于该类型债务的承担不限于以夫妻关系存续期间的共同财产作为责任财产范围，而应以二人个人所有财产承担债务，承担无限连带责任。

家事代理权作为法律设定的一种默示代理，是基于婚姻法以建立家庭互助和谐关系为宗旨，也是降低家庭成员对外活动的市场交易成本，维护交易秩序稳定的一项机制。对债权人而言，债务人举债用于家庭生活基本支出的家事属性符合社会公众的通常认知，其有理由相信是用于家庭日常生活或为家庭生存、发展而与之进行交易、产生债务，在交易中不需要负担过高的注意义务。如对于从债权人提供的产品、服务就可以判断是否用于家庭生活的情形。在民间借贷债务中，鉴于双方的交易形

式是金钱往来，与其他提供消费服务、产品建立的交易关系不同，债务的性质和特征相应有所不同，债权人出借款项的行为难以直接证明用途，故债权人在该类交易中只能在相关书面凭证或协议中载明用途，或提交有关债务人家庭发生举债原因的情况的证据，佐证举债用途。

司法实践中存在争议的问题有，夫妻共同生活是否为夫妻共同债务认定的必要条件。如非举债配偶提出夫妻长期分居的抗辩理由，是否应免除其对债务的承担。该问题实质是基于夫妻关系所包含的法定义务是否因夫妻分居而终止履行。本文认为，应区分对待。一是关于未成年人的抚养，是夫妻担任父母身份应当履行的法定义务。该义务不以夫妻关系存续为评判基础，是以子女与父母之间的关系为基础，故夫妻分居抑或离婚均不影响对未成年子女抚养义务的履行。二是关于老年人的赡养，是基于夫妻作为子女与各自父母的身份关系而产生的赡养义务。夫妻关系的建立从某种意义上包含了达成共同负担各自原有法定义务的契约，该契约关系在夫妻关系存续期间有效，离婚即意味着该契约关系解除，夫妻一方不再负担另一方的个人法定义务。分居与离婚并非同一性质行为，对于老人的赡养问题，分居不能产生与离婚相同的法律效果，非举债方配偶对于该类债务也不得以夫妻分居为理由抗辩承担。三是夫妻之间的扶助。夫妻家庭生活是基于共同生活才建立的家庭，才成立一种“家庭合伙”的形态。如长期分居、财产各管，则与法律实质意义上的夫妻关系相背离，缺乏相互扶助的基础。故而，如属于夫妻各自生活支出产生债务，则不属于前述家事代理的范畴，非举债方不应承担连带责任。

值得注意的是，对于借款债务是否用于家庭必要支出的认定，基于区域经济水平、家庭收入、消费观念及习惯、生活方式和是否存在重要医疗支出等差异均导致消费支出有所不同，因此，不能单纯从借款数额大小方面进行判断，须结合其他方面因素综合评判。从法国、德国、瑞士、日本四国有关家事代理规定中所列举的家庭日常支出种类为购买家用食物、能源、衣着、正当的保健、娱乐、医疗、子女的教育、仆人的雇佣、亲友之馈赠、报纸杂志的订购等〔1〕内容也可以看出，基于前述因素产生的对于家庭日常支出范围、类型理解的不同。

---

〔1〕 马忆南、杨朝：《日常家事代理权研究》，载《法学家》2000年第4期。

四、第二个层次夫妻共债：用于非基础性生活支出，以实际受益论、共同财产制度为逻辑，责任形式为非举债方以共同财产范围承担有限责任，举债方的责任不限于共同财产

前述法律规定的第二个层次为，夫妻一方在婚姻关系存续期间以个人名义超出家庭日常生活需要所负的债务，不属于夫妻共同债务；但是，债权人能够证明该债务用于夫妻共同生活的除外。首先，从用途来看，用于"家庭日常生活"与"夫妻共同生活"有所区别。虽然后者范围并不明确，但与前者应属于不包含关系。后者的夫妻共同生活产生的债务不包括家庭日常生活产生的基础性、必要性支出部分，是除前者范围之外的共同生活支出。其次，从受益来看，虽然为一人对外负债，但债权人有初步证据证明非举债配偶一方明显享有利益的，非举债配偶应负担共同债务。在此，值得注意的是，"是否享受利益"是对家庭关系背景下夫妻共同债务认定的特有标准，并非关于债务责任承担主体认定的一般规则，债务清偿责任主体的确定通常仍应遵循意定和法定两大标准，用途抑或谁最终受益不能作为确定债务人的一般性标准，否则，合同相对性原则将会遭到严重破坏。

该标准在夫妻共同债务中适用有其特殊性与必要性。首先，以夫妻共同财产制为基础的整体逻辑为"夫妻关系—共同生活—共同财产—共同责任"，即以共同生活为核心的夫妻关系成立后，夫妻共同享有夫妻关系存续期间的财产收益，共担相应的债务风险。故而，夫妻共同财产制实质上拟制了一种以家庭利益为中心的夫妻合伙制度。其次，此种情形下，非举债配偶一方承担债务的前提是配偶直接或间接地享有债务提供的利益，如最为常见的夫妻名下的共同财产主要源于夫妻一方对外投资经营所得，其在经营中产生的个人名义债务，配偶一方应承担相应的责任。但配偶的该种责任非基于个人对外作出意思表示，与对外从事活动的夫或妻的法律地位不同，又因债务的类型也不同于履行法定家庭义务而产生的债务。若要求以非举债配偶个人全部财产承担责任，显然有失公平，亦不利于保护独立个体的价值利益。故如将责任限于与其享有利益对应的"共同财产"范围内，则既在一定程度上保护个人，也不增加与第三人交易成本。从合伙制度的角度看，该种模式下的对外举债方类似执行合伙人或普通合伙人，承担无限责任，非举债方配偶则作为有限合伙人承担有限责任。

按照法律规定，超出家庭日常支出的负债并不一般地认定为夫妻共同债务，最重要的是先判断是否用于共同生活，即判断家庭是否有直接获得利益。而该问题也是

实践中认定的难点。从本文研究的裁判案例来看，大体上可以从以下几个方面进行判断：一是家庭的主要的、重要的财产购买是否源于负债方的经营收益〔1〕；二是所负债务是否直接用于夫妻或家庭支出；三是非举债方配偶是否有固定职业、稳定收入，其收入与家庭所购财产及支出水平是否相匹配；四是根据夫妻离婚后进行的财产分配判断非举债方是否实际享有债务产生的收益。〔2〕

关于前述学者对于夫妻团体类比于经营性合伙，存在封闭性、伦理性等有悖于商事主体的特性的观点，本文认为，封闭性与伦理性分别对应的是因夫妻团体行为缺乏公开性，相关纠纷产生后债权人通过诉讼主张权益的举证难度问题以及夫妻团体对外活动并非纯粹地以营利为目的，其中掺杂有多种动因，不宜均作为经济问题进行处理的问题。但是，本文探讨的范围是以民间借贷为典型的合同交易关系之下的纠纷处理，是相对于夫妻内部活动，由夫或妻或夫妻共同与第三方进行利益交换的外部性经济活动，其内部动因不影响外在活动的属性，因此夫妻共同生活、共同财产背景下的部分情形符合合伙特有的属性，即意思上有联络的基础，财产上有不可区分性。换言之，若非举债方主张“并无意思联络基础、未享受利益”的相反事实如夫妻一方在监狱服役等证明夫妻双方不存在意思联络的可能，应认定非举债方因不具有实际享有利益的可能而免除其责任。又或者非举债方主张有作出反对意思表示，是在知道或应当知道之时作出，并且不存在实际行为与其主张相矛盾的情况。

至于夫妻关系私密性以及夫妻活动封闭性所带来的债权人举证难问题，尤其在民间借贷纠纷中，除非在书面协议上载明借款用途，否则都需要通过审查款项流向、其他的间接证据是否能够相互印证来认定事实，虽然债权人需要承担未要求夫妻共同签订债务所带来的举证难及债权清偿减弱等风险，但如债权人能够提供初步证据证明另一方或家庭直接或间接受益，人民法院应主导双方进一步举证，查明事实。

---

〔1〕 湖北省宜昌市夷陵区人民法院作出的（2018）鄂0506民初2643号民事判决书认定，“对于婚姻关系存续期间一方为公司经营所负债务，若该公司的经营行为与夫妻双方名下财产的形成存在紧密因果关系，那么应认定债务为夫妻二人共同生活原因所负，属于夫妻共同债务”。

〔2〕 根据广西高院作出的（2020）桂民再141号民事判决书，举债方因开店经营销售服装、鞋子而产生借款债务，但夫妻双方在离婚调解书中约定将相关店铺等财产分给非举债方，审理法院由此认定非举债方享有债务产生的收益，裁判夫妻双方对债务承担责任。

五、第三个层次的夫妻共债：在可证明为共同经营的前提下，非举债方对于举债行为应视为明知或应知，是基于共同意思表示的逻辑作出的认定，责任形式为以个人全部财产承担连带责任

如前文所述，“用途”作为判断债务是否应由夫妻共同承担的基本内容，在确认借款用于生产经营后，下一步应查明所涉生产经营是否系夫妻共同进行。该种类型认定为夫妻共同债务的判断逻辑也在于“共同意思表示”，即夫妻共同开展生产经营，是一种外观上明确、可视的意思联络，举债方因经营对外负债，非举债方作为共同经营方，即使非举债方未签字也应视为知道并同意。从司法实践经验来看，可以侧重从以下要素进行判断是否构成“共同经营”：(1)从组织形式上，夫妻进行共同生产经营主要以个体工商户、农村承包经营户、一人有限责任公司以及家族控制的有限责任公司。①虽然如个体工商户、农村承包经营户一般在工商登记上仅显示一人名称，但如非举债方对经营中的债务有过结算签章行为、对该经济体的经营决策以及管理有参与行为，或虽然没有明确的证据证明举债方配偶直接参与经营，但非举债方在具备正常成年人劳动力的情况下无其他持续稳定的职业和相应收入且有初步证据证明其参与经营部分活动的，可以认定为共同经营。②有限责任公司形式之下，若举债方与非举债方是公司的股东、实际控制人或担任公司的董事、监事、高管等职务，一般认定为夫妻共同经营。但若夫妻并非公司唯二股东且有证据显示并非夫妻实际控制公司的，不必然认定为夫妻共同经营。[1] ③公司注册地为夫妻二人居住地。[2] (2)从实际行为看，①所涉经济组织与非举债方存在转账往来。[3] ②非举债方为所涉经济组织的其他债务提供担保，或夫妻曾以共有房产进行抵押、借款用于经济组织的经营活动。[4] ③非举债方收取经济组织的营业收入或其他利益。④非举债方管理、销售、处分经济组织的财产。

---

〔1〕 最高人民法院(2018)最高法民终 202 号民事判决书。

〔2〕 安徽省高级人民法院(2018)皖民申 2162 号民事裁定书。

〔3〕 甘肃省高级人民法院(2018)甘民终 477 号民事判决书。

〔4〕 黑龙江省高级人民法院(2018)黑民终 734 号民事判决书。

民间借贷案件涉嫌“套路贷”问题的处理

——平果市人民法院受理多件民间借贷纠纷系列案件

梁　涌*

【裁判要旨】

涉嫌“套路贷”等刑事犯罪的民间借贷案件，应移送公安机关进行立案侦查，公安机关立案后，根据先刑后民的原则，法院应裁定驳回原告的起诉；如公安机关经侦查后认为不属于犯罪性质的，原告仍可依法通过民事诉讼途径解决民事权益争议。

[案号：(2018)桂1023民初626号、(2018)桂1023民初1729号、(2018)桂1023民初2130号、(2019)桂1023民初27号]

【基本案情】

(一)基本情况

所涉案件均为平果市人民法院受理的民间借贷案，其中原告为毛某敏的案件4件，原告为王某宜的案件6件，原告为江某镇的案件3件；以上3个原告与下述案外人(包括江某维、江某亮、江某标)均为福建籍人。

(二)案件共同点

原告起诉要求被告偿还借款，并提供载明借款人为被告的借条1份及出借人为原告的银行转账明细。原告主张被告偿还借款本金及利息。被告辩称不认识原告，借款时借条系借款当日，案外人(包括江某维、

* 梁涌，法律硕士，平果市人民法院民事审判庭四级法官助理。

江某亮、江某标）到被告家里签订的，被告签订借条时仅在借条上的借款人处签字，借条其余地方均为空白；被告于借款当日，已通过现金或微信支付的形式支付 2 个月的利息及手续费给案外人（主要为江某维）；借款虽从原告的银行账户转账给被告，但由于借款当日被告支付利息给案外人（主要为江某维），使被告在借款后误将所还的部分借款本息均支付给了案外人（主要为江某维）。庭审过程中原告否认签订借条时出借人处系空白，并否认收到被告支付的任何款项。

（三）发现的问题

第一，所有案件的被告都无法提供案外人江某维的具体身份信息，仅提供其转账给江某维的相关微信转账的电子凭证。法院也无法追加其作为第三人参与诉讼，法院拨打江某维的电话希望他到庭陈述相关情况，但江某维拒不配合，之后不再接电话。即便追加其作为第三人参加诉讼，如果他拒绝出庭，仍无法查清事实。

第二，案件可能均为案外人江某维"介绍"原告向被告实际借款，出具借条时原告并不在场而由案外人（包括江某维、江某亮、江某标）出面，而被告"利息转汇"给案外人江某维。上述案件借贷行为模式相似，可能会存在职业放贷人"套路贷"等涉嫌诈骗犯罪的情况。

第三，按照当前的审理思路，被告如果想要追回其款项，只能另案起诉江某维等案外人。但是被告们一是没有江某维的具体身份信息，二是即便判决，可能也无法执行到位。

第四，法院有理由认为案外人江某维与涉案三原告组成了"利益共同体"。即认为案外人江某维收到被告的利息后，可能会把收到的一部分利息转账给原告。但在审理过程中原告并未认可收到被告支付的借款本息，而案外人江某维因不具有"合同相对性"而"逍遥法外"，法院无法确认被告支付给案外人江某维的所有款项的性质，且此款项数额巨大，被告损失惨重。

【审理结果】

首先，平果市人民法院向百色市中级人民法院汇报相关案件情况；其次，经平果市人民法院专业法官会议讨论决定，向平果市公安局出具司法建议书，建议平果市公安局对上述系列案件进行立案侦查，以严厉打击企图利用诉讼程序实现非法放贷目的的行为；再次，公安机关认为案件部分当事人可能涉嫌刑事犯罪，向本院调取了有关案件的卷宗材料，并进行调查；最后，平果市人民法院依照最高人民法院《关于适用〈中华人民共和国民事诉讼法〉的解释》第 208 条第 3 款、最高人民法院《关于在审理经济纠纷案件中涉及经济犯罪嫌疑若干问题的规定》第11条的规定作出裁定，裁定因公安机关的处理结果与本案有利害关系，根据先刑后民的原则，驳回原告的起诉，如公安机关经侦查后认为不属于犯罪性质的，原告仍可依法通过民事诉讼途径解决民事权益争议。

【裁判评析】

近年来，深入开展优化营商环境大行动，是贯彻落实中央对广西“三大定位”新使命和“五个扎实”新要求的重要部署，是推动稳增长、促改革、调结构、惠民生、防风险的关键举措，是加快建设现代化经济体系、推动高质量发展的内在要求。“职业放贷人”的一些不法行为严重扰乱了金融秩序及经济发展，损害当事人合法权益，引发社会矛盾，特别是高利贷、“套路贷”等容易引发社会治安问题甚至刑事犯罪。截至目前，起诉至平果市人民法院涉及江某维的纠纷案只是一部分，但其涉及面广且数额较大，如若放任此类情况发生而不去调查、制止，将会引发更大的社会矛盾。为保障金融市场健康运行，促进社会诚信，提升合法借贷意识，维护司法权威，经平果市人民法院专业法官会议讨论决定，决定将此类案件移送公安机关进行立案侦查。公安机关立案后，根据先刑后民的原则，裁定驳回原告的起诉；如公安机关经侦查后认为不属于犯罪性质的，原告仍可依法通过民事诉讼途径解决民事权益争议；该类案件的上述处理达成了社会效果与法律效果的统一。

关于农户小额联保借款合同纠纷案件的调研报告

——以扶绥县人民法院为研究对象

扶绥法院课题组*

摘要：联保贷款的简易、迅速和便捷，在很大程度上缓解了无财产担保的农户融资难的问题。但由于银行机构的风险评估不足、实际操作不规范和存在漏洞，引发不良贷款无法回收。同时，案件之间相互牵连易于形成群体性诉讼，容易激化对立情绪；不良贷款无法收回，亲朋之间的贷款纠纷容易影响家庭和社会关系的团结和睦，给农民的生产生活、区域经济发展和农村社会稳定带来了隐患。大批案件进入诉讼程序，案件当事人难寻、法律文书难送、执行案款难追，积案增多，占用了司法资源，影响审判执行质效。如何有效预防农户小额联保借款合同纠纷的发生，以及妥善处理此类案件，稳定金融秩序，维护金融机构的正当权益，让小额联保借款保持良性发展，值得重点研究。课题组认为，银行机构要严格对联保小组成员资格审核；要提高信贷人员的综合素质，加强业务培训和法律培训；信贷人员对联保合同条款要尽到释明义务，确保联保借款人和担保人明确其责任。法院作为解决农户小额联保借款纠纷的最后一道门槛，要加大法律宣传，强化农户诚信意识；适时发出司法建议，健全金融机构信贷制度；同时法院可以向银行金融机构建议在格式合同条款中约定送达地址及相关法律责任，提高风险防范。法院在办理案件

---

* 课题主持人：李子政；执笔人：许皓景；课题组成员：谢文彬、朱本高、许皓景、吴丽娟、李亦嘉、黄佩兴。该课题是2020年广西高院一般课题。

中要注重人性化和规范化结合，调解优先，调判结合。建立健全审执联动和部门联动机制，最大限度地促成案件自动履行和执行和解。

一、小额联保借款市场的发展概况

（一）小额联保借款的起源及概念

小额联保借款作为一种独特创新的信贷模式，最早来源于穆罕穆德·尤努斯在孟加拉国创办的孟加拉农业银行格莱珉（Grameen，意为乡村）试验分行。由于其能处理本国低收入、低资产持有量群众借款难问题，从而被发达国家或发展中国家积极借鉴，但是在学习孟加拉联保贷款时，并不是都能获得成功，在有些地区和国家的联保贷款甚至走向了失败。[1] 在我国经济改革和发展过程中，金融机构实行严格的金融风险控制制度，在没有大宗机器设备或者土地、房产等不动产的情况下，农户难以通过抵押担保的方式得到银行贷款。同时，以自筹资金或者通过民间借贷的方式获得资金对农户来说，需要承担较重的利息负担，存在更大的金融风险。

小额联保借款制度的诞生，为农户和小企业主的发展带来了契机。联保作为连带保证担保的一种，目前主要是依据2004年中国银行业监督管理委员会（以下简称中国银监会）发布的《农村信用合作社农户联保贷款指引》（以下简称《指引》），对农户联保贷款予以规范。《指引》规定，农户联保贷款是指社区居民依照本指引组成联保小组，贷款人对联保小组成员发放的并由联保小组成员相互承担连带保证责任的贷款。因此，联保可以理解为数个保证人，为了担保债务人履行债务，而共同向债权人作出的承担保证责任的制度。它从制度创新方面探索一种新型的授信模式，不单纯依赖抵押物，而是通过充分调动借款人在贷款申报和贷款管理过程中的主观能动性，利用借款人现有的可利用资源（私人信息资源、关系资源等），增强借款人的还款约束力，从一定程度上解决农户、小企业主融资难的问题。

小额联保借款，是由3~5名商户或者农户组成联保小组，互相以自己的信用为对方进行连带担保，共同向银行申请小额贷款。贷款的金额一般在1万元至10万元，联保的原则是自愿组合、诚实守信、风险共担。

具体的操作规程是，贷款协议一般约定3人或7人成立联保小组，银行可以根据其中任一小组成员的申请，签订借款合同，在单一借款人最高贷款限额10万元内发放贷款，联保小组内任一成员自愿为该银行向联保小组其他成员发放的贷款提供连

---

〔1〕 王静：《农户联保贷款还款率影响因素实证分析》，载《西部金融》2012年第5期。

带责任保证。这样就既能实现资金需求，又降低了贷款风险。

实行小额联保借款制度的金融或准金融机构，小额联保借款制度以弱势群体为服务对象，通过向农户提供金额较小的贷款，并由几个借款人之间建立联保小组，各自为他人提供等额担保，在一人未能按约还款时，联保小组的其他成员在限额范围内承担连带担保责任。

（二）我国小额联保借款发展的特点

1. 简便易行。传统金融机构发放贷款，需要借款人提供抵押担保或者符合规定的保证担保。小额联保借款制度不需要提供额外的担保，仅需几个农户之间组成一个联保小组，对各自的借款承担连带保证责任，即可以获得一定数额的资金支持。其操作简便易行，符合农户的现实状况，受到农户的欢迎和支持。

2. 贷款迅速。当借款人之间达成了联保小组协议后，在银行以借款人名义开设账户。银行通过查询人民银行征信系统审核借款申请人的信用情况，符合规定的借款人可以与银行之间签订借款合同，并在7个工作日内获得相应数额的贷款。其审批环节少，手续简单，故借款人可以迅速得到贷款。小额联保借款制度能够有效地缓解借款人的融资问题，为农户及小企业的发展解决燃眉之急。

3. 风险监管。小额联保借款系信用贷款，与传统的不动产抵押贷款及由专业担保公司提供担保的贷款相比，小额联保借款的风险较大。如何减少贷款风险，需要贷款机关对各借款人的贷款使用情况、经营情况等有一定的了解，在发现存在风险时，能够及时对借款人提出相应的还款要求，或者要求借款人提供其他的担保。这需要贷款机关投入相当的人力和物力来实现对贷款的监管。

4. 操作灵活。小额贷款期限以月为单位。普通小额贷款产品的期限最短为1个月，最长为12个月。联保贷款协议有效期为2年，贷款申请日与到期日必须在联保协议有效期内。

5. 借贷双赢。小额贷款的利率低于民间借贷的水平，但高于商业银行公司信贷的水平。从贷款银行方面来看，银行获得了较一般贷款更高的利润；从借款人方面来看，农户和小企业主通常通过贷款能够实现较高的资本回报率，所以他们更看重贷款的可获得性和及时性，在合理的贷款额度范围内，借款人可以承担一个相对较高的利率负担。小额联保借款制度为借款人的发展赢得了宝贵的资金，同时贷款人也从中获利，是谓双赢。

（三）扶绥县农户小额联保贷款制度运行的现状及发展态势分析

表1 A银行2018－2020年小额联保借款运行情况

年份	签订合同数（件）	涉及贷款数额（万元）	到期未还贷合同数（件）	涉及贷款数额（万元）	经银行催告后还贷的合同数（件）	涉及贷款数额（万元）	向法院起诉的合同数（件）	涉及贷款数额（万元）	其他（件）	涉及贷款数额（万元）
2018年	1225	11,719	665	6093.8	120	960	523	4637.4	22	496.4
2019年	141	1253	4	40	0	0	0	0	4	40
2020年	290	1408	2	20	0	0	0	0	2	20
合计	1656	14,380	671	6153.8	120	960	523	4637.4	28	556.4

从表1可以看出，在推广小额联保借款制度之初，由于联保贷款的简易、迅速和便捷，该制度得到了扶绥县范围内的农户和小企业主的热捧。但在联保贷款实施一段时间之后，由于制度操作过程中出现了一些人为的和不可防范的因素，使联保贷款制度未能稳步发展，呈现出如下特点和趋势：

一是小额贷款制度面临退出的考验。在短短的3年内贷款数额急剧下降，各办理此项业务的银行都在清理不良贷款，A银行小额贷款业务在2019年下降88.5%，到现如今小额联保贷款面临逐步退出的严峻考验。

二是小额联保借款的逾期还贷率高，涉及不良贷款数额高。以A银行为例，3年来共签订小额联保合同共计1656件，发放贷款14,380万元，按期还贷率仅为59.5%，逾期还贷合同数量为671件，占签订合同数的40.5%，涉及不良贷款额6153万元。

三是小额联保借款自行催告还贷率低。以A银行为例，3年来，银行自行催告后逾期借款人还款的比例仅为7.25%。

四是小额联保借款纠纷诉至法院解决的比例大，涉及数额高。以A银行为例，3年来诉至法院的小额联保借款纠纷占到了该银行发放农户小额联保借款合同数的31.58%，涉案标的额为4637.4万元，占发放该类贷款额的32.24%。

（四）扶绥县人民法院审理农户小额联保借款合同纠纷案件的现状

1.案件数量及案件标的额呈逐年增长的态势

3年来审理A银行案件数量之所以大幅增加，主要原因在于之前发放的贷款陆续到期，因各种原因而未能按期还款的影响已经反映到司法层面，并陆续影响到近年度的金融案件受理情况。

2018—2020 年,农户小额联保借款合同纠纷案件,增速迅猛,特别是 2020 年上半年,所收案件数为前两年之和,占商事案件的比例大,案件诉讼标的额高。(详见表 2)

表 2 扶绥县人民法院 2018—2020 年受理农户小额联保借款合同纠纷案件统计

项目 年份	商事案件数(件)	小额联保借款纠纷案件		诉讼标的额(万元)
		数量(件)	占商事案件比	
2018 年	668	26	3.89%	276.59
2019 年	967	202	20.89%	1561.57
2020 年	1215	374	30.78%	353.79
合计	2850	602	21.12%	5204.25

2. 案件调解率低,判决率高

2018—2020 年,扶绥法院审理农户小额联保借款纠纷案件结案情况:调解率为 31.49%,撤诉率为 23.88%,判决率为 47.24%,案件调解率低,判决率高。(详见表 3)

表 3 扶绥县人民法院 2018—2020 年农户小额联保借款合同纠纷案件的审结情况

项目 年份	结案(件)	结案方式					
		判决(件)	判决率	调解(件)	调解率	撤诉(件)	撤诉率
2018 年	26	16	61.54%	8	30.77%	2	7.69%
2019 年	202	98	48.51%	33	16.34%	71	35.15%
2020 年	153	66	43.14%	79	48.47%	18	11.76%
合计	381	180	47.24%	120	31.49%	91	23.88%

3. 案件平均审理周期长

2018—2020 年,该院共受理小额联保借款合纠纷案件共 298 件,其中 234 件适用普通程序审理,普通程序适用率达 78.5%,案件平均审结时间为 128 天。

4. 申请执行案件逐年增长,实际执行率低

该类案件申请执行的案件占审结案件中可申请执行案件数的 29.44%,案件实际

执行率低,仅为58%。(详见表4)

表4　扶绥县人民法院2018—2020年农户小额联保借款合同案件执行情况

项目 年份	收案（件）	结案（件）	结案方式			
			强制执行（件）	和解（件）	终结（件）	终本（件）
2018年	18	18	0	12	0	6
2019年	20	20	5	3	3	9
2020年	25	12	3	2	1	6
合计	63	50	8	17	4	21

二、农户小额联保借款合同纠纷存在的问题及原因分析

(一)出借人(银行金融机构)方面存在的问题及原因分析

1.银行对制度本身理解有误区,信贷员审贷流程操作不规范,导致担保流于形式,联保小组还贷能力弱

在与银行座谈和问卷调查中了解到,在当前大力支持小微企业和三农金融服务的背景下,大力发放农户贷款是政策性的支农运动。银行一旦在这类业务中有突出的表现,将会得到政府和上级银行的奖励,且国家还有相关的风险补偿政策,以致给信贷员下考核任务,多放贷,完不成的要扣罚工资、奖金等。由于理解误区,导致信贷员盲目放贷,在放贷率高的同时,对审贷流程也放松了要求。

在座谈及调查问卷中了解到,80%以上的信贷员认为审贷流程只要手续完备,签字真实,在程序上不出现法律上的漏洞,以确保在诉讼时能胜诉就行,只是对贷款进行程序性审查,没有对借款人及担保人的个人信用、贷款用途、还款来源进行实质性的审查。一是个人信息审查不严格。有部分合同在借款人及担保人的联系方式和联系地址方面根本不进行审查核实或更新,联系地址默认为居民身份证上的地址或是由借款人及担保人随意填写。二是贷款用途审查不严格。有部分贷款合同的贷款用途与实际用途有很大的出入,如部分贷款人在签订合同中的贷款用途是扩大经营或者投资农业生产,但实际上自己却不是使用人,而是转借给他人使用或者非投资经营之用。三是信贷员对联保小组的成立及其准入审查不严。信贷员为了满足部分小额联保借款人数条件的规定,仓促机械地将互不相识的申请小额联保的贷款人组建联保小组;信贷员还在部分农户小额联保借款合同的订立中允许一人以出具担保函的形式,参与到几个联保小组中,名为联保小组担保,实为实际用款人。银行这些不规

范的做法,使联保小组从一开始就存在瓦解的隐患,联保小组成员之间监督机制不完善,也使担保人对借款的保证流于形式,担保权利的实现也无稳定根基。

2. 小额联保借款期限短,贷款额度与借贷人的自身发展不对称,导致还贷率低

从3年来农户小额联保借款合同纠纷案件的诉讼标的额来看,贷款额度为10万元的占85.5%。10万元的贷款额度是广西2015年人均可支配收入9467元的10倍,广西家庭平均收入26,500元的近四倍,10万元额度只有1年的借款期限,对于农户来说不符合一个合理的生产经营周期,借款期限短,借贷人会面临贷款投入后还没真正产生效益,就要面临还款期限到来的尴尬局面,导致部分贷款到期后无法偿还。

3. 信贷人员在农户小额联保借款合同签订时未作详细的解释说明,导致联保人对承担连带保证责任不理解,拒绝履行因债务人不履行合同而为其承担还款的保证责任

按照《民法典》第496条的规定,采用格式条款订立合同的,提供格式条款的一方应当遵循公平原则确定当事人之间的权利和义务,并采取合理的方式提请对方注意免除或者限制其责任的条款,按照对方的要求,对该条款予以说明。银行在向借款人提供相应格式合同时,有义务向借款人提醒注意签订合同后需承担法律义务,以及违约后需承担的相应责任。在小额联保借款制度推行中,信贷人员在农户小额联保借款合同签订过程中未能尽到解释说明义务,仅靠联保成员自行阅读理解,导致部分联保成员之间对担保这一法律概念和相应的权利义务没有足够的认知,对于联保贷款借款人与担保人之间对债务承担连带保证责任一知半解甚至误解,盲目签订合同。

(二)借款人及担保人方面存在的问题及分析

1. 农户小额联保借款合同中的联保成员联系不紧密,缺乏相互制约和监督,使担保流于形式,易于引发纠纷

贷款人银行金融机构与联保小组签订借款合同后,向每一个成员发放等额贷款。这就意味着同时存在数个借款合同,联保小组的每一位成员都是借款人,每一份借款合同都由联保小组的其他成员共同承担保证责任。故联保小组的成员及相互制约应以成员之间的信任为前提,并且要求每个成员对其他成员贷款的使用及还款能力等要有一定的了解,这样才能降低承担担保责任的风险。

但是,从法院审理的案件来看,每一个联保小组都不如想象中紧密,各成员之间也并非如想象中熟识,甚至有部分联保小组成员彼此间并不相识。部分联保小组的成立是一人具有贷款需求,动员亲戚、朋友来当担保人组建联保小组,担保人基于亲情关系或友情关系,碍于情面才同意担保;部分联保小组是银行信贷员为了扩展贷款

业务，机械成立联保小组，担保信用指数低，更谈不上对其他成员的经济状况和经营情况有足够的了解，导致大部分联保成员没有贷款数额的担保能力。

从2018—2020年扶绥县人民法院受理农户小额联保借款合同纠纷案件查明的联保小组成员关系情况（见图1）可以看出，联保小组成员之间的关系不紧密，担保人对借款的保证流于形式，容易引发纠纷。

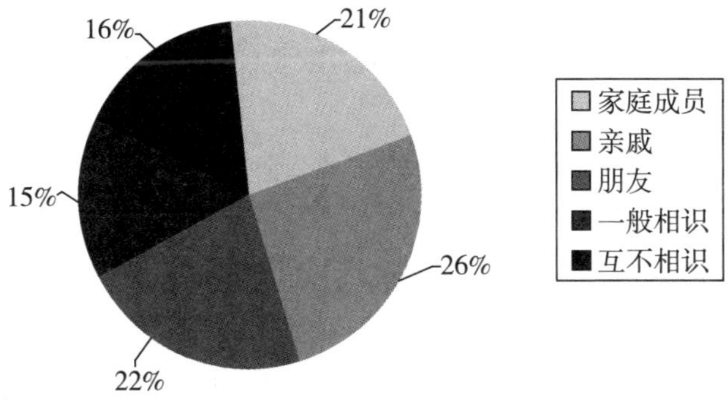

图1　2018—2020年扶绥县人民法院受理农户小额联保借款合同纠纷案件中联保小组成员关系的情况

2. 联保小组成员对合同的审核能力欠缺，认识上有误区，法律意识薄弱，导致纠纷产生后担保人不愿担责

农户小额联保借款合同中的一项重要条款是联保小组成员对其他成员的贷款偿还负连带责任，以减小银行放贷风险。但实际上，贷款方一般是农户，他们的法律意识薄弱、还贷意识不强，少数农户还认为小额联保借款是政策性扶贫贷款，不要白不要，到期能还则还，不能还就避。有的贷款人缺少向金融机构贷款的经验，在面对银行提供的各类格式条款时，缺少相应的合同审核能力，对法律概念和术语的理解也较为欠缺，产生只要签字即可获得贷款的简单想法。往往在银行工作人员指明其需在合同上签字的地方后，贷款人不仔细阅读合同的具体内容就轻易签字捺印，更不会追问在签订合同之后享有的权利和应当承担的义务，对担保的法律责任认识不清，认为联保只是一种贷款形式。当发生纠纷被诉至法院后，联保贷款人才纷纷辩解签订合同时并未仔细阅读合同的内容，认为只要自己按期还款即可，他人不还款与其无关。

3. 部分金融借款合同纠纷案件中，实际用款人与借款人不是同一人，有些用款人还是案外人，在实际信用程度低的情况下，有牵一发而动全身的风险，引发多案

在案件审理查明中发现，部分案件的实际借款人由于不符合借贷条件，为了通过金融机构的审批，事先与信贷人员谈妥了借款事宜，由实际借款人找来一人或数人代

其办理借款手续,造成借用分离以及多人借贷给一人使用的情况。在实际用款人无法还贷而发生金融借款合同纠纷时,不少借款人由于欠缺法律意识,不了解相关的法律规定,拒不承担还款义务。不少借款人认为实际用款人自己没有用银行的款,不应由其还钱。扶绥县人民法院受理的案件中,一人与多人成立多个联保小组贷款的案件数量占 25% 。例如,扶绥县人民法院办理的案件中,甘某明一人便分别与 9 人组成了 3 个联保小组贷款,共涉及标的金额 99.24 万元。

4. 贷款使用随意性大,逃避银行监管和还款责任,给当地的社会诚信体系带来不稳定因素

小额联保借款制度的简便易行,使农户或小企业主能轻易获得贷款用于扩大产业规模,投资新的领域,但由于此类借款人没有贷款经验,缺少基本的诚信还款意识,存在部分借款人在获得贷款后轻易消费或投资,产生无法按期还款的风险。部分借款人在获得贷款后,即携带款项到外地投资或者打工,银行无法对其实施监管。这类不按期还款的借款人在当地产生恶劣的影响,使部分原本按期还款的借款人产生拖欠还款的消极情绪,认为外出后银行对其无计可施,可以逃避还款责任。在联保小组内部,由于部分借款人的外出,银行要求其他成员承担保证责任,而各成员间相互推诿,反目成仇,甚至集合联保人,给银行施压,给当地原本良好的社会经济环境带来消极影响,成为当地不和谐的社会因素。

(三)案件在审理过程中存在的问题及原因分析

1. 农户小额联保借款合同纠纷案件送达难,导致案件审理周期长

有的被告外出打工,地址不明;有的被告搬迁,去向不明;有的被告是外地户籍,现住址与户籍地不一致,依据户籍地址,诉状或法律文书无法送达;还有的被告送达时拒绝签收,缺席开庭。(详见图 2)很多借款人借款后为了拖欠贷款而东躲西藏,法院需要耗费大量时间和精力去核实借款人身份情况。即使核实正确,借款人也以各种理由,如故意不接电话或隐瞒真实住址,导致此类案件在送达上出现瓶颈。当事人拒不到庭,需要公告送达相关法律文书,导致此类案件审理周期长和判决率高。2018—2020 年农户小额联保借款合同纠纷案件因不能送达法律文书,当事人不到庭,而以判决方式结案的占 63% ,严重影响了案件的审判效率。

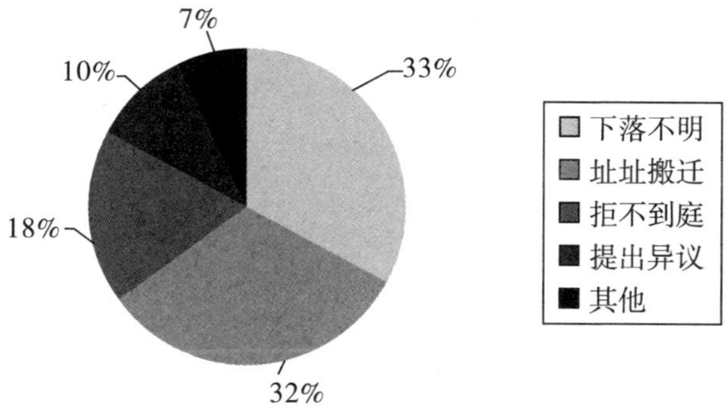

图 2　2018—2020 年扶绥县人民法院以判决方式审结小额联保借款纠纷案件的情况

2. 农户小额联保借款合同纠纷案件调解难，调解率低，往往案结事不了

2018—2020 年该类案件调解率为 27.85%，经调解后撤诉率为 28.19%，在课题组对农户小额联保借款合同达成调解协议进行整理后发现（见图 3），法官在调解案件中主要调解难点有：一是作为担保人的被告对连带担保责任认识不清，认为自己不是实际用款人不应承担还款责任；二是联保小组是银行在其中撮和，担保人与主贷款人之间互不认识，被告不知道自己要承担联保责任；三是被告认为自己已清偿自身的债务，已无能力清偿连带担保债务；四是有还款能力的担保人不愿承担连带责任，而只愿清偿其作为合同主贷人的债务，并且要求只有银行和债务人放弃原联保小组所设定的联保义务，其才愿意还款。调解的难点集中在联保合同中担保人都不愿意为主贷款人埋单上，调解的难度大。同时，因立即还清贷款及利息而达成调解协议或撤诉的案件，仅占调撤案件的 23.9%，案件得以即时实际履行完结的少，案结事却还不能了。

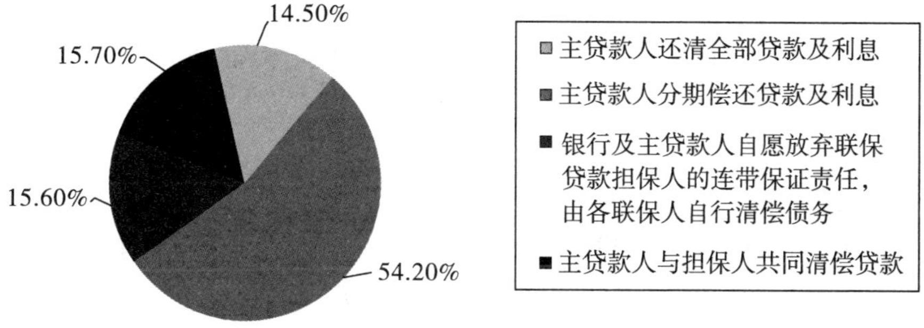

图 3　扶绥县人民法院 2018—2020 年农户小额联保借款合同纠纷案件调解结案情况

3. 一案涉及人数多，一案牵连多案，增加了审理和执行的难度

扶绥县人民法院2018—2020年受理农户小额联保借款合同纠纷中，3人至5人组成联保小组的占78.7%，5人以上联保的占21.3%。联保担保人与债务人之间或担保人之间为家庭成员、相互联保；有的一人为多人担保；有的本身是债务人又为他人担保；有的实际用款人不是借款人，借款人为他人套取贷款或转借人使用；有的借款人与担保人相识而担保人之间互不认识；还有的担保人没有还款能力。案件之间相互关联，往往一案会牵动多案，给法院厘清案件事实和准确适用法律作出裁判带来很大困难。

小额联保借款制度在实践操作中，要求的资金流转模式是借款人在银行申请开设账户，银行审核后将贷款直接发放到该账户中。但在案件的审理过程中发现存在操纵借款的情况。借款人说服亲属朋友或找来不相熟识的人与其组成联保小组，以一联保小组3人为例，该联保小组约定每人可以在银行申请贷款10万元，故合计可申请贷款30万元。经银行审核后向每位联保小组成员发放贷款10万元，但该10万元仅从其他小组成员的账户上过账，立即被需要资金的人员取走使用。这种操作模式引发的纠纷在扶绥县人民法院受理的案件中占20%左右。由于贷款由一人使用，导致贷款风险增加，一旦贷款实际使用人的经济状况发生恶化，就会引发多个金融借款纠纷案件。被诉的借款人往往以其并非借款实际使用人为由，拒绝承担还款责任。在扶绥县人民法院受理的此类纠纷中，曾有农户投资经营小企业，即联合9人组成3个联保小组，通过这种方式向邮政储蓄银行贷款90万元，后由于无力还款，导致纠纷诉至法院，案件在送达开庭传票时，联保小组成员都表示不是实际用款人，拒绝参加开庭。

4. 审判实务联保责任的分担存在质疑的声音

审判实务对于农户小额联保借款合同纠纷的举证原则是“谁主张，谁举证”。对于出贷方银行举证《小额货款联保协议书》和《农户小额联保借款合同》是当事人的意思表示，符合法律的生效要件，为有效合同，当事人均应予以遵守并全面履行。原告方主张要联保被告人偿还借款及利息的诉讼请求符合法律规定，应予支持。

审判实务中，法院作出前述判决符合一般规定以及当前的主流法律观点，但也对多人联保借款合同中的保证合同效力有一些质疑的声音。

(1)债务责任与保证责任的叠加突破了人们对保证法律制度的认识常识

《民法典》第681条规定：“保证合同是为保障债权的实现，保证人和债权人约定，当债务人不履行到期债务或者发生当事人约定的情形时，保证人履行债务或者承担

责任的合同。”联保成员既为保证人又为借款人的双重身份，虽然法律没有禁止这种联保借款合同的保证方式，但一旦纠纷产生，联保成员势必以其财产优先偿还借款人身份产生的借款，而后才能承担因保证人身份产生的保证责任。

(2)积极履行债务与消极承担保证责任产生冲突可能引发社会道德风险

部分联保成员均能及时清偿自己的债务，但是个别联保成员不及时返还借款导致银行(贷款人)向其他联保成员行使保证责任请求权的问题。此时，已经及时偿还借款的联保成员才认识到自己作为保证人身份将产生的法律后果，想不到自己先积极偿还了债务竟还要为他人背债，倒不如一开始就不还，大家都处在联保责任范围内，进入强制执行还能先以自己债务抵挡，财产上吃亏心里肯定不平衡。可见，其中隐含的道德风险不容小觑。

(3)多人联保借款合同可能加剧公民社会诚信体系的破碎

联保成员(债务人与保证人)之间很少有可以提供保证的原因关系，其由信贷员将申请贷款人随机组合而成。对于借款合同、保证合同等文本一知半解，所以签约过程只能走过场。一些联保成员甚至认为是银行信贷员有意造成这样一种结果，以不知道担保内容，违背其真实意思表示作为抗辩。法官如果一判了之，会导致当事人认为法官判决有倾向性。

三、解决农户小额联保借款合同纠纷案件问题的建议和对策

(一)对联保小组成员资格予以严格审核

联保小组的组成要充分发挥借款人的主观能动性，通过其自身的人脉关系，由其自主选择联保小组成员。在其通过自身能力无法组建联保小组的情况下，银行可以通过推荐的方式，在其社区或村委会选择愿意组成联保小组的人员，并通过组织参观、走访，了解他人的经济情况，在各方自愿的情况下达成联保小组协议，并且告知应当行使相互监督的权利，以保证在联保期间内，各成员能按期履行还款义务。针对有部分借款人得到借款后即到外地打工的情况，银行在审核借款人资格时，应当以借款人有一定的产业，从事正常的经营活动为要件，并且没有不良借款(包括银行贷款的不良记录及民间高利贷借款的情况)。放贷后，要利用银行网点遍布的优势，不间断地对借款人、联保小组成员的经营情况、贷款的使用情况等进行追踪调查，做好贷后的督察工作，特别要防范多人贷款为一人使用的巨大贷款风险，在合同中加入预期违约的条款，对在合同履行过程中，银行金融机构一旦发现有预期违约的风险可启动催收程序。

（二）加强对贷款发放人员的业务培训和法律培训，提高信贷人员的综合素质

首先，通过对贷款发放人员进行业务培训，树立贷款安全、效益观念，把贷款的安全性与效益性视为银行信贷工作的生命线，并将贷款安全放在首位。在放贷的过程中，信贷人员要对借款人、联保小组成员从严审查，不能盲目放贷。其次，银行的信贷人员需认真系统学习《民法典》及其司法解释等相关的法律法规。最后，银行应当在内部制定贷款发放操作规程及责任追究方面的相关制度，督促信贷人员在贷款发放的过程中，认真细致地审核借款人及联保小组成员的身份信息，杜绝他人随意填写个人信息、代签或冒签等情况的发生。

（三）银行要尽到说明和解释联保合同条款的义务，确保得到联保借款人和担保人的确认

银行对当前适用的借款合同、农户小额联保借款合同文本进行清理、检查，对合同中借款人特别需注意的义务条款要通过显著的方式记载，必要时在合同条款后附对部分法律术语和金融术语的通常解释。另外，对合同中遗漏的事项或不明确的条款加以补充、修改和完善。合同文本的内容应当充分体现公平原则，并且明确具体、合法合理。考虑到借款人并非法律和金融的专业人士，应当尽可能使用简明易懂的词汇。在签订合同时，要向合同相对方详尽地解释相关的法律问题和金融问题，告知不按期还款可能导致的法律后果、联保小组成员需承担的连带保证责任等。在条件允许的情况下，对于解释说明合同条款，应作为一个签订合同的重要流程，除了进行文字记录外，进行同步录音录像，以确保合同签订的真实性和有效性，也为以后诉讼提供有力的证据支撑。

（四）法院适时发出司法建议，健全金融机构信贷制度

法院要针对审判中发现的金融机构信贷管理方面的疏漏，通过司法建议的形式予以及时反馈，以健全金融机构的信贷制度，防范金融风险。

1. 根据情况适当放宽贷款周期，缩小贷款额度。给借贷人合理的还贷期间，有利于其资金周转，资金增值；缩小贷款额度，有利于控制贷款回收；具体案件进行综合考评后给予延期贷款或分期还款，对于逾期未还的案件还可以考虑给予一个缓冲期让贷款人转换贷款产品或在人保的基础上，提供财产担保。

2. 规范小贷业务的联保条件。明确规定小组成员间须为熟人关系，但不得存在直系亲属关系；小组成员为5人时，最多允许两个组员间为直系亲属关系，其组员应处于不同家庭，经济相互独立；小额放贷对象须为本地户口人员，严格控制对本市户

口外的人员放贷。

3. 强化对贷款申请资料的审核力度。严格审阅申请人有关资料的完整性、合规性，对申请人的主体资格、贷款用途、主要收入来源和担保能力等进行认真分析审查，确保符合小额贷款条件，设计相关贷款审核软件对贷款申请进行自动审核，杜绝人为不良操作借贷。

4. 完善申请人信息核实机制。明确、细化申请人、联保人的信息核实内容，以实地核查为主，电话核查为辅，对每笔贷款申请进行逐项核实。特别对送达地址要明确，避免作为合同条款通知义务或起诉法院时因文书送达不明而影响诉讼程序的正常进行延长审理期限。

5. 增加对申请人的信用评估渠道。明确规定银行工作人员须通过第三方进一步了解申请人的真实信用情况，第三方包括邻居、村委会、朋友、银行征信系统等。

6. 做好贷后动态监控工作。建立贷后跟踪检查机制，密切关注贷款的资产质量，准确判断客户还款能力和还款意愿的变化，及时调整贷款风险等级并迅速反馈；通过相应形式（如短信告知、寄发通知等）向联保小组告知各成员的债务履行情况，以利于各成员之间相互监督或催促主债务人还款，避免因不知情而造成主债务人债务不断扩大或因其行踪不明而扩大损失。

7. 加大信贷责任的追究力度和培训力度。严格按照银行信贷责任追究办法的规定，对放贷渎职的工作人员加大责任追究力度，对情节严重的依法移送司法机关追究其法律责任。同时，还要建议金融机构加强对信贷员法律知识的培训，规范信贷员的行为，以降低诉讼中的对立情绪。

（五）加强相关法律宣传，强化基层农户信用观念

农户的法律素质普遍不高，加之贷款涉及相关金融、法律等问题较为专业，绝大多数农户对贷款连带责任等其他专业问题理解不足，金融机构在与小额联保借款人签订合同时，应将联保相关的风险单独明确告知当事人，并要求当事人在风险告知书上签字确认，避免后期风险。做好宣传，法院可将在审理小额联保借款纠纷案件中常见的问题，编成简单易懂的法律宣传手册，发放给村民，提高他们的法律意识。同时，定期开展巡回审判工作，通过现场审理，对赖账农户起到威慑作用，使该部分农户主动还贷；通过调解，让农户明白分期分批还款可以延缓还款压力，使农户明白调解的好处，让他们愿意调解；利用巡回审理，提高农户的出庭率，并积极邀请镇村干部群众旁听案件，使其了解农村金融政策，强化信用观念；对一些“钉子户”“赖债户”，邀请镇村干部一起上门做工作，对拒不执行的，严格依法办理，促进农村信贷环境进一步

好转。

（六）法院向银行金融机构建议使用规范化、模板化的合同条款，约定送达地址并确定法律责任

由于原告未能提供被告确切地址，使法院审理案件的周期延长，严重影响了审判执行效率。2016年9月12日，最高人民法院发布《关于进一步推进案件繁简分流优化司法资源配置的若干意见》，其中第3条规定："完善送达程序与送达方式。当事人在纠纷生之前约定送达地址的，人民法院可以将该地址作为送达诉讼文书的确认地址。"据此，约定送达地址合法化，应在合同中约定送达地址并确认其法律责任。

1. 明确在合同中就送达各类通知、协议等文件以及就发生纠纷时相关文件及法律文书的送达地址所作的约定，属于合同中独立存在的有关有效送达地址的确认和解决争议方法的条款，在合同中明确约定有效送达地址的确认和当事人的法律文书送达地址，当事人依合同约定承担有效送达的法律后果。

2. 建议合同条款明确约定送达地址的适用范围包括非诉阶段和争议进入仲裁、民事诉讼程序后的一审、二审、再审和执行程序。

3. 建议合同条款约定当事人送达地址需要变更时的通知程序。

4. 建议合同条款提示以下法律后果：因当事人提供或者确认的送达地址不准确、送达地址变更后未及时依程序告知对方和法院、当事人或指定的接收人拒绝签收等原因，导致法律文书未能被当事人实际接收的，邮寄送达的，以文书退回之日视为送达之日；直接送达的，送达人当场在送达回证上记明情况之日视为送达之日。

5. 建议该条款以明确醒目的方式进行了特别提示（条款字体加粗加重）。对于上述当事人在合同中明确约定的送达地址，法院进行送达时可直接邮寄送达，即使被告未能收到法院邮寄送达的文书，由于其在合同中的约定，也应当视为送达。

6. 建议纠纷进入民事诉讼程序后，如当事人应诉并直接向法院提交送达地址确认书，该确认地址与诉前确认的送达地址不一致的，以向法院提交确认的送达地址为准（仲裁同前）。

7. 建议根据《民事诉讼法》第87条的规定：经受送达人同意，人民法院可以采用传真、电子邮件等能够确认其收悉的方式送达法律文书，但判决书、裁定书、调解书除外。实践中，当事人在合同条款中明确约定采用传真、电子邮箱、移动通信等能够确认其收悉的方式送达，满足上述地址送达条件，应当产生上述地址送达的同样法律效果。采用电子通信方式送达的，送达人员应当保留相应的备份材料及相关的视频截图。

8. 建议约定送达地址确认的当事人包括合同相对方及担保人等，在合同约定送达地址时应与各方当事人均签订该条款。

（七）人性化和规范化结合，调解优先，调判结合

主动对案件进行诉前调解，促成进入诉讼程序前，被告自动履行，减少诉讼成本。具体案件具体分析，了解贷款纠纷实际情况，对于因家庭特别困难等客观原因，暂时无力偿还贷款的，尽力促成双方达成调解协议，允许借款人分期偿还贷款或延长还款期限，既维护双方当事人的合法权益，又做到案结事了人和，定分止争；对于个人确有偿还能力，但通过各种手段隐藏、转移财产，推卸还款义务的，及时准确适用法律作出裁判，树立司法权威，维护金融秩序。农户小额联保借款合同本身存在牵连，往往一案引发多案，处理不当不仅达不到清收效果，而且会激发联保成员间及与贷款人间的矛盾，做调解时应以"谁受益，谁担责"为考虑因素，尽力促使实际用款人自觉履行。对审理借款人下落不明或者无还款能力的案件时，往往采取调解方式，组织银行与其他联保小组成员之间达成分期付款协议，尽量化解担保人的担保压力。原告方在权衡利弊后为了实现其债权，与各被告自愿达成放弃主张联保责任的权利的，应给予必要的风险提示后予以确认。

（八）建立健全审执联动工作机制

一是强化审执衔接机制。案件审理过程中应将出现的或可能出现的影响执行的情况及时反馈给执行部门，为案件顺利执结提供帮助。同时拓宽调解渠道，依法引入社会力量协助法院调解。二是小额联保借款涉及面广、政策性强、工作量大，要注意发挥当地镇、村的作用，充分利用他们熟悉村情、民情和管理村民事务的有利条件，引导他们在案件调解中充分发挥作用，尽量消除贷款农户与信贷员间对立情绪，以方便案件的审理和执行。三是多措并举巧执行。通过执行指挥中心查控、公示被失信执行人名单、限制高消费、对拒不履行义务的被执行人拘留等方法，促使被执行人履行其义务。

四、结语

金融机构推出的农户小额联保贷款，以简便易行、贷款迅速、风险监管、操作灵活、借贷双赢等优势，给农民的发展生产提供有力的资金支持。与此同时，由于农户小额联保贷款在实际运作中，掺杂了贷款合同各方自己的一些利益因素，以及贷款过程中出现了一些不可预见的因素，使农户小额联保贷款发展形式不容乐观。大量农户小额联保贷款合同纠纷涌向法院，占用了司法资源；不良贷款无法回收，影响金融

机构秩序;联保人之间官司缠身,使彼此产生矛盾。这项基于诚信而建立起来的农户小额联保制度蒙上了重重阴影。因此,课题组对农户小额联保贷款合同条款,贷款合同签订之初的审核,贷款后的监督,贷款合同纠纷后法院审理及执行等存在的问题提出了对策和建议,希望农户小额联保制度能够健康有序地发展,实现构建公平高效的金融秩序和安定和谐的社会目标。

附1

调研成果转化说明

本院党组对调研课题成果在实践中的转化和运用给予了高度重视,课题组采取了多渠道、多形式的措施转化课题成果:

1. 针对银行的审核贷款存在的问题给相关银行单位发出了规范农户小额联保借款合同的相关制度的司法建议,得到了相关银行的采纳。

2. 扶绥县人民法院召开以解决金融类案件"送达难"问题为专题的金融审判专题座谈会,向各银行金融机构提出了8条《关于确认诉讼文书送达地址的司法建议》,并向金融机构提供《合同约定送达地址条款参考模板》。

附2

扶绥县人民法院
关于规范农户小额联保金融借款的司法建议

广西邮政储蓄银行股份有限公司扶绥支行:

我院在审理你行起诉至我院的农户小额联保金融借款合同纠纷案件的过程中,发现你行在信贷管理方面需要进一步规范,鉴于你行起诉至我院的此类案件进一步增多,为健全金融机构的信贷制度,防范金融风险。现向你行提出以下司法建议:

1. 根据情况适当放宽贷款周期,缩小贷款额度。给借贷人合理的还贷期间,有利于其资金周转,资金增值;缩小贷款额度,有利于控制贷款回收;具体案件进行综合考评后给予延期贷款或分期还款,对于逾期未还的案件还可以考虑给予一个缓冲期让贷款人转换贷款产品或在人保的基础上,提供财产担保。

2. 规范小贷业务的联保条件。明确规定小组成员间须为熟人关系,但不得存在直系亲属关系;小组成员为 5 人时,最多允许两个组员间为直系亲属关系,其组员应处于不同家庭,经济相互独立;小额放贷对象须为本地户口人员,严格控制对本市户口外的人员放贷。

3. 强化对贷款申请资料的审核力度。严格审阅申请人有关资料的完整性、合规性,对申请人的主体资格、贷款用途、主要收入来源和担保能力等进行认真分析审查,确保符合小额贷款条件,设计相关贷款审核软件对贷款申请进行自动审核,杜绝人为不良操作借贷。

4. 完善申请人信息核实机制。明确、细化申请人、联保人的信息核实内容,以实地核查为主,电话核查为辅,对每笔贷款申请进行逐项核实。特别对送达地址要明确,避免作为合同条款通知义务或起诉法院时因文书送达不明而影响诉讼程序的正常进行延长审理期限。

5. 增加对申请人的信用评估渠道。明确规定银行工作人员须通过第三方进一步了解申请人的真实信用情况,第三方包括邻居、村委会、朋友、银行征信系统等。

6. 做好贷后动态监控工作。建立贷后跟踪检查机制,密切关注贷款的资产质量,准确判断客户还款能力和还款意愿的变化,及时调整贷款风险等级并迅速反馈;通过相应形式(如短信告知、寄发通知等)向联保小组告知各成员的债务履行情况,以利于各成员之间相互监督或催促主债务人还款,避免因不知情而造成主债务人债务不断扩大或因其行踪不明而扩大损失。

7. 加大信贷责任的追究力度和培训力度。严格按照邮储银行信贷责任追究办法的规定,对放贷渎职的工作人员加大责任追究力度,对情节严重的依法移送司法机关追究其法律责任。同时,还要建议金融机构加强对信贷员法律知识的培训,规范信贷员的行为,以降低诉讼中的对立情绪。

扶绥县人民法院

2020 年 9 月 9 日

在扶绥县法院解决金融类案件“送达难”问题为专题的金融审判专题座谈会上向各金融机构提出的司法建议:

2016 年 9 月 12 日最高人民法院发布《关于进一步推进案件繁简分流优化司法资源配置的若干意见》,其中第 3 条规定:“完善送达程序与送达方式。当事人在纠纷生之前约定送达地址的，人民法院可以将该地址作为送达诉讼文书的确认地址。”据此，约定送达地址成为合法化。结合该规定，为解决“送达难”问，我院提出以下建议：

在合同中约定送达地址并确认其法律责任，通过规范化、模板化的合同条款约束当事人履行诚信义务和承担法律责任。

1. 明确在民商事合同中就送达各类通知、协议等文件以及就发生纠纷时相关文件及法律文书的送达地址所作的约定，属于合同中独立存在的有关有效送达地址的确认和解决争议方法的条款，在合同中明确约定了有效送达地址的确认和当事人的法律文书送达地址，当事人依合同约定承担有效送达的法律后果。

2. 建议合同条款明确约定送达地址的适用范围包括非诉阶段和争议进入仲裁、民事诉讼程序后的一审、二审、再审和执行程序。

3. 建议合同条款约定当事人送达地址需要变更时的通知程序。

4. 建议合同条款提示以下法律后果：因当事人提供或者确认的送达地址不准确、送达地址变更后未及时依程序告知对方和法院、当事人或指定的接收人拒绝签收等原因，导致法律文书未能被当事人实际接收的，邮寄送达的，以文书退回之日视为送达之日；直接送达的，送达人当场在送达回证上记明情况之日视为送达之日。

5. 建议该条款以明确醒目的方式进行了特别提示(条款字体加粗加重)。对于上述当事人在合同中明确约定的送达地址，法院进行送达时可直接邮寄送达，即使被告未能收到法院邮寄送达的文书，由于其在合同中的约定，也应当视为送达。

6. 建议纠纷进入民事诉讼程序后，如当事人应诉并直接向法院提交送达地址确认书，该确认地址与诉前确认的送达地址不一致的，以向法院提交确认的送达地址为准(仲裁同前)。

7. 建议根据《民事诉讼法》第 87 条的规定：经受送达人同意，人民法院可以采用传真、电子邮件等能够确认其收悉的方式送达法律文书，但判决书、裁定书、调解书除外。实践中，当事人在合同条款中明确约定采用传真、电子邮箱、移动通信等能够确认其收悉的方式送达，满足上述地址送达条件，应当产生上述地址送达的同样法律效果。采用电子通信方式送达的，送达人员应当保留相应的备份材料及相关的视频截图。

8. 建议约定送达地址确认的当事人包括合同相对方及担保人等，在合同约定送达地址时应与各方当事人均签订该条款。

约定合同送达地址条款模板

（以下条款均加粗加重）

×××A公司（银行）与×××B公司（个人）就×××合同中涉及各类通知、协议等文件以及就合同发生纠纷时相关文件和法律文书送达时的送达地址及法律后果作如下约定：

1. ×××A公司（银行）确认其有效的送达地址为________。

2. ×××B公司（个人）确认其有效的送达地址为________。

3. 双方该送达地址适用范围包括双方非诉时各类通知、协议等文件以及就合同发生纠纷时相关文件和法律文书的送达，同时包括在争议进入仲裁、民事诉讼程序后的一审、二审、再审和执行程序。

4. ×××A公司（银行）的送达地址需要变更时应当履行通知义务，通过____________的方式向×××B公司（个人）进行通知；×××B公司（个人）的送达地址需要变更时应当履行通知义务，通过____________的方式向×××A公司（银行）进行通知。

在仲裁及民事诉讼程序时当事人地址变更时应当向仲裁机构、法院履行送达地址变更通知义务。

×××A公司（银行）或×××B公司（个人）未按前述方式履行通知义务，双方所确认的送达地址仍视为有效送达地址，因当事人提供或者确认的送达地址不准确、送达地址变更后未及时依程序告知对方和法院、当事人或指定的接收人拒绝签收等原因，导致法律文书未能被当事人实际接收的，邮寄送达的，以文书退回之日视为送达之日；直接送达的，送达人当场在送达回证上记明情况之日视为送达之日；履行送达地址变更通知义务的，以变更后的送达地址为有效送达地址。对于上述当事人在合同中明确约定的送达地址，法院进行送达时可直接邮寄送达，即使当事人未能收到法院邮寄送达的文书，由于其在合同中的约定，也应当视为送达。

5. 纠纷进入仲裁、民事诉讼程序后，如当事人应诉并直接向仲裁机构、法院提交送达地址确认书，该确认地址与诉前确认的送达地址不一致的，以向仲裁机构、法院提交确认的送达地址为准（该送达地址适用上述第3条规定的送达方式及送达的法律后果）。

广西壮族自治区高级人民法院民事审判第二庭2019—2020年发改案件情况报告

广西壮族自治区高级人民法院民事审判第二庭课题组*

为进一步统一全区民商事审判类案件裁判理念和思路，提高全区法院民商事审判质效，我庭对2019年、2020年发改案件进行研究分析，针对其中的部分问题，在经过部门专业法官会议讨论并形成统一意见的基础上，本报告将作相应阐明，为下一步建立全区法院民商事审判相关裁判标准提供参考。

一、发改案件的基本情况

（一）各类别案件被发改情况

2019年、2020年，我庭共审结各类二审和再审民商事案件分别共计164件、387件，其中发改案件分别为46件、77件，发改率分别为28.05%、19.89%，2020年相较2019年发改率有所下降。发改案件涉及民间借贷、证券票据、公司、破产等领域，其中以合同纠纷居多。不同类别的案件发改率差异显著（具体如表1所示）。统计数据显示，我庭对下级法院涉公司、企业类案件发改率最高，2019年占比33.33%，2020年占比55.56%，该类案件成为研判分析的重点对象。买卖合同、委托合同、技术合作开发合同等其他合同类，借贷类案件发改数量均超过30%，也应重点关注。

---

* 课题组成员：韦威助、兰曲、张捷、叶琪、方虞雅、钟瑛嫦，执笔人：叶琪、方虞雅。

表1　2019—2020年各类别案件被发改情况

序号	案件类型	案件数量(件)		发改数量(件)		发改率(%)	
		2019年	2020年	2019年	2020年	2019年	2020年
1	借贷类	43	48	12	18	27.91	37.5
2	与公司有关纠纷	18	27	6	15	33.33	55.56
3	破产衍生诉讼	13	147	2	9	15.38	6.12
4	金融证券票据纠纷	54	100	13	15	24.07	15
5	合同纠纷	36	43	13	19	36.11	44.19
6	其他案件类型	0	22	0	1	0	4.54
总计	/	164	387	46	77	28.05	19.89

（二）各中院案件被发改情况

表2　2019—2020年各中院发改情况

序号	原审法院	上诉及再审案件(件)		发改案件(件)		发改率(%)	
		2019年	2020年	2019年	2020年	2019年	2020年
1	百色中院	7	8	1	5	14.29	62.5
2	柳州中院	21	27	2	11	9.52	40.74
3	玉林中院	4	13	1	5	25	38.46
4	来宾中院	2	14	0	5	0	35.71
5	贵港中院	4	20	3	6	75	30
6	梧州中院	7	7	3	2	42.86	28.57
7	河池中院	1	7	0	2	0	28.57
8	南宁中院	83	146	28	37	33.73	25.34
9	防城港中院	4	6	2	1	50	16.67
10	北海中院	7	13	0	2	0	15.38
11	桂林中院	13	112	5	2	38.46	1.79
12	钦州中院	3	5	0	0	0	0
13	崇左中院	1	6	0	0	0	0
14	贺州中院	7	3	1	0	14.29	0
总计	/	164	387	46	77	21.65	23.12

从表2数据反映的情况来看，高院审理的二审案件中原审法院为南宁中院的数量最多，桂林中院在2020年也突破100件、位于第二，钦州中院、贺州中院、崇左中院案件数较少，均未超过10件。其中桂林中院的发改率从2019年的38.46%下降至2020年的1.79%，发改率大幅降低，审判质量提升快，值得全区学习。百色中院、柳州中院、来宾中院的案件上诉到高院的数量不多，但2020年的发改率均大幅度增长，其中百色中院较为明显，从2019年的14.29%增长至2020年的62.5%，需注意加强专业理论学习，强化审判能力，提高审判质量。

（三）发改的原因分析

表3　2019—2020年一审法院发改案件原因统计

序号	一审法院	发改数量（件）		发改原因							
				认定事实不清		适用法律错误		认定事实不清、适用法律错误		其他（新证据等）	
		2019年	2020年	2019年	2020年	2019年	2020年	2019年	2020年	2019年	2020年
1	南宁中院	28	36	5	15	15	19	5	2	3	0
2	百色中院	1	5	1	2	0	3	0	0	0	0
3	玉林中院	1	5	0	4	1	0	0	1	0	0
4	贵港中院	3	6	2	3	1	0	0	1	0	2
5	柳州中院	2	11	0	5	1	5	0	0	1	1
6	桂林中院	5	2	2	0	1	2	2	0	0	0
7	河池中院	0	2	0	2	0	0	0	0	0	0
8	梧州中院	3	2	2	0	0	1	0	1	1	0
9	防城港中院	2	1	1	0	1	1	0	0	0	0
10	钦州中院	0	0	0	0	0	0	0	0	0	0
11	来宾中院	0	5	0	1	0	4	0	0	0	0
12	贺州中院	1	0	1	0	0	0	0	0	0	0
13	崇左中院	0	0	0	0	0	0	0	0	0	0
14	北海中院	0	2	0	0	0	2	0	0	0	0
总计	/	46	77	14	32	20	37	7	5	5	3

表 4　2019—2020 年案件类型发改原因统计

序号	案件类型	发改数量(件)		发改原因							
				认定事实不清		适用法律错误		认定事实不清、适用法律错误		其他（新证据等）	
		2019 年	2020 年	2019 年	2020 年	2019 年	2020 年	2019 年	2020 年	2019 年	2020 年
1	借贷类	12	18	5	10	1	6	3	1	3	1
2	与公司有关纠纷	6	15	2	9	3	2	0	2	1	2
3	破产衍生诉讼	2	9	1	1	1	6	0	0	0	2
4	金融证券票据纠纷	13	15	1	5	11	10	1	0	0	0
5	合同纠纷	13	19	5	8	4	6	3	1	1	4
6	其他案件类型	0	1	0	0	0	1	0	0	0	0
总计	/	46	77	14	33	20	31	7	4	5	9

由表 3 可知，2019 年，46 件发改案件中，事实认定及法律适用问题是案件发改的主因。其中，因“认定事实不清”发改的案件 14 件，占 30.43%；因“适用法律错误”发改的案件 20 件，占 43.48%；因“认定事实不清、适用法律错误”发改的案件 7 件，占 15.22%；因“其他”原因发改的案件 5 件，占 10.87%。

2020 年，77 件发改案件中，事实认定及法律适用问题是案件发改的主因。其中，因“认定事实不清”发改的案件 32 件，占 41.56%；因“法律适用错误”发改的案件 37 件，占 48.05%；因“认定事实不清、法律适用错误”发改的案件 5 件，占 6.49%；因“其他”原因发改的案件 3 件，占 3.89%。

二、发改案件中存在的主要问题

商事审判涉案类型较广，我区商事审判主要涉借贷类、合同类、公司类以及破产衍生诉讼等案件。本次统计分析中，涉金融证券类、破产衍生诉讼类上诉案件数量较大，均超过 100 件，主要由证券公司虚假陈述行为引发的群体性损害责任赔偿纠纷系列案件以及企业破产进入司法程序后多数债权人提起的、债务人维护合法权益提起的衍生诉讼案件两大部分组成。各类案件中，发改率较高的是涉公司、企业纠纷类案件，2020 年发改率高达 55.56%，借贷类和买卖合同等其他合同类案件的发改率位于第二。我区有必要加强法官在与公司、企业有关纠纷、合同纠纷等类型案件的审判指导和学习,以更好地服务营商环境。

（一）与公司有关纠纷案件

本次分析报告中,各中院上诉至高院与公司有关纠纷共45件,发改的案件21件,发改率为46.66%,在各类型案件中发改率最高。在上述发改案件发改原因中,认定事实不清与适用法律错误的案件比例持平。实际上,对于案件的法律定性错误既影响案件审理的方向、相关事实的查明,也影响对法律的正确适用,而法律定性错误又源于法律条文的理解不够、未能抓住现象的本质。例如,有的法院将联营合同关系认定为借贷关系,有的法院在审理董监高勤勉义务问题时,未能准确把握关于公司高级管理人履行忠实义务与勤勉义务职责的认定标准,遗漏查明相关事实,导致案件部分事实认定不清等。鉴于我庭在2020年已经印发《关于审理公司纠纷案件若干问题的裁判指引》,较为全面地梳理了公司纠纷中常见的疑难问题并进行系统性、体系性阐述分析,本报告主要选取发改案件中较为明显的、仍然存在错误认识的问题进行阐明。

1.公司具有独立法人人格,股东不得处置公司财产。

【关联法条】《公司法》第3条第1款规定:“公司是企业法人,有独立的法人财产,享有法人财产权。公司以其全部财产对公司的债务承担责任。”

【阐明】公司的独立法人人格主要体现在公司有自己独立的法人财产,并以其全部财产独立承担民事责任。虽然公司财产来源于股东的投资,但是股东不得直接分配、处分公司财产;换言之,股东将自己的财产作为投资交给公司,即丧失了对投资款的所有权和处分权。相应地,公司对外债务也由公司全部财产承担民事责任,股东亦仅就其出资额或认购的股份对公司债务承担责任。有的法院在审理此类案件时,没有正确认定公司和股东的权利义务,易混淆公司与股东对内权利和对外责任。

【案例】在江河公司诉水利公司股权转让纠纷案中[1],江河公司、水利公司作为目标公司伟江公司股东,在股权转让协议中处分了伟江公司债权,损害了伟江公司及其债权人的利益,该约定无效,一审法院未正确认识到伟江公司作为独立法人对其财产包括债权债务享有独立的权利,依据上述股权转让协议判决当事人履行合同义务,有违公司人格独立的法律规定。

[1] 详见(2019)桂民终684号民事判决书。

2. 公司利润分配问题。

【关联法条】《公司法》第46条"董事会对股东会负责,行使下列职权:……(五)制订公司的利润分配方案和弥补亏损方案;……"规定了公司利润具体是否、如何、何时分配方案应由董事会制定后形成决议。

最高人民法院《关于适用〈中华人民共和国公司法〉若干问题的规定(四)》第14条规定:"股东提交载明具体分配方案的股东会或者股东大会的有效决议,请求公司分配利润,公司拒绝分配利润且其关于无法执行决议的抗辩理由不成立的,人民法院应当判决公司按照决议载明的具体分配方案向股东分配利润。"第15条规定:"股东未提交载明具体分配方案的股东会或者股东大会决议,请求公司分配利润的,人民法院应当驳回其诉讼请求,但违反法律规定滥用股东权利导致公司不分配利润,给其他股东造成损失的除外。"

【阐明】股东投资的最终目的就是获得投资收益,利润分配权是股东的权力核心,因此,请求公司分配利润是股东的固有权利。但是实践中,是否以及如何进行利润分配,属于公司自治范畴,司法审判不能介入具体的公司利润分配。前述法律已规定股东在公司拒绝利润分配时的救济途径和裁判原则,也明确了公司股东在对利润方案形成决议前向人民法院请求分配,人民法院原则上是不予支持的,但违反法律规定滥用股东权利导致公司不分配利润给其他股东造成损失的除外。

【案例】在凌云公司诉上海公司盈余分配纠纷案中[1],凌云公司的股东上海公司在诉讼中未提供证据证实凌云公司及公司其他股东在公司利润不分配事项上滥用权利,本案并没有证据证明凌云公司股东会就公司分配利润形成决议,一审法院判决凌云公司向其股东上海公司支付公司利润,与前述法律规定不符,属于适用法律错误。

3. 公司为公司控股股东直系亲属担保,担保权人负有审慎审查公司章程以及公司担保决策机构决议的义务。

【关联法条】《公司法》第16条第2款规定:"公司为公司股东或者实际控制人提供担保的,必须经股东会或者股东大会决议。"

【阐明】上述《公司法》相关条文规定,公司对外提供一般担保和关联担保均应当由公司有权决议机构依法定程序作出决议。《全国法院民商事审判工作会议纪要》(2019)第17条内容也提出,不能由法定代表人单独决定公司的担保行为,必须以公

〔1〕 详见(2019)桂民终878号民事判决书。

司股东(大)会、董事会等公司机关的决议作为授权的基础和来源,如法定代表人未获得授权而为他人提供担保的,人民法院应当根据《合同法》第50条(现《民法典》第504条)关于法定代表人越权代表的规定,区分订立合同时债权人是否善意分别认定合同效力。第18条内容对善意的认定也提出了意见,对关联担保和非关联担保中善意的判断标准进行区分,前者要求债权人举证证明其在订立担保合同时对股东大会决议进行了审查,决议的表决程序符合法律要求;后者只要债权人能够证明其在订立担保合同时对董事会决议或股东大会决议进行了审查,表决程序合法,就应当认定其构成善意。

该类案件审理中,公司作为担保人时,人民法院应主动审查担保合同的效力是否因债权人未尽到必要的审查义务而受到影响。同时,关于关联担保的认定,也要根据案件具体情况进行判断,若名义上或形式上为对外担保,但被担保人与公司股东、实际控制人存在关联关系,或者有证据证明实际是为公司股东、实际控制人的债务提供担保的,应认定为关联担保。

【案例】在伍某与廖某、廖某1、廖某2、正菱集团、万象公司借款合同纠纷上诉案中[1],廖某是正菱集团法定代表人,并持有正菱集团83%股权,为该公司的实际控制人,廖某1、廖某2系其子女,为直系亲属,涉案借款全部由廖某指示并控制,构成关联担保,在此情况下,债权人伍某主张正菱集团担保合同有效需提供证据证明其已尽到《公司法》第16条所要求的审查义务,一审法院未将债权人需举证证明其是否尽到审慎审查公司章程以及公司担保决策机构决议的义务纳入审理范围,在对该内容未予查明的情况下径直裁判,存在错误,二审审理查明后进行改判。

4. 判断公司对外担保行为的效力依据应为公司机关决议,而非公司法定代表人或加盖公司印章所能单独决定。

【关联法条】《公司法》第16条规定:"公司向其他企业投资或者为他人提供担保,依照公司章程的规定,由董事会或者股东会、股东大会决议;公司章程对投资或者担保的总额及单项投资或者担保的数额有限额规定的,不得超过规定的限额。

公司为公司股东或者实际控制人提供担保的,必须经股东会或者股东大会决议。

前款规定的股东或者受前款规定的实际控制人支配的股东,不得参加前款规定事项的表决。该项表决由出席会议的其他股东所持表决权的过半数通过。"

【阐明】金融借款合同中涉及公司对外提供担保之效力争议时,应当适用《公司

〔1〕 详见(2019)桂民终534号民事判决书。

法》第16条关于“公司向其他企业投资或者为他人提供担保,依照公司章程的规定,由董事会或者股东会、股东大会决议”之规定,该条系对公司法定代表人代表权的法定限制规定,也就是说,公司对外提供担保不能仅以法定代表人对外签订合同并加盖公司印章为生效依据,而必须由公司股东会或者董事会等公司机关作出决议。人民法院在审理中应注意,公司股东会、董事会等公司机关的决议是授权的基础和来源,公司机关决议是判断公司担保行为是否为公司真实意思表示的直接证据,法定代表人有关公司提供担保的表意行为或公司盖章不能脱离公司机关决议而单独发生作用。

【案例】在金通小额贷款公司与新桂置业公司、泛亚物流公司等借款合同纠纷案[1]中,一审法院认为新桂置业公司作为保证人在《保证合同》上加盖的并不是新桂置业公司在公安机关的备案公章,导致合同不成立,故判决新桂置业公司不需对泛亚物流公司的借款承担保证责任,二审法院查明新桂置业公司为泛亚物流公司的借款提供担保有公司股东会决议,该决议有代表公司60%表决权的两名股东在决议上签字、盖章,符合新桂置业公司章程的规定,此时《保证合同》上加盖的是否为新桂置业公司备案公章并不影响合同效力,新桂置业公司应当按照合同约定承担保证责任。一审判决以《保证合同》及公司公章为依据来判断公司对外提供担保的效力错误,属于各级法院审理公司对外担保案件的共性问题,二审予以改判。

(二)借贷案件

本次分析报告中,各中院上诉至高院的非金融类借贷案件91件,发改的案件30件,发改率32.96%,发改率居各具体案件类型第二位。该类案件发改的主要原因为原审法院认定事实不清。同时,基于二审中因出现“新证据”或者“新事实”情形而改判的案件非常少,事实认定不清的主要原因在于一审法院在办理此类案件中对举证责任分配、证据“三性”分析以及证据证明力等相关规则的认识及把握不够准确。关于因法律适用错误而改判的案件,主要源于缺乏对相关法律、法规及司法解释条文的整体、全面掌握,导致对借贷合同有效性认定错误、利息起算时间点认定错误等。下面针对发改案件中的部分典型问题进行分析说明,以修正、统一认识。

1. 套取金融机构资金高利转贷的民间借贷合同无效。

【关联法条】《最高人民法院关于审理民间借贷案件适用法律若干问题的规定》(2015年)第14条第1项规定:“具有下列情形之一,人民法院应当认定民间借贷合

---

〔1〕 详见(2018)桂民终606号民事判决书。

同无效:(一)套取金融机构信贷资金又高利转贷给借款人,且借款人事先知道或者应当知道的。”(已修订)

新修订后的法条:《最高人民法院关于审理民间借贷案件适用法律若干问题的规定》(2020 年 12 月 29 日)第 13 条第 1 项规定:“具有下列情形之一的,人民法院应当认定民间借贷合同无效:(一)套取金融机构贷款转贷的。”

【阐明】金融机构发放贷款,目的是支持生产、经营,借款人套取金融机构贷款转贷的行为,一则是违背合同约定的贷款用途,使信用资金脱离监管或难以监管,资金安全难以保障;二则利用银行管制利率与市场利率的利差牟利行为,扰乱了国家对资金投向、利率宏观管控的秩序管理。前述立法的修改已经将“高利”、“借款人事先知道或者应当知道”的判断要素删除,对于转贷行为的认定标准予以放宽,也意味着对该类行为的严惩。

司法审判中,需要注意的是,转贷人与借款人之间签订的转贷合同无效,不导致银行与转贷人之间的金融借款合同无效,转贷人仍然要履行其与银行之间签订的金融借款合同。人民法院审理此类案件时,一是如一方当事人主张案涉出借资金属于套取金融机构贷款情形或在案件当事人的陈述中发现可能存在此种情形,受理法院应注意审查出借人的资金是否直接源于银行信贷资金、出借人或贷款人的信贷目的是否为用于转贷,主要从是否有相应的银行信贷证据、所涉银行信贷资金的流转情况等方面进行审查。二是套取金融机构贷款的行为不限于出借人本人,应追溯所出借资金是否源于金融机构。三是如出借人举证证明出借人向借款人出借款项时有未清偿的银行贷款记录,而出借人未能举证证明资金通过其他来源取得,则可以推定出借人有套取信贷资金的行为。

【案例一】在日照公司、通海公司与物资集团公司、山煤国际公司民间借贷纠纷上诉案中[1],日照公司、通海公司与物资集团签订的《煤炭买卖合同》是以虚假意思表示签订,隐藏的是企业之间的民间借贷法律关系,通海公司凭借该《煤炭买卖合同》以及物资集团公司向其出具的《关于合同付款方式调整的确认函》和银行承兑汇票,向银行贴现,上述各方当事人行为实际上构成套取银行金融资金转贷,一审法院未能识别本案当事人向银行承兑本质实为套取银行资金,未对借贷合同的效力作出正确认定,二审法院对此进行纠正。

---

〔1〕 详见(2019)桂民终 412 号民事判决书。

【案例二】在仁德公司与桂泰地和公司借款合同纠纷案[1]中，地产公司与桂泰地和公司为母子公司，地产公司从银行取得案涉两笔贷款后，转款给其子公司桂泰地和公司，再通过桂泰地和公司借款给仁德公司，并以远高于当时的基准利率即年利率10%收取利息，并且借款人仁德公司事前知晓案涉借款源自于银行，按照当时施行的最高人民法院《关于审理民间借贷案件适用法律若干问题的规定》第14条第1项规定，该借贷行为无效。本案一审法院以地产公司未参与案涉《借款协议》签订履行，未从中受益或受损为由未认定案涉借贷行为属于套取金融机构信贷资金并高利转贷的行为。二审法院认为，虽然地产公司不是借贷的当事人，但是出借人桂泰地和公司借款给仁德公司的1.9亿元不是其自有资金，而是来源于银行的信贷资金，符合套取信贷资金的行为，一审法院理解与适用法律错误，对一审判决予以改判。

2. 担保债权人对第三人提供的物保和保证人的保证具有选择权或可同时主张。

【关联法条】《担保法》(1995年)第28条规定:"同一债权既有保证又有物的担保的，保证人对物的担保以外的债权承担保证责任。债权人放弃物的担保的，保证人在债权人放弃权利的范围内免除保证责任。"

《物权法》(2007年)第176条规定:"被担保的债权既有物的担保又有人的担保的，债务人不履行到期债务或者发生当事人约定的实现担保物权的情形，债权人应当按照约定实现债权;没有约定或者约定不明确，债务人自己提供物的担保的，债权人应当先就该物的担保实现债权;第三人提供物的担保的，债权人可以就物的担保实现债权，也可以要求保证人承担保证责任。提供担保的第三人承担担保责任后，有权向债务人追偿。"

《民法典》(2020年)第392条是在《物权法》第176条的基础上将"……也可以要求保证人承担保证责任。……"修改为"……也可以请求保证人承担保证责任。……"

上述相关法律规定是有关人保和物保并存时担保权的实行规则，《担保法》规定人保的担保责任范围在物的担保范围之外，《物权法》在《担保法》之后修订，并未延续采用《担保法》该项内容，而是进一步明确，首先，尊重当事人的意思自治，债权人应当按约定就人保或者物保实现债权。其次，存在多种担保的情形中，债务人提供物保且各方之间未明确约定如何清偿的，从社会公众观念及常情常理看，主债务人作为本位债务承担者，其提供的担保应优先于其他担保人承担债务清偿责任。同时，通过在

[1] 详见(2019)桂民终796号民事判决书。

一定程度上限制债权人的选择权以达到节约社会成本的效果。最后，第三人提供物保以及还有其他担保方式的，各担保人之间是平等地位，债权人享有选择权，可以行使担保物权亦可行使保证债权。

《物权法》、《民法典》相较《担保法》为新法，根据新法优于旧法的法律适用原则，《担保法》第28条的规定与《物权法》、《民法典》相应规定冲突，对2007年10月1日（其中《物权法》于2021年1月1日废止）以后发生的法律事实应分别适用《物权法》、《民法典》。

【案例】在桂博矿业公司与农行博白支行、三门英超公司、叶某、吴某、章某、郑某、姚某借款合同纠纷上诉案中[1]，第三人三门英超公司、叶某、吴某为涉案债权提供了物保，叶某、章某、郑某、姚某为涉案债权提供人保，债务人桂博矿业公司未履行到期债务时，一审判决依据原《担保法》第28条的规定认定叶某等4人对桂博矿业公司的债务在2500万元范围内对叶某、吴某、三门英超公司提供的担保物不足以清偿的部分向农行博白支行承担连带清偿责任，与现行法律规定和涉案的合同约定不符，属于适用法律错误。二审法院考虑一审判决对叶某等四人的上述保证责任判项实际上是减轻了该四人依据《最高额保证合同》所应承担的连带保证责任。农行博白支行虽然在二审答辩中亦提出一审判决对保证人叶某等四人的责任认定错误，但该支行作为债权人在一审判决后没有提出上诉，本案的上诉人为桂博矿业公司，根据最高人民法院《关于适用〈中华人民共和国民事诉讼法〉的解释》第323条的规定，二审法院对一审判决关于叶某等四人在本案中应承担的保证责任范围之认定不予调整，即维持原审判决对于叶某等四人的保证责任认定。

3. 借款人根据合同约定将款项转给其关联人员的性质的认定。

【关联法条】《合同法》第196条规定："借款合同是借款人向贷款人借款，到期返还借款并支付利息的合同。"（《民法典》第667条）

【阐明】借款合同分为自然人之间的借款合同与非自然人之间的借款合同。自然人之间的借款合同自借款交付时成立，而非自然人之间的借款合同原则上自借款合同达成合意时成立。一般情况下借贷双方采取现实交付方式，但也存在例外情形，即指示交付。借款双方可以通过在借款合同中约定借款交付给第三人，或者通过借款人向出借人出具委托书的形式指示交付，抑或口头指示出借人交付第三人的形式，不管是基于哪种形式约定，出借人向第三人交付借款必须是经由借款人的指示。在审

---

〔1〕 详见（2019）桂民终282号民事判决书。

判实践中,出借人已交付借款的证明责任应由出借人承担。相应地,采用指示交付借款的,出借人需证明其将借款交付给第三人是按照借款人的指示履行,并且其已经向第三人交付。一般情况下,借贷双方在合同中约定了借款交付的对象(第三人),出借人能够证明借款已经交付给合同约定的第三人即可,但司法实践中,还应注意结合具体案情,判断出借人向第三人交付的款项是否为借款。

【案例】在黄某、李某、鼎越公司、恒源公司与华鑫公司借款合同纠纷案〔1〕中,借款人向出借人华鑫公司出具了一份《委托书》,委托出借人华鑫公司将涉案其中400万元转入第三人姚某的账户中,出借人于2018年9月5日、9月11日分别向姚某账户转入300万元、100万元,经二审查明出借人向姚某账户转入的款项的时间晚于借款合同的借还款时间,该两笔款项不应认定为案涉借款,一审法院没有审查案涉借款的具体转账情况,仅凭《委托书》的记载就笼统地认定案涉借款本金为4400万元证据不足。

4. 借贷合同约定违约方承担律师费,但守约方未实际支出律师费是否应支持承担律师费用。

【关联法条】《最高人民法院关于审理民间借贷案件适用法律若干问题的规定》(2020年修正)第29条规定:"出借人与借款人既约定了逾期利率,又约定了违约金或者其他费用,出借人可以选择主张逾期利息、违约金或者其他费用,也可以一并主张,但是总计超过合同成立时一年期贷款市场报价利率四倍的部分,人民法院不予支持。"

【阐明】民间借贷纠纷案件中,当事人经常在合同中约定由违约方承担律师费,一方当事人提起诉讼时除了要求对方当事人承担逾期利息、违约金等请求外,还一并主张借款合同约定的律师费用和诉讼费用等。《最高人民法院关于审理民间借贷案件适用法律若干问题的规定》第29条规定,出借人与借款人约定的逾期利率,违约金或者其他费用,但总计超过合同成立时一年期贷款市场报价利率4倍的部分,人民法院不予支持。而双方约定的律师费用和诉讼费用不应包含在该条款规定的其他费用中,主要理由在于:《最高人民法院关于审理民间借贷案件适用法律若干问题的规定》第29条的立法目的为解决在借贷双方对逾期利率、违约金以及其他费用一并约定时,如何平衡保护当事人之间的权益问题。实践中,"其他费用"主要涉及出借人和借款人所约定的服务费、咨询费、管理费等,通常该类费用是当事人变相提高借款利率、

〔1〕 详见(2019)桂民终575号民事判决书。

规避利率管制的方式,本质上应认定为利息,并受司法保护的利率上限约束。而律师费用、诉讼费用是借款人的借款债权获得清偿、权益得到保障所必要支出的成本,不应将律师费用、诉讼保全费用等归入“其他费用”的范畴。

同时,律师费用、诉讼费用的产生并非必然。在此种情况下,诉讼费用不包含在“其他费用”之内具有合理性。实践中,若借贷双方虽然在借款合同中约定违约方承担律师费,但守约方未实际支出律师费,就不存在守约方因违约方违约,其为维护自己合法权益而产生维权成本。该情形下守约方在诉讼中诉请违约方支付律师费,人民法院应不予支持。

【案例】在联壮公司、柳柴公司、恒泰公司、尔海公司、华腾公司、覃某与凌某及泛宇公司、覃某、覃某、覃某民间借贷纠纷案[1]中,依据案涉《借款合同》的约定,违约方联壮公司应承担凌某因追索本案债权产生的律师费等费用;凌某与广西同望(柳州)律师事务所签订的委托代理合同约定,广西同望(柳州)律师事务所指派律师作为本案一审凌某的诉讼代理人,凌某在本案一审终结时支付律师代理费69.3万元给广西同望(柳州)律师事务所。但凌某未提交有实际转款的凭证等相关证据证明已实际支付了上述律师费,凌某有关案件律师费的主张应不予支持,一审法院未查明律师费用是否实际支付而直接支持凌某关于律师费的请求不当,二审对此改判纠正。

5. 融资性买卖合同纠纷如能认定名为买卖实为借贷,应修改案由为借贷并按借贷法律关系审理。

【关联法条】《民法总则》第146条规定:“行为人与相对人以虚假的意思表示实施的民事法律行为无效。以虚假的意思表示隐藏的民事法律行为的效力,依照有关法律规定处理。”(《民法典》第146条)

【阐明】在相关立法将民间借贷主体拓宽为包括法人、非法人前,我国民事法律对企业间放贷的规制较为严格,企业为达到融资目的,常以签订融资性买卖合同掩盖真实的借贷行为。在处理融资性买卖合同相关案件中,需准确识别虚假行为,探求当事人之间的真实意思表示,如构成前述以买卖合同掩盖借贷行为的情形的,应认定虚假意思表示无效,对于真实的意思表示则根据相应的法律及司法解释进行效力评价及作相关审理。人民法院应按真实的法律关系确定案由。

【案例】在亚豪公司与启晨公司及聚益公司、深大公司、中润公司、方舟公司、新源

---

[1] 详见(2019)桂民终847号民事判决书。

公司、天宝公司、长风公司、王某借款合同纠纷案[1]中，该案一审法院已查明在相关刑事案件中王某自认铁矿石销售合同是虚假合同的事实。本案实际系王某利用其控制的公司与玉柴能化公司订立虚假铁矿石销售合同实现获取玉柴能化公司出借的资金以及向玉柴能化公司返还借款本息的目的。合同当事人之间签订虚假铁矿石销售合同，隐藏的是王某与玉柴能化公司之间真实的借款合同关系，案涉纠纷应定性为借款合同纠纷，一审判决定性为融资性买卖合同纠纷不当，二审法院进行改判纠正。

6. 担保人为名为买卖实为借款合同提供担保的责任认定问题。

【关联法条】《物权法》第 172 条第 1 款规定："设立担保物权，应当依照本法和其他法律的规定订立担保合同。担保合同是主债权债务合同的从合同。主债权债务合同无效，担保合同无效，但法律另有规定的除外。"（《民法典》第 388 条第 1 款）

【阐明】担保人为名为买卖合同实为借款合同的债务提供担保时，法院虽认定主合同不构成买卖法律关系，但担保人仍可能要承担保证责任。根据原《物权法》第 172 条第 1 款"设立担保物权，应当依照本法和其他法律的规定订立担保合同。担保合同是主债权债务合同的从合同。主债权债务合同无效，担保合同无效，但法律另有规定的除外"的规定，在主债权合同无效的情况下，担保合同无效并不存在疑问，但"买卖合同"经审理并不构成买卖法律关系，只是其合同性质发生了变化，并不等于真实的合同无效，故担保合同也不必然无效。如果主合同有效且担保人对主合同的内容、权利义务关系的约定均清楚了解，担保合同本身也没有法定无效的情形，则法院应当尊重当事人的意思表示，不应仅因主合同的法律定性发生变化而认定担保合同必然无效。

【案例】在铁投方辰公司与世纪东风公司、格林公司等企业借贷纠纷案[2]中，一审法院以铁投方辰公司与世纪东风公司之间实际不存在钢材买卖合同法律关系而担保人是为《钢材经营合作协议》合同项下义务提供担保为由，驳回债权人要求担保人清偿债务的诉讼请求。二审法院认为，担保是担保人对债权人承诺在债务人未能或者不能清偿债务时，替代债务人清偿债务或以特定的价值物清偿债务，其功能在于担保主债务人的履约能力，无论本案主合同是何种法律关系，铁投方辰公司与世纪东风公司之间均是因为该合同形成债权债务关系，只要发生债务人不能清偿债务的情形，担保人均应在合同约定的债务范围内承担担保责任。

---

〔1〕 详见（2019）桂民终 264 号民事判决书。

〔2〕 详见（2018）桂民终 171 号民事判决书。

（三）金融证券票据类纠纷所涉问题

1. 客户能查看但实际未查看到关于追加保证金的通知事项，并不影响期货公司通知义务已实际履行的结果。

【关联法条】《最高人民法院关于审理期货纠纷案件若干问题的规定》(2020年修正)第36条第2款规定："客户的交易保证金不足，又未能按期货经纪合同约定的时间追加保证金的，按期货经纪合同的约定处理；约定不明确的，期货公司有权就其未平仓的期货合约强行平仓，强行平仓造成的损失，由客户承担。"

第57条第2款规定："期货公司向客户发出追加保证金的通知，客户否认收到上述通知的，由期货公司承担举证责任。"

【阐明】期货交易中因期货公司强行平仓引发纠纷的数量较多，其主要争议是期货公司是否按照法律规定和合同约定履行了向客户发出追加保证金的通知义务。对于通知义务的审查，人民法院可以根据《期货经纪合同》的约定、当事人签署合同情况、期货公司发送交易结算数据记录、交易客户的知识水平、交易习惯、查询能力、查询记录等方面以及结合交易终端与查询网站的数据关联情况进行综合判断。

【案例】在蒙某与国海期货公司、国海证券公司贵港营业部期货强行平仓纠纷案[1]中，一审法院认为证券公司营业部是在强行平仓行为发生之后将《期货经纪合同》交付蒙某，短信告知追加保证金后也没有预留必要合理的时间即强行平仓，没有依约履行通知义务，应对强行平仓造成蒙某损失予以赔偿。但二审法院给予当事人充分主张和举证的权利，在组织当事人进行期货保证金查询系统操作演示、依申请调取期货保证金监控中心蒙某的登录记录等证据后，综合认定期货公司已按合同约定向蒙某发送交易结算数据和追加保证金通知。实际上，客户只要能够登录期货交易软件，能够在持仓过程中随时关注持仓、保证金和权益变化情况及妥善处理交易持仓，则应视为其已查看到并知晓通知内容，即使其实际确未查看到通知事项，也不影响期货公司通知义务已实际履行的结果。一审法院未能考虑到蒙某在《期货交易风险说明书》《客户须知》上签署确认的内容以及其开户后进行多年期货交易、应当知晓数据及通知的查询方式途径的事实，仅凭蒙某未收到《期货经纪合同》就认定国海公司不能举证证明蒙某收悉每日交易结算报告和追加保证金通知，属于认定基本事实不清，二审予以纠正。

2. 债权人转让权利，在受让人为非金融机构的情形下，受让人不应享有收取复利

---

[1] 详见(2019)桂民终767号民事判决书。

的权利。

【关联法条】《合同法》第81条规定:“债权人转让权利的,受让人取得与债权有关的从权利,但该从权利专属于债权人自身的除外。”(《民法典》第547条第1款)

【阐明】金融不良债权追偿纠纷中,受让人为非金融机构,能否因债权转让取得计收复利的权利,在审判实践中存在争议。但是,根据《合同法》第81条“债权人转让权利的,受让人取得与债权有关的从权利,但该从权利专属于债权人自身的除外”的规定,收取复利应当属于金融机构的权利,具有专属性,人民法院在审理中应当注意,在受让人为非金融机构的债权转让案件中,不应支持受让人享有收取复利权利的请求。

【案例】在柳州五兄弟实业有限公司与柳州市东都百货有限责任公司金融不良债权追偿纠纷案[1]中,实业公司未能清偿银行借款本息,银行将上述贷款债权转让给金融资产管理公司,后该金融资产管理公司再将贷款债权转让给百货公司,百货公司诉至法院请求实业公司清偿借款本金、利息、罚息和复利。一审法院认为百货公司通过受让方式继受取得借款合同中贷款人的相关权利,实业公司应向百货公司履行还款义务故支持百货公司的全部诉讼请求,实际上未考虑到作为债权受让人的百货公司并非商业银行和金融资产管理公司,不应享有收取复利的权利。一审法院判决实业公司向百货公司支付复利错误,二审法院予以改判。

3. 投资人因受到证券市场系统风险和公司资产重组失败等因素影响而产生的投资损失,应由投资人自行承担。

【关联法条】《最高人民法院关于审理证券市场因虚假陈述引发的民事赔偿案件的若干规定》第19条规定:“被告举证证明原告具有以下情形的,人民法院应当认定虚假陈述与损害结果之间不存在因果关系:(一)在虚假陈述揭露日或者更正日之前已经卖出证券;(二)在虚假陈述揭露日或者更正日及以后进行的投资;(三)明知虚假陈述存在而进行的投资;(四)损失或者部分损失是由证券市场系统风险等其他因素所导致;(五)属于恶意投资、操纵证券价格的。”

【阐明】在证券虚假陈述责任纠纷中,上市公司股票价格的变动往往同时还受到公司重组、证券市场系统风险等多种因素影响,投资人的损失一般也并非仅由上市公司的虚假陈述行为所导致。人民法院在审查认定投资人的部分投资损失与上市公司的虚假陈述行为确有因果关系之后,在上市公司主张并进行相关举证后,仍应考虑投资人是否有部分损失受到证券市场系统风险或者受到基于企业自身经营产生的非系

---

〔1〕 详见(2020)桂民终1692号民事判决书。

统风险的影响。

《最高人民法院关于审理证券市场因虚假陈述引发的民事赔偿案件的若干规定》第 19 条第 4 项规定“损失或者部分损失是由证券市场系统风险等其他因素所导致”的事实由信息披露义务人举证证明,人民法院可以通过审查投资人投资行为发生的时间是否在系统风险发生的时间区间范围判断损失与系统风险是否存在因果关系。对于相关损失是否有受到企业自身经营的影响,可以通过审查相应期间上市公司披露的信息以及是否对股票价格产生影响进行判断。

【案例】在慧金公司与杜某证券虚假陈述责任纠纷案〔1〕中,一审法院未剔除上述因素的影响,直接判令慧金公司承担投资人的全部投资损失错误,二审法院依据慧金公司的举证补充认定了关于证券市场系统风险及公司资产重组的部分事实,并根据证券市场大盘指数跌幅情况结合公司股票价格在该期间的跌幅情况、公司资产重组终止信息公告前后股票价格的跌幅情况等,酌情确定上述因素对投资人损失的影响力比例,从慧金公司的赔偿数额中予以扣减,具有较强的示范意义。

4. 受信人申请银行开具银行承兑汇票的最高授信额度认定以及保证人的保证范围认定问题。

【阐明】在银行与企业之间为出具银行承兑汇票而建立的资金关系中,为降低授信风险,银行通常要求企业提供担保,其中由债务人以外的主体提供最高额保证较为常见,此类纠纷往往涉及保证人的保证范围认定问题,而在对保证人保证范围认定过程中,需要对银行承兑汇票的最高授信额度、授信额度循环使用条件作出认定。

(1)最高授信额度是受信人与授信人在授信期间形成的最高债务数额,法院应当综合审查授信协议的合同约定内容以及实际履行情况来认定授信额度的计算依据。若在授信协议中虽约定是以银行承兑汇票的敞口金额计算授信额度,当事人在合同实际履行中却是以银行承兑汇票的票面金额计算授信额度,则应当按照当事人实际履行情况即银行承兑汇票的票面金额来认定授信额度。

(2)受信人申请银行开具银行承兑汇票所交纳的保证金,实质是债的担保,具体为质押担保。保证金质押的目的仅是使用以担保的货币所有权不发生转移而独立于出质人和质权人的财产,但并不意味着保证金账户内用以出质的金钱等同于债务清偿。保证金仍然属于债务人提供的担保,不因质押改变保证金的权属性质,债务人交纳保证金的行为不构成债务清偿也因此并不导致授信额度的释放。

---

〔1〕 详见(2019)桂民终 377 号民事判决书。

【案例】在长城公司与物储公司、物资集团合同纠纷案[1]中，依据光大银行与物储公司签订《综合授信协议》的约定，在授信期限内，只有具体业务项下的债务全部清偿，物储公司才可循环使用具体授信额度。之后双方签订《补充协议》约定以追加银行承兑汇票保证金的方式释放授信额度，实际上改变了《综合授信协议》约定的授信额度循环使用条件，属于债权人与债务人协议变更主合同，但未取得担保人物资集团的书面同意，故《补充协议》对物资集团不产生效力，物资集团仍应根据其所签订的《最高额保证合同》仅对《综合授信协议》约定的最高授信额度范围内未予清偿债务部分产生的垫付款本息承担保证责任。一审法院以《最高额保证合同》对保证范围已作明确约定为由，认为物资集团担保的是保证期间内形成的全部债务而非承兑汇票票面金额，判令物资集团对光大银行向物储公司超出最高授信额度范围开具的汇票所形成的垫付款承担连带清偿责任，错误认定保证人的保证范围，属于部分适用法律错误，二审予以改判。

（四）破产债权衍生诉讼类案件

1. 企业进入破产程序后，自破产申请受理之日后两个月视为解除未履行完毕的合同。

【关联法条】《企业破产法》第18条规定："人民法院受理破产申请后，管理人对破产申请受理前成立而债务人和对方当事人均未履行完毕的合同有权决定解除或者继续履行，并通知对方当事人。管理人自破产申请受理之日起二个月内未通知对方当事人，或者自收到对方当事人催告之日起三十日内未答复的，视为解除合同。

管理人决定继续履行合同的，对方当事人应当履行；但是，对方当事人有权要求管理人提供担保。管理人不提供担保的，视为解除合同。"

【阐明】企业进入破产程序后，对于破产企业与合同相对方未履行完毕的合同需要视情况做不同处理。延续对破产企业有利的合同，解除破产企业不利的合同，确保破产企业财产价值最大化，保障破产企业全体债权人的合法权益。同时，为了防止管理人怠于行使选择权，为市场主体提供合理的预期，《企业破产法》第18条还赋予合同相对方催告权，并规定管理人行使选择权应当在人民法院裁定受理破产申请之日起2个月内通知对方当事人，或者自收到对方当事人催告之日起30日内予以答复，否则视为解除合同。

---

[1] 详见(2019)桂民终179号民事判决书。

【案例】在龙地公司与实业公司普通破产债权确认纠纷案[1]中,2012年12月15日实业公司与龙地公司签订了第三份物业管理委托合同,约定自2012年12月1日至2025年11月30日止,实业公司委托龙地公司为外沙海鲜岛保洁、物业管理服务,并由实业公司提供物业管理用房给龙地公司,后实业公司没有及时提供物业管理用房,导致龙地公司另行租赁场地作为物业管理用房从而产生租赁办公场所费用。2018年10月10日,人民法院裁定受理实业公司破产清算一案,龙地公司向人民法院提请违约赔偿诉讼,本案争议焦点其中之一为龙地公司租金损失计算截止时间点。前述法律规定,自破产申请受理之日起二个月内未通知对方当事人的,视为解除合同。实业公司进入破产程序以后,破产企业的任务即为清理债务,双方之间的物业管理委托关系即将解除,龙地公司应当及时主动止损,在合理期限内就物业用房终止其与第三方的租赁关系。管理人没有发出通知,应当从破产申请受理之日起二个月后作为合同解除时间。因此,龙地公司请求租金损失的截止时间点为实业公司进入破产程序后的二个月,一审法院按照实业公司破产申请受理时间为节点,适用法律错误,二审改判了该案。

2. 破产债权确认纠纷在二审变更诉讼请求的处理

【关联法条】《最高人民法院关于民事诉讼证据的若干规定》第53条规定:“诉讼过程中,当事人主张的法律关系性质或者民事行为效力与人民法院根据案件事实作出的认定不一致的,人民法院应当将法律关系性质或者民事行为效力作为焦点问题进行审理。但法律关系性质对裁判理由及结果没有影响,或者有关问题已经当事人充分辩论的除外。“存在前款情形,当事人根据法庭审理情况变更诉讼请求的,人民法院应当准许并可以根据案件的具体情况重新指定举证期限。”

【阐明】诉讼请求是原告方当事人就其与对方当事人之间的民事纠纷如何处理的主张,亦是人民法院裁判的对象。实践中,原告方起诉所主张的法律关系的性质或民事行为的效力,与人民法院根据案件事实作出的判断不一致的,依据《最高人民法院关于民事诉讼证据的若干规定》第53条的规定,人民法院应当告知当事人可以变更诉请。在破产债权确认纠纷案件中,形成破产债权的基础法律关系具有多样性,债务人破产前债权人可以通过多种方式请求实现其债权,但是在债务人破产之后,非金钱给付之债通常出现客观履行不能,债务人只能以货币形式代替履行所负债务。企业破产事实所引发的诉讼的基础法律关系皆归为破产债权确认纠纷。在破产衍生诉讼

---

〔1〕 详见(2020)桂民终854号民事判决书。

中，较多破产债权人未能正确认识破产债权的特殊性，以给付之诉、确认之诉等多种形式主张债权，基于诉讼经济原则以及避免造成司法资源浪费和当事人的讼累，人民法院应当告知并引导当事人变更诉请。若人民法院在审理此类案件时疏忽未履行告知义务，当事人在二审时将原基础法律关系的请求权变更为破产债权确认纠纷的金钱给付请求权时，虽然一审法院审理该案时存在程序瑕疵，但破产债权人的实体权利基础未发生改变，标的额也没有超出原一审的诉请范围，同时也兼顾考虑破产衍生诉讼审理对推进破产程序的影响，避免此类案件久拖不结阻碍破产进程，可以准许破产债权人在二审变更诉请。

【案例】在梁某与华硕公司及谢某、莫某破产债权确认纠纷案[1]中，二审审理期间，梁某向二审法院申请变更诉请，请求将其在一审起诉提出的请求华硕公司向梁某交付柳州市三中路59号明硕科技商业大厦2-60号房屋、办理该房屋的不动产权证书、支付违约金变更为请求确认其已交付了购房款并要求确认该款项属于华硕公司破产债权中的购房者债权、违约金属于华硕公司破产债权中的普通债权。鉴于一审法院没有向梁某做释明工作，一审法院审理本案存在程序瑕疵，并且梁某在一审起诉请求给付房屋并办理不动产权证，其权利性质是物权请求权，但由于华硕公司进入破产程序，公司财产转化为破产财产，梁某的物权请求权转化为债权请求权，但是权利基础是相同的，尽管梁某在二审变更诉请，但并没有超出一审的诉请范围。二审对梁某变更诉请的请求予以准许。

3. 借款人以保证人破产为由重新诉请确认债权人对其利息计算至破产债权之日。

【关联法条】《企业破产法》第46条规定："未到期的债权，在破产申请受理时视为到期。附利息的债权自破产申请受理时起停止计息。"

【阐明】在普通民事活动中，附利息的债权到期后，债务人需要清偿本金和利息，利息计算期限自债务发生之日起至债务履行之日止。当债务人进入破产程序后，为了破产程序的顺利进行，有必要在债权人申报债权时确定债权的具体数额。因此，有必要在破产申请受理时停止计息。在借款合同纠纷案件中，保证人进入破产程序后，债权人对保证人的担保债权转化为破产债权，原来担保债权所附的利息应依据破产法相关规定计算至破产清算之日止，但是债权人对主债务人享有的债权是合同法赋予债权人的法定权利，与破产程序无关，是故担保人进入破产程序，主债权当然不受

[1] 详见(2020)桂民终1653号民事判决书。

《企业破产法》停止计息的约束，债权人仍然有权要求主债务人依照借款合同的约定履行义务。在人民法院对借款合同纠纷案件已作出生效判决后，保证人进入破产程序，保证债权利息应依照前述法律规定计算至破产申请受理之日；债权人可以依据生效判决向破产管理人申报债权，对于该笔债权，债权人无须再通过诉讼程序进行确认。主债务人以保证人进入破产程序为由诉请主债权利息应计算至破产重整清算之日止，缺乏法律依据，同时，根据最高人民法院《关于适用〈中华人民共和国民事诉讼法〉的解释》第247条的规定，当事人构成重复诉讼的，应裁定驳回起诉。

【案例】在吴某与农行桂林分行、金穗公司金融借款合同纠纷案[1]中，吴某因购房贷款向农行桂林分行欠下债务，金穗公司为上述债务的保证人，该贷款本息经广西壮族自治区叠彩区人民法院审理后作出990号判决，已发生法律效力，吴某以保证人金穗公司进入破产程序为由主张该债权利息应计算至宣告破产之日，构成重复起诉，违反了一事不再理原则，应当驳回起诉。而担保债权的利息时间计算问题，可以向破产管理申报，而不应重复走司法程序。

4. 重整程序中未经申报债权在重整执行期间不可提起诉讼。

【关联法条】《企业破产法》第92条规定："经人民法院裁定批准的重整计划，对债务人和全体债权人均有约束力。债权人未依照本法规定申报债权的，在重整计划执行期间不得行使权利；在重整计划执行完毕后，可以按照重整计划规定的同类债权的清偿条件行使权利。债权人对债务人的保证人和其他连带债务人所享有的权利，不受重整计划的影响。"

【阐明】依据上述规定，经人民法院裁定批准的重整计划，对债务人和全体债权人均有约束力。为了保障重整计划的顺利进行，禁止未依法申报债权的债权人在重整计划执行期间行使权利。债权人在债权申报期限内未申报债权，便不得在重整计划执行期间通过行使诉权达到主张债权或者请求赔偿的目的。

【案例】在优扬公司诉东港公司破产债权确认纠纷案[2]中，东港公司于2018年11月27日向玉林市中级人民法院申请破产重整，玉林市中级人民法院于2018年12月6日作出(2018)桂09破申8号民事裁定，裁定受理东港公司的重整申请。2019年11月20日，玉林市中级人民法院作出(2019)桂09破1号之二民事裁定，裁定批准东港公司重整计划草案，终止东港公司重整程序。依据东港公司重整计划草案，重整计

[1] 详见(2020)桂民终1653号民事判决书。

[2] 详见(2019)桂民终883号民事判决书。

划执行期限至2020年10月31日支付完最后一期投资款时止。优扬公司在债权申报期限内未申报债权，其在东港公司重整计划期间向管理人申报债权，其对管理人审查意见有异议，提起破产债权确认之诉，依据《企业破产法》第92条第1款、第2款规定及《民事诉讼法》第124条第6项的规定，对优扬公司的起诉应不予受理。一审法院对优扬公司的起诉不予受理，虽然理由不当，但处理结果正确。

（五）合同纠纷有关问题

2019年分析报告中，除借贷合同案件外因其他合同纠纷上诉36件，发改13件，发改率为36.11%。2020年分析报告中，除借贷合同案件外因其他合同纠纷上诉43件，发改19件，发改率为44.19%。本庭发改的合同类案件涉及买卖合同、委托合同、仓储合同、租赁合同、承包经营合同等合同纠纷。

1.对单一证据审查认定时不应局限于证据中表述的具体名称，而应结合其他证据及相关领域常识等综合认定其关联性及证明力。

【关联法条】《最高人民法院关于民事诉讼证据的若干规定》第85条第2款规定："审判人员应当依照法定程序，全面、客观地审核证据，依据法律的规定，遵循法官职业道德，运用逻辑推理和日常生活经验，对证据有无证明力和证明力大小独立进行判断，并公开判断的理由和结果。"

【阐明】在买卖合同发改原因中，一审判决认定事实缺乏证据、认定事实不清等是该类型案件发改的主要原因，但基于二审出现"新证据"或者"新事实"情形而改判的案件却非常少，原因主要是一审法院对该类合同案件的举证责任未能明确分配、未能给予当事人充分举证说明的机会，且对证据的审查认定亦不细致，导致因认定事实错误而改判。一审法院该类案件的事实查明过程中，对于买卖标的物范围、数量、欠付等事实，应全面审查证据、结合证据之间相互印证的内容慎重作出相关认定。

【案例】在昭信公司与新华文盛公司买卖合同纠纷案[1]中，一审法院在确定应结算货款的图书书目范围时，认定昭信公司提交的证据《文盛公司与昭信公司待结算货款明细》中记载的《地方教材》该书目名称不在涉案《代理销售协议》及《合作协议》约定的图书产品范围之内，故不支持对该书目结算货款的诉讼请求。昭信公司上诉称其从未确认该内容，二审法院审查双方证据发现"地方教材"并非一个书目名称，而是一批具体书目的惯常统称，《代理销售协议》约定的代销产品其中有四项正是属于"地方教材"的概念范畴，且书目名称与新华文盛公司提供的收货、销售记录相吻合，

---

〔1〕详见(2018)桂民终783号民事判决书。

应认定该类书目属于应结算货款范围。另有四类图书虽然不在涉案合同约定的代销范围，但是双方在待结算货款明细中均已确认该四类图书的销售码洋，说明当事人在实际履行合同过程中增加了该四类图书销售，一审法院认定该四类图书与本案无关不予一并审理不当，二审予以改判。

2. 对涉案合同的法律性质认定错误，容易忽略比较此类与彼类合同的区别特征。

【关联法条】《合同法》第130条规定："买卖合同是出卖人转移标的物的所有权于买受人，买受人支付价款的合同。"（《民法典》第595条）

【阐明】合同类案件法律适用方面的问题，主要体现在相关法律、法规及司法解释条文的含义理解错误，造成对涉案合同的定性错误，以及遗漏适用相关法律规定。如合同纠纷的发改案件中存在对买卖合同、委托合同、行纪合同法律关系未能正确区辨的现象。买卖合同是出卖人转移标的物的所有权于买受人，买受人支付价款的合同；委托合同是委托人和受托人约定，由受托人处理委托人事务的合同；行纪合同是行纪人以自己的名义为委托人从事贸易活动，委托人支付报酬的合同；三种法律关系区辨的关键在于标的物所有权归谁所有、由谁占有并处分，委托或行纪关系中标的物均为按照委托人的意思处分标的物，买卖关系则是标的物在转移至买方后，由买方按照己方意志自由处分。

【案例】在昭信公司与新华文盛公司买卖合同纠纷案[1]中，涉案《代理销售协议》约定新华文盛公司代理销售产品、昭信公司负责供货、新华文盛公司负责与发行对象结算货款、新华文盛公司在货款回笼后与昭信公司进行货款结算，《合作协议》约定昭信公司确保代销产品合法性和质量以及发货、新华文盛公司负责征订发行以及与发行对象结算货款，新华文盛公司为履行《合作协议》应将收取发行对象支付的货款扣除8%后剩余货款支付给昭信公司，以上事实证明涉案合同虽名为"代理""合作"，但本质上具有昭信公司转移代销产品所有权给新华文盛公司、新华文盛公司支付价款的特征，符合买卖合同的要件，故应认定该案基础法律关系为买卖合同关系，一审法院定性为行纪合同有误。

3. 双方当事人均存在未完全履行合同义务的违约行为，双方均不能适用定金罚则处罚另一方。

【关联法条】《合同法》第66条规定："当事人互负债务，没有先后履行顺序的，应当同时履行。一方在对方履行之前有权拒绝其履行要求。一方在对方履行债务不符

---

〔1〕 详见(2018)桂民终783号民事判决书。

合约定时，有权拒绝其相应的履行要求。”

第 67 条规定：“当事人互负债务，有先后履行顺序，先履行一方未履行的，后履行一方有权拒绝其履行要求。先履行一方履行债务不符合约定的，后履行一方有权拒绝其相应的履行要求。”

第 68 条规定：“应当先履行债务的当事人，有确切证据证明对方有下列情形之一的，可以中止履行：（一）经营状况严重恶化；（二）转移财产、抽逃资金，以逃避债务；（三）丧失商业信誉；（四）有丧失或者可能丧失履行债务能力的其他情形。当事人没有确切证据中止履行的，应当承担违约责任。”（《民法典》第 525～527 条）

【阐明】买卖合同中，供货方常以付款方没有按合同约定支付货款构成违约为由，请求法院支持其适用定金罚则，没收付款方已经支付的定金。实践中，应结合买卖合同对双方履行顺序及义务的具体约定，根据《合同法》第 66～68 条有关同时履行抗辩、先履行抗辩、不安履行抗辩的规定，考察供货方的行为是否构成违约。

【案例】在有色金属集团与通力电梯公司买卖合同纠纷案[1]中，涉案买卖合同明确约定双方确认生产图纸后先由通力公司开始生产，有色金属集团在最终出货 30 天前给予书面出货通知、货物出厂前 25 天支付设备价款，双方当事人互负债务且有先后履行顺序。一审法院认定有色金属集团没有按合同约定向通力公司出具出货通知及支付剩余货款构成违约，但对通力公司没有按双方确认图纸在约定生产期内完成未交付电梯的生产也构成违约的事实未作审查认定，导致错误支持通力公司没收有色金属集团的定金。二审查明即使有色金属集团支付了剩余货款并要求通力公司发货，通力公司也存在无货可供的违约事实，即双方均存在未完全履行合同义务的违约行为，不符合《合同法》第 115 条规定的定金罚则的适用条件，故双方均不得主张适用定金罚则处罚另一方，有色金属集团诉请退还定金应予支持，二审改判。

4. 因监管质押物不善引发仓储合同纠纷，保管人对借款人、贷款人承担违约责任的数额一般应限于仓储物的实际损失，与借款本息数额无必然关系。

【关联法条】《合同法》第 394 条规定：“储存期间，因保管人保管不善造成仓储物毁损、灭失的，保管人应当承担损害赔偿责任。因仓储物的性质、包装不符合约定或者超过有效储存期造成仓储物变质、损坏的，保管人不承担损害赔偿责任。”（《民法典》第 917 条）

【阐明】借款人提供质押担保向银行申请贷款，银行将质押物交付第三方，借款

[1] 详见（2019）桂民终 872 号民事判决书。

人、银行与第三方共同签订仓储保管合同，约定由该第三方作为保管人对借款人出质的物品进行监管，后因保管人没有严格履行合同义务导致仓储物灭失，银行作为存货人提起诉讼，请求保管人赔偿与该笔借款本息等额的损失。审判中应注意，根据《合同法》第394条的规定，保管人构成违约、承担赔偿责任的前提是没有尽到妥善合理管理义务，并直接导致仓储物毁损、灭失的结果，保管人承担赔偿的范围应当依据仓储合同的约定，一般限于仓储物的实际损失数额。

【案例】在农行友爱支行与奥胜公司、闽诚公司仓储合同纠纷案[1]中，因保管人奥胜公司保管不善致使闽诚公司质押的仓储物全部灭失，存货人农行友爱支行依照仓储保管合同的约定要求保管人承担违约责任赔偿损失，应予支持。但一审法院混用了借款合同的债权与质押钢材仓储保管合同的赔偿损失请求权，认为质押钢材虽全部灭失但债务人仍在偿还借款，因此农行友爱支行的实际损失尚不能确定，由此驳回农行友爱支行的全部诉请，该认定属于适用法律错误。二审法院根据灭失的钢材数量、参照涉案钢材的司法拍卖单价计算损失金额并改判。由于借款人与银行签订的《借款合同》和三方签订的《仓储保管合同》属于不同法律关系，保管人赔偿损失的数额与借款合同载明的借款数额并无必然关系，如经法院释明，银行坚持诉请赔偿借款本息不予变更，则法院应当据实审查，参考同类物品市场价格，确定毁损、灭失的仓储物之价值，支持按照仓储物实际损失数额予以赔偿的该部分诉请，而不能因银行主张赔偿的数额为借款本息没有法律依据就直接驳回其诉请。

5. 基于合同解除产生的债权请求权受诉讼时效约束，诉讼时效起算点应当为合同被解除之时。

【关联法条】《民法通则》第137条规定："诉讼时效期间从知道或者应当知道权利被侵害时起计算。但是，从权利被侵害之日起超过二十年的，人民法院不予保护。有特殊情况的，人民法院可以延长诉讼时效期间。"（《民法典》第188条第2款）

【阐明】在合同纠纷中，一方当事人主张解除合同并要求另一方返还财产，对方抗辩称诉讼时效已过不予返还的情形较为常见，因合同解除权是形成权，并不适用诉讼时效制度，但由此产生返还财产的债权请求权受到诉讼时效约束，实践中应当辨别当事人系针对何种诉讼请求提出诉讼时效抗辩。

【案例】在铁投商贸公司与辉沃公司买卖合同纠纷案[2]中，涉案《铁矿石买卖合

---

〔1〕 详见(2019)桂民终691号民事判决书。

〔2〕 详见(2019)桂民终569号民事判决书。

同》约定的交货时间为"合同签订后三个月内",但辉沃公司在合同签订日后三个月内交货的数量及货值均未达到铁投商贸公司已支付价款的货物交付量,铁投商贸公司主张辉沃公司返还预付款。一审法院依据《民法通则》第137条关于"诉讼时效期间从知道或者应当知道权利被侵害时起计算"之规定,认为铁投商贸公司在辉沃公司未能如期交付足够货值的货物时即应当知道自己的权利受到损害,认定预付款返还的诉讼时效应从涉案合同约定的辉沃公司货物交付期届满时计算。二审法院认为,铁投商贸公司向辉沃公司提出退还预付款的诉讼请求实际上是基于解除合同后返还财产的债权请求权,该债权请求权受诉讼时效约束,而时效起算点则应为合同被解除之时。由于涉案《铁矿石买卖合同》对交付货物时间的约定并非铁投商贸公司行使合同解除权的约定,合同仅约定铁投商贸公司在辉沃公司逾期交货超过20天之时有权解除合同,但双方没有约定合同解除权的行使期限,辉沃公司也没有向铁投商贸公司催告行使合同解除权,因此铁投商贸公司关于返还预付款的起诉并未超过诉讼时效。一审判决以约定的交货时间届满后2年认定为返还预付款的诉讼时效期间错误,二审予以改判。

6. 对当事人不予认可并提交鉴定申请的证据,未能进一步审理即直接采信该证据,属于事实认定不清。

【关联法条】最高人民法院《关于适用〈中华人民共和国民事诉讼法〉的解释》第104条规定:"人民法院应当组织当事人围绕证据的真实性、合法性以及与待证事实的关联性进行质证,并针对证据有无证明力和证明力大小进行说明和辩论。能够反映案件真实情况、与待证事实相关联、来源和形式符合法律规定的证据,应当作为认定案件事实的根据。"

第105条规定:"人民法院应当按照法定程序,全面、客观地审核证据,依照法律规定,运用逻辑推理和日常生活经验法则,对证据有无证明力和证明力大小进行判断,并公开判断的理由和结果。"

【阐明】在审理各类合同纠纷时,合同的成立是查明案件事实的前提条件。如一方当事人主张合同已经签订、成立,而另一方当事人对其陈述的案件事实、提交的证据明确表示不予认可,并在举证期限内提出鉴定申请拟推翻上述证据的,人民法院应当对该申请进行审理并作出是否同意鉴定的答复,而不应直接采信一方当事人提交的证据。

【案例】在铁投方辰公司与世纪东风公司等企业借贷纠纷案[1]中，宁某一审抗辩其没有为涉案合同提供保证担保，保证合同上保证人“宁××”的签名非其本人亲笔所签，并且向一审法院递交了《笔迹、指纹印迹鉴定申请书》申请对上述保证合同的签名以及指纹印迹进行鉴定。但一审法院对宁某的申请未予进一步审理而直接在判决中认定其为保证合同的签订方，判令其承担保证责任，属于对宁某是否构成本案保证人身份这一事实认定不清，二审法院发回重审。

---

〔1〕 详见(2018)桂民终171号民事判决书。

相关指引性文件

广西壮族自治区企业破产处置府院联动机制

为充分发挥企业破产退出和救治机制作用，积极稳妥解决企业破产处置相关问题，进一步优化自治区营商环境，促进社会稳定，依据国务院《优化营商环境条例》《广西壮族自治区优化营商环境条例》的相关规定，按照国家发展改革委、最高人民法院等部门联合印发的《关于推动和保障管理人在破产程序中依法履职进一步优化营商环境的意见》的要求以及自治区党委、自治区人民政府有关部署，结合自治区工作实际，制定广西壮族自治区企业破产处置府院联动机制（以下简称自治区联动机制）。

一、工作目标

建立自治区联动机制，畅通法院与政府之间的沟通渠道，统筹协调解决企业破产处置工作中的民生保障、社会稳定、财产接管、资产处置、招商引资、金融协调、信用修复、费用保障、打击逃废债等问题，充分发挥破产制度作用，解决企业退出难问题，防范化解重大风险，打造市场化、法治化、信息化、可预期的高质量营商环境。

二、组织机构

自治区联动机制由自治区常务副主席担任总召集人，自治区高级人民法院院长担任副总召集人，自治区高级人民法院、自治区发展改革委、自治区财政厅、自治区自然资源厅、自治区国资委、自治区税务局、自治区市场监管局、自治区住房城乡建设厅、自治区投资促进局、自治区金融监管局、自治区人力资源社会保障厅、自治区民政厅、自治区医保局、自治区人民检察院、自治区公安厅、自治区司法厅、自治区工业和信息化厅、自治区商务厅、人民银行南宁中心支行、广西银保监局、广西证监局、自治区档案局、南宁海关、自治区信访局为成员单位。根据工作需要,可增加其他单位参加。各成员单位确定一名分管负责同志为自治区联动机制成员,并指定相关工作人员作为自治区联动机制联络人。

自治区联动机制下设办公室,办公室设在自治区高级人民法院、自治区发展改革委,具体负责日常事务,包括组织成员单位不定期专题调研解决企业破产处置中的疑难复杂问题、制定政策文件、筹备召开全体成员会议或专题会议、督促落实会议决定等事项。

三、工作机制

(一)建立企业风险分类监测预警机制

加强对辖区和所属企业运营状况监管,分析研判企业的运营状态、财务状况以及破产可能衍生的社会问题,分类创建危困企业动态名册,及时确定风险等级,准确发布预警信息,主动防御系统风险;精准识别企业风险,因企施策,提出破产清算或重整、和解等政策帮扶措施,确保企业有效拯救和有序退出。

(二)建立常态化协调机制

自治区联动机制要发挥常态化协调作用,各部门要积极支持人民法院破产审判工作,推动和保障企业破产管理人(以下简称管理人)依法履职。吸纳有助于解决社会稳定、职工权益、经费保障、信用修复、企业注销、企业税收等问题的相关主管部门参加协调。人民法院、各有关部门要严厉打击企业破产涉及的各类违法违规行为,依法依规协同推进"僵尸企业"破产处置工作。管理人要依法公正履职,管理人未勤勉尽责、忠实履职的,要依法追究相应责任。

(三)建立常态化信息共享机制

建立全区企业破产重整案件信息网、广西信用信息共享平台、国家企业信用信息公示系统(广西)和金融信用信息基础数据库等信息共享平台,打破信息壁垒,推动破产程序中数据经验共享,实现业务措施协同、处置环节高效衔接、重点工作同步推进,便利管理人依法履职,提升破产处置效率。

(四)建立常态化全体成员会议、专题会议机制

重大事项及时呈报总召集人或副总召集人,提请召开全体成员会议。全体成员

会议由总召集人或总召集人委托副总召集人主持,研究拟定相关政策措施;指导、督促、检查有关政策措施的贯彻落实;统筹协调破产处置工作中的重大问题,部署下一阶段工作。自治区联动机制办公室根据召集人意见及成员单位建议提出会议议题,经召集人批准,组织召开各相关成员单位专题会议,研究解决破产案件个案推进中面临的困难与问题,督促落实全体成员会议作出的各项决定,收集掌握工作进度情况,并及时向各成员单位反馈。全体成员会议原则上在每年的第一季度召开一次,专题会议根据工作需要,不定期召开。各成员单位针对会议议题所提交的书面意见、方案应当经过所在单位内部讨论、决策、审批。全体成员会议和专题会议对报请协商解决的事项达成一致意见的,应当形成会议纪要。

四、工作职责

(一)自治区高级人民法院

加强对全区法院破产审判指导,推动落实简易破产程序、执行与破产相衔接等各项机制,加快破产审理效率。加强与相关部门协作,强化破产管理人履职保障,解决破产处置难题,降低破产处置成本;指导下级法院建立符合实际的经费保障机制。与联动部门形成合力,大力打击破产逃废债、侵蚀企业财产等犯罪行为,保护相关主体合法利益。建立制度及加强对破产管理人协会管理,严格对管理人的履职监督,提高破产案件办理质效。加强破产衍生诉讼案件的审理指导。通报破产审判方面的司法文件、工作制度和重大破产案件受理、审理、执行情况和相关破产管理人信息,发布破产审判典型案例。人民法院裁定受理自治区直属国有企业破产申请的,原则上应当指定出资人职责部门的人员参加清算组担任管理人。

(二)自治区发展改革委

配合自治区高级人民法院协调政府职能部门研究解决企业破产处置中的重大问题。加强广西公共信用信息平台与全国企业破产重整案件信息网、国家企业信用信息公示系统(广西)和金融信用信息基础数据库等信息共享。

(三)自治区财政厅

按照法律法规及预算管理有关规定,统筹现有财政资金做好企业破产工作相关经费保障。

(四)自治区自然资源厅

依法协助办理破产企业涉及不动产、矿业权等相关事项。指导各级自然资源主管部门不动产登记机构实现不动产远程查控,依法依据人民法院受理破产案件裁定书、指定管理人决定书或人民法院出具的调查令配合做好查询债务人企业以及股东、关联企业等利害关系人的不动产、矿业权登记情况；依法解除对破产企业财产的查封、扣押、冻结等保全措施，依法依据人民法院的生效法律文书和协助执行通知书办理企业破产处置涉及的相关不动产、矿业权登记。盘活企业不动产资产。支持破产企业用足用好关于低效用地再开发政策，对破产企业具备独立分宗条件的土地、房产，指导市、县自然资源主管部门依法办理分割转让手续，需报人民政府批准的事项，依法报有批准权限的人民政府批准。

（五）自治区国资委

自治区国资委等履行出资人职责部门参加清算组的破产案件，对破产企业财产处置事项及破产企业领导人员的安置提出建议，办理相关产权登记注销或党组织撤销。研究全区国有企业破产处置中的问题并提出建议。探索建立破产企业相关人员任职限制登记制度。

（六）自治区税务局

依法对破产企业进行税务管理，依法落实各项税费优惠政策。依法配合解除破产企业财产保全措施。保障破产企业破产程序中必要发票供应；依法征收破产环节应缴纳的税费；依法查处破产企业税费违法行为；依法核销破产企业欠缴税费；落实国家税费优惠政策，支持破产重整或和解企业纳税信用修复；依法申报税费债权；依法办理破产企业税务注销。

（七）自治区市场监管局

在破产清算程序终结以及重整或和解程序终止前，非经破产案件审理法院出具相关法律文书，市场监管等部门不得办理企业登记事项变更手续。依法配合解除破产企业财产保全措施。进一步落实破产企业简易注销制度，管理人可以凭企业注销登记申请书、人民法院终结破产程序裁定书申请办理破产企业注销，市场监管部门不额外设置简易注销条件。申请简易注销的破产企业营业执照遗失的，通过国家企业信用信息公示系统（广西）免费发布营业执照作废声明或在报纸刊登遗失公告后，破产企业或管理人可不再补领营业执照。申请简易注销的破产企业营业公章遗失的，公司制企业经全体股东签字盖章或由清算组负责人签字确认，非公司企业法人由其上级主管单位法定代表人签字并加盖上级主管单位公章进行确认，相关注销材料可不加盖破产企业公章。

（八）自治区住房城乡建设厅

依法积极推动存在未办理验收等瑕疵的不动产完善有关手续，明确权属，为破产企业不动产及时办理权属登记手续，支持管理人加快破产企业财产处置。有效利用各类资产的多元化专业交易流转平台，充分发挥交易市场的价格发现、价值实现功能，提升管理人的资产处置效率。

（九）自治区投资促进局

建立“广西破产企业资产”项目库，策划包装“广西破产企业资产”重点项目。将破产财产处置、重整投资招募纳入招商引资范围，给予相应政策支持，充分利用招商引资资源和市场，有针对性地推介破产企业和破产财产，盘活闲置资产，解决破产企业处置难、重整企业投资人招募难问题。

（十）自治区金融监管局

建立和完善与破产程序相衔接的金融服务工作机制，加强对企业重整、和解的支持。支持银行业金融机构按照市场化、法治化原则，对有重整价值和可能性、符合国家产业政策方向的重整企业提供信贷支持。鼓励符合条件的金融机构依法设立不良资产处置基金，参与企业重整。支持私募股权投资基金、产业投资基金、不良资产处置基金等各类基金在破产程序中按照市场化、法治化原则向符合国家产业政策方向的重整企业提供融资支持。引导享有担保物权的金融机构根据管理人的申请，应及时注销抵押质押财产登记，金融机构债权人与管理人协商确定有财产担保部分对应的管理人报酬。会同人民银行南宁中心支行、广西银保监局，鼓励和支持金融机构加强金融产品创新，在拍卖物产权过户登记前向买受人提供合法合规的融资服务，用于支付部分拍卖成交价款，提高破产资产拍卖成交率。

（十一）自治区人力资源社会保障厅

依法配合做好查询债务人企业社保信息政务服务事项；依法落实破产企业职工的社会保险相关待遇，协调处理破产企业职工社会保险关系转移接续、社会保险欠费等问题；指导“僵尸企业”“去产能企业”做好职工劳动关系处理和就业安置等工作。

（十二）自治区民政厅

指导做好破产企业职工民生保障工作，对因企业破产清算而解除劳动合同的职工，及时进行失业登记，符合享受失业保险金条件的，按规定发放失业保险金，并使其享受其他失业保障待遇；符合低保条件的，依法纳入低保范围。

（十三）自治区医保局

依据国家、自治区及各统筹地区有关医保政策，指导破产企业做好职工基本医疗保险（生育保险）欠费补缴及关系转移接续工作，保障职工合法权益。

（十四）自治区人民检察院

加大对破产案件办理监督力度，规范破产审理活动和相关破产参与人行为。对破产案件中存在损害国家利益或者社会公共利益情形的、审判程序违法的、当事人涉及虚假诉讼罪或民事虚假诉讼的、当事人故意妨害破产程序的正常进行且造成严重后果的，以及其他依法需要监督的行为依职权开展监督。发现涉及犯罪线索的，应移送公安机关、监察机关或自行查办。人民法院在破产案件审理中发现当事人或案外人涉嫌职务犯罪、经济犯罪或其他犯罪，向公安或监察机关移送线索后未得到及时查处的，应当向检察机关通报情况，由检察机关开展立案监督。

（十五）自治区公安厅

公安机关应严格甄别刑事涉案财产与破产企业财产，对于刑事涉案财产以外的破产企业财产，应确保在人民法院受理企业破产申请后，及时解除采取的保全措施，积极配合管理人依法实施财产接管。加大与企业破产相关的挪用资金、职务侵占、虚假诉讼、隐匿、故意销毁会计凭证、会计账簿、妨害清算等犯罪立案、侦查力度，依法打击逃废债；及时处置涉及破产企业相关人员的抢控财产、人身伤害、散布谣言等事件。

（十六）自治区司法厅

加强对担任破产企业管理人的律师事务所的指导监督，加强律师职业道德执业纪律以及破产管理业务培训，引导律师事务所依法履行破产管理人职责。

（十七）自治区工业和信息化厅

协调推动淘汰落后产能企业退出市场，提出本行业领域破产企业和去产能企业处置中工业结构调整的政策意见，支持、引导企业进行破产重整。

（十八）自治区商务厅

与联动部门形成合力，妥善解决直属“僵尸企业”出清过程中的职工安置、危旧房改造、医保社保费补缴、离休人员管理服务、企业破产后档案整理移交等历史遗留问题，加快推动“僵尸企业”出清、协助相关部门研究破产财产处置、重整投资招募等问题，提出引导区内外资金投向符合市场价值的企业资源重组的政策。

（十九）人民银行南宁中心支行

加大力度支持企业重整、和解，支持管理人依法履行接管破产企业财产等法定职责。依法配合解除破产企业财产保全措施。依据管理人提供的人民法院受理破产申请裁定书、指定管理人决定书、管理人负责人身份证明书和身份证原件，指导银行机构规范办理管理人账户业务；依法配合管理人办理征信报告等查询。鼓励银行业金融机构按照市场化、法治化原则，对有重整可行性、符合国家产业政策方向的重整企业提供信贷支持，向符合国家产业政策方向的重整企业提供融资支持。推进重整企业信用修复，通过在企业征信系统添加“信息主体声明”等方式对企业的重整情况进行说明。在金融机构依据人民法院裁定批准重整计划获得清偿后，依法将征信系统内原企业信贷记录展示为结清状态。

（二十）广西银保监局

指导银行业金融机构及金融机构债权人委员会积极协助管理人开展破产管理工作，协助配合推进破产程序。指导银行业金融机构协助管理人凭法院出具的有效法律文书开展涉及账户的查询冻结扣划等工作。指导银行保险金融机构按照市场化、法治化原则为企业破产重整、拍卖处置等提供金融服务支持。指导广西银行业协会、广西保险行业协会加强与人民法院、管理人对企业逃废金融债务信息实现共享，并有效利用广西信用信息共享平台、国家企业信用信息公示系统（广西）等，及时通报银行业保险业金融机构，从而推动破产程序中的数据共享、业务协同。

（二十一）广西证监局

依法配合人民法院开展证券公司及上市公司破产案件处置工作。帮助协调金融机构配合推进破产程序、推进破产资产快速处置、保护职工和债权人投资者合法权益。

（二十二）自治区档案局

推动协助管理人破产档案实行统一管理，确保档案的完整与安全，管理人职责终止后，管理人及时完成破产案件档案材料的收集整理装订工作，编制目录，按照相关规范依法进行存档。对于无产可破或者破产财产不足以支付破产费用的案件保管费用予以免收。

（二十三）南宁海关

依法配合解除破产企业财产保全措施。管理人申请接管、处置海关监管货物的，应先行办结海关手续，海关对管理人办理相关手续提供便利并予以指导。

（二十四）自治区信访局

探索多种方法和措施解决涉及破产案件上访、信访问题，狠抓信访源头治理工作。落实依法按程序办理制度，及时受理、审查、甄别涉破产信访事项，解决群众合法诉求，推动多元化纠纷化解机制，联合有关部门解决破产案件中突出信访问题，正确引导舆论导向。

五、工作要求

(一)加强落实,注重实效

各成员单位要按照职责分工,以解决问题为导向,主动研究落实有关政策,认真落实会议确定的工作任务和事项;加强对各市及有关部门的指导;及时向自治区联动机制办公室报送工作情况。

(二)加强研究,创新探索

各成员单位应对通过信息共享机制掌握的辖区企业运营情况,进行有效监控;积极探索创新,对市场主体的拯救和出清程序中可能出现的新问题、新情况早预判早研究早决策,注重在法律法规适用和政策落实中兼顾原则性和灵活性,总结形成可推广适用的措施经验。

(三)加强监督,协同保障

各成员单位应发挥职能部门的监督作用,严厉打击违法犯罪行为,对在办理相关案件中出现的妨害民事诉讼的行为依法采取强制措施,发现黑恶势力保护伞线索、职能部门怠于履职、司法机关违法审判造成严重后果的,依法依规予以查处。对于因主动作为、敢于担当、依法履职而受到诬告的工作人员,依法予以保护。

(四)以点带面,共同推进

各市县人民政府应结合本地实际,参照本机制建立健全破产案件相关处置工作的府院联动机制,上下统一,统筹解决有关问题,尚未建立机制的要抓紧建立;已经建立松散型联系的,要建章立制,使府院联动机制定型化、常态化;已建立常态化联动机制的,要巩固沟通联系,总结经验,推动工作机制上升为制度。

(五)加强宣传,形成共识

各成员单位应通过府院联动机制大力宣传破产制度对优化营商环境的功能作用,宣传破产制度依法全面保护多方主体合法权益的理念,破解观念障碍,积极发布通过府院联动取得良好效果的典型案例,营造良好的舆论氛围。

关于推进金融纠纷诉调对接工作的意见(试行)

根据中央、自治区相关文件精神及《最高人民法院关于建立健全诉讼与非诉讼相衔接的矛盾纠纷解决机制的若干意见》《最高人民法院关于人民法院进一步深化多元化纠纷解决机制改革的意见》《最高人民法院关于建设一站式多元解纷机制一站式诉讼服务中心的意见》《最高人民法院 中国人民银行 中国银行保险监督管理委员会关于全面推进金融纠纷多元化解机制建设的意见》等规定,广西壮族自治区高级人民法院(以下简称自治区高院)、中国人民银行南宁中心支行(以下简称人民银行南宁中心支行)、中国银行保险监督管理委员会广西监管局(以下简称广西银保监局)经协商,就推进金融纠纷诉调对接工作,制定本意见:

一、工作目标

深入推进金融纠纷多元化解机制建设,充分发挥人民法院、金融监管机构和行业协会化解金融纠纷的工作合力,坚持把非诉讼纠纷解决机制挺在前面,按照“依法公正、调解自愿、高效便民”的原则,建立健全有机衔接、协调联动、高效便民的金融纠纷多元化解机制,依法、公正、高效化解金融纠纷,切实保护金融消费者合法权益,促进自治区经济社会平稳健康发展。

二、工作内容

(一)意见适用范围

平等民商事主体之间因金融业务产生的合同和侵权责任纠纷,可以向金融纠纷调解组织申请调解。

（二）诉调对接模式

1. 特邀调解组织和调解员。全区各级人民法院建立健全法院特邀调解组织和调解员名册制度，邀请广西金融消费权益保护联合会、广西银行业人民调解委员会等金融纠纷调解组织及调解员加入法院特邀调解组织和调解员名册，金融纠纷调解组织及相关调解员作为人民法院的特邀调解组织、特邀调解员，根据法律、法规、规章和自身章程的规定，对人民法院委派、委托的金融纠纷进行调解，并接受人民法院的业务指导。

2. 加强调解指引。全区各级人民法院在受理和审理金融纠纷案件过程中，对于具备调解基础的案件，在征得金融纠纷调解组织的同意后，按照自愿、合法原则，灵活运用立案前委派调解、立案后委托调解等方式，积极引导当事人选择金融纠纷调解组织通过调解方式解决纠纷。

（三）诉调对接程序

1. 调解案件的通知和接收。全区各级人民法院委派、委托调解时，应自当事人签署《多元调解申请书》之日起三日内通知金融纠纷调解组织，将《调解委派（委托）函》和案件相关材料移送金融纠纷调解组织。金融纠纷调解组织应于人民法院通知其接收案件之日起二日内接收案件。

鼓励当事人通过人民法院调解平台提交调解申请，全区各级人民法院通过调解平台向金融纠纷调解组织委派、委托调解案件。

2. 调解期限。全区各级人民法院应根据案件具体情况在《调解委派（委托）函》中明确案件调解期限。立案前委派调解的，调解期限为三十日，各方当事人书面同意延长调解期限的，不受此限。立案后委托调解的，适用普通程序的调解期限为十五日，适用简易程序的调解期限为七日，各方当事人书面同意延长调解期限的，不受此限；延长的调解期限不计入审理期限。

3. 调解场所。金融纠纷调解组织调解案件既可以在自有调解场所、人民法院诉讼服务中心进行调解，也可以通过人民法院调解平台在线调解。

4. 调解成功案件的处理。经金融纠纷调解组织调解，各方当事人达成一致意见，金融纠纷调解组织应当制作调解协议书，由调解员和各方当事人签字确认。

委派调解达成调解协议，当事人不申请人民法院出具司法确认裁定或调解书的，即时了结纠纷；当事人申请司法确认或者申请法院出具调解书的，人民法院依法予以处理。

委托调解达成调解协议的，金融纠纷调解组织应当向法院提交调解协议，由人民法院审查并制作调解书结案。达成调解协议后，当事人申请撤诉的，人民法院依法作出撤诉裁定。

5. 司法确认。经金融纠纷调解组织调解员主持调解达成的调解协议,各方当事人可以自调解协议生效之日起三十日内共同向金融纠纷调解组织所在地基层人民法院申请司法确认。经人民法院委派调解并达成调解协议、当事人申请司法确认的,由委派调解的人民法院依法受理。当事人申请司法确认的,金融纠纷调解组织应给予必要协助,人民法院应当及时审查处理。

经人民法院确认有效的具有明确给付主体和给付内容的调解协议,一方拒绝履行的,对方当事人可以申请人民法院强制执行。

经司法审查不予确认的调解协议,人民法院应当及时将不予确认的原因、案件审理中发现的问题及有关司法建议告知金融纠纷调解组织。

6. 终止调解。调解过程中有下列情形之一的,金融纠纷调解组织应及时终止调解程序:

(1)调解期限届满,当事人未能达成调解协议的;

(2)任何一方当事人明确表示不愿意继续调解的;

(3)其他导致调解程序终止的情形。

7. 无争议事实记载。调解程序终结后,当事人未达成调解协议的,金融纠纷调解组织在征得各方当事人同意后,可以用书面形式记载调解过程中双方没有争议的事实,并由当事人签字确认。在诉讼程序中,除涉及国家利益、社会公共利益和他人合法权益的外,当事人无需对调解过程中确认的无争议事实举证。

8. 专业意见的出具。委派、委托调解不成的,金融纠纷调解组织可就案件涉及的金融专业问题向人民法院提交书面意见,归入案件卷宗副卷。

9. 调解不成案件的处理。调解不成的,金融纠纷调解组织应当告知各方当事人可通过仲裁、诉讼等途径解决纠纷。对于法院委派、委托调解的,金融纠纷调解组织应当及时函复委派、委托法院,将明确的案件争议焦点、当事人交换证据情况、无争议事实记载、调解不成的原因等内容整理为《调解结案报告》,归入案件卷宗,并于终止调解之日起三个工作日内将案件相关材料退回委派、委托法院,委派、委托法院根据相关规定及时登记立案或者恢复审理。

10. 争议案件的处理。金融纠纷调解组织在案件调解过程中需要业务指导的,应及时征询委派、委托法院的业务指导意见。

三、工作保障

(一)加强工作指导

自治区高院负责对全区各级人民法院金融纠纷诉调对接工作进行指导和监督。

人民银行南宁中心支行、广西银保监局负责对广西金融消费权益保护联合会、广西银行业人民调解委员会等金融纠纷调解组织的调解工作进行指导和监督。全区各级人民法院、人民银行广西区各市中心支行、各银保监局强化沟通联系和信息共享,共同推进金融纠纷调解组织与人民法院的诉调对接工作。

(二)加强典型案例宣传

自治区高院与人民银行南宁中心支行、广西银保监局应及时总结和宣传金融纠纷典型案例,定期向社会公布,引导金融消费者依法维权,推动金融机构诚信经营。

(三)建立联席会议机制

自治区高院与人民银行南宁中心支行、广西银保监局定期召开工作联席会议,通报金融纠纷诉讼与调解情况,研究解决金融纠纷诉调对接工作中的新情况、新问题。必要时,自治区高院、人民银行南宁中心支行、广西银保监局均可提议召开临时会议。

(四)建立联络员机制

自治区高院、人民银行南宁中心支行、广西银保监局应分别指定信息联络员1名,负责日常联络、会务联系以及信息共享等工作的沟通、协调。

(五)加强业务协作

自治区高院会同人民银行南宁中心支行、广西银保监局通过座谈会、定期培训等方式加强对金融纠纷调解组织调解工作的业务指导,进一步加强金融纠纷调解组织的调解工作能力。

(六)信息化的运用

自治区高院与人民银行南宁中心支行、广西银保监局联合推动人民法院调解平台在金融消费纠纷化解工作中的推广应用,督促全区各级人民法院和金融纠纷调解组织优先选择通过人民法院调解平台化解金融纠纷,积极推广应用在线调解、在线司法确认,进一步降低纠纷解决成本。

(七)建立通报机制

全区各级人民法院和金融纠纷调解组织应当及时互相通报诉调对接工作情况。

四、附则

本意见自下发之日起施行。

附件:

《多元调解申请书》《调解委派(委托)函》《调解协议书》《调解成功报告》《调解结案报告》样式

附件

广西壮族自治区××人民法院
多元调解申请书

为践行司法为民宗旨，充分发挥立案阶段化解矛盾纠纷的积极作用，为人民群众提供便捷、高效、多元的纠纷解决渠道，您可以选择立案前委派调解或者立案后委托调解。经调解，各方达成调解协议，当事人申请撤诉的，减半收取案件受理费；申请司法确认的，依法不收取案件受理费；申请出具调解书的，调解书不在中国裁判文书网公开，减半收取案件受理费。调解期限届满，双方当事人不能达成调解协议的，我院将即时立案审理。

<table>
<tr><td rowspan="3">申请人
基本情况</td><td>姓名或名称</td><td colspan="2"></td></tr>
<tr><td>住址</td><td colspan="2"></td></tr>
<tr><td>联系方式</td><td colspan="2"></td></tr>
<tr><td rowspan="3">被申请人
基本情况</td><td>姓名或名称</td><td colspan="2"></td></tr>
<tr><td>住址</td><td colspan="2"></td></tr>
<tr><td>联系方式</td><td colspan="2"></td></tr>
<tr><td>立案前
委派调解</td><td>我申请此种方式。
签字：
年　月　日</td><td>调解组织
名称</td><td></td></tr>
<tr><td>立案后
委托调解</td><td>我申请此种方式。
签字：
年　月　日</td><td>调解组织
名称</td><td></td></tr>
</table>

广西壮族自治区××人民法院
调解委派(委托)函

<table>
<tr><td>调解期限</td><td></td></tr>
<tr><td>调解组织</td><td></td></tr>
<tr><td rowspan="3">案件当事人
(姓名或名称、联系电话)</td><td>原告</td></tr>
<tr><td>被告</td></tr>
<tr><td>第三人</td></tr>
</table>

续表

<table>
<tr><td>案由</td><td colspan="2"></td></tr>
<tr><td colspan="3">备注:</td></tr>
<tr><td>人民法院联络员
(签字):

年 月 日</td><td>委派(委托)法院
(盖章):

年 月 日</td><td>调解组织联络员
(签字):

年 月 日</td></tr>
</table>

调解协议书

申请人:姓名、性别、出生日期、民族、住址(机构名称、法定代表人/负责人及职务、住所地)

被申请人:姓名、性别、出生日期、民族、住址(机构名称、法定代表人/负责人及职务、住所地)

纠纷简要情况:

申请人　　与被申请人　　就　　纠纷一案,各方当事人同意将该争议交由(特邀调解组织或特邀调解员名称)调解。在特邀调解员主持调解下,申请人、被申请人双方经友好协商,在平等自愿的基础上,根据《人民调解法》的规定,达成如下协议:

履行协议的方式:

履行协议的地点:

履行协议的期限:

本协议经当事人签字、盖章,特邀调解员签名,特邀调解组织盖章具有法律约束力。当事人应严格遵守、自觉履行,不得擅自变更或者解除本调解协议。

当事人可以自调解协议生效之日起三十日内共同向(特邀调解组织)所在地基层人民法院申请司法确认。人民法院依法确认调解协议有效,一方当事人拒绝履行或者未全部履行的,对方当事人可以向人民法院申请强制执行。

本协议一式四份,由双方当事人各执一份,人民法院留存一份,特邀调解组织留存一份,具有同等效力。

申请人(签字):　　　　　　　　被申请人(签字):

××××年××月××日　　　　××××年××月××日

特邀调解员(签字):　　　　特邀调解组织(盖章):

××××年××月××日　　　　××××年××月××日

调解成功报告

(特邀调解组织名称)于　　年　月　日收到广西壮族自治区　　人民法院移送的当事人　　和　　之间的　　　纠纷一案,现该案已调解成功,且符合下列第(　)种情形:

(1)已制作《调解协议书》,申请人申请撤回起诉;

(2)已制作《调解协议书》,各方申请法院出具调解书;

(3)已制作《调解协议书》,各方申请司法确认。

附件:1. 调解协议

2. 调解笔录

特邀调解员(签字):　　　　特邀调解组织(盖章):

××××年××月××日　　　　××××年××月××日

调解结案报告

(特邀调解组织名称)于　　年　月　日收到广西壮族自治区　　人民法院移送的当事人　　和　　之间的　　　纠纷一案,因下列事项(　)而终止调解。

1. 各方在约定或规定期限内未达成调解协议且不同意延长调解期限;

2. 该纠纷不适宜由本调解组织/调解员继续调解;

3. 当事人书面声明终止调解程序。

报告内容:

一、双方最终调解分歧情况;

二、双方无争议事实记载;

三、其他需要向法院提示的情况(如涉及的专业性问题提出的专业性意见,案件存在虚假、恶意诉讼的可能性,案件涉及群体性、社会热点以及其他敏感性因素)。

特邀调解员(签字):　　　　特邀调解组织(盖章):

××××年××月××日　　　　××××年××月××日

广西法院借贷利息计算系统操作规程

一、如何登录利息系统

操作说明:登录自己的用户名进入内网邮箱,打开借贷利息计算进入利息系统。

二、如何录入案件

操作说明:2－1 在案件列表输入案号点搜索。

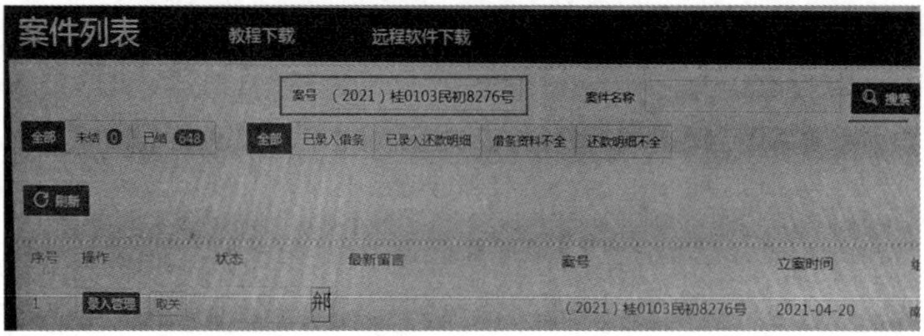

2－2 点击录入管理进入案件。

2-3 在借还笔数录入点“+”新增行数录入借条内容和还款内容的必填项(如出借时间、出借本金、年利率、还款时间、还款金额、还款类型等)。

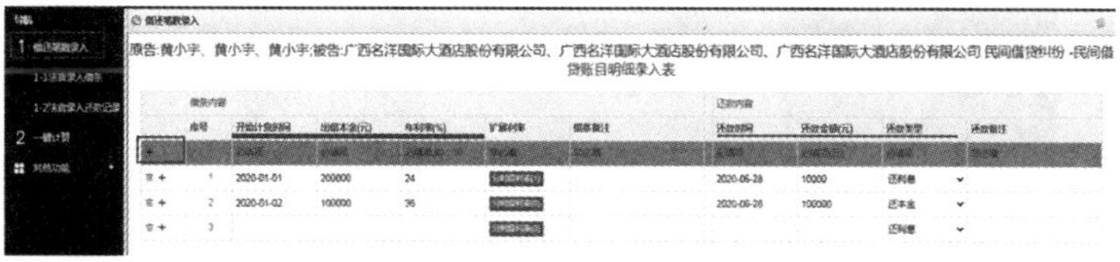

2-4 在还款的过程中有时间段利率不一样的,比如逾期、二次三次协商利率,都可以在分时段利率新增时间段和利率。

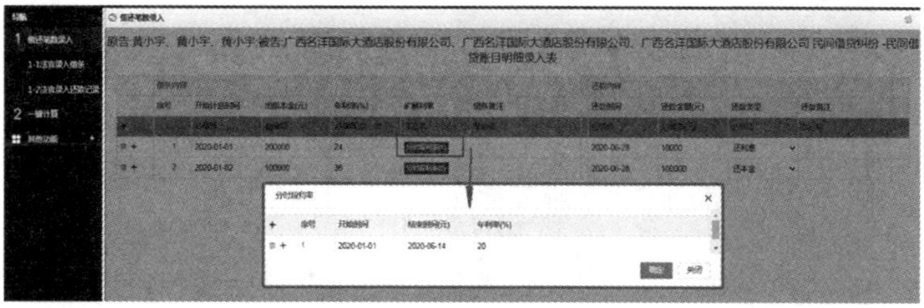

三、如何修改借、还款记录

方法 1:可直接在借还笔数录入进行修改(如出借时间、出借本金、年利率、还款时间、还款金额、还款类型、分时段利率等),删除或新增借、还款信息,修好后点保存。

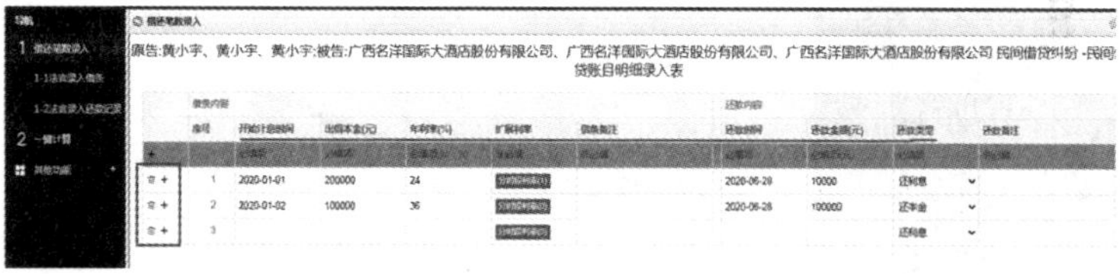

方法 2:法官录入借条点修改借条进来修改。

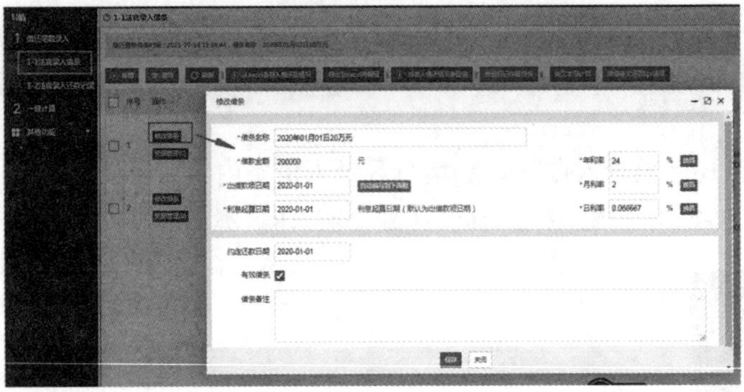

在法官录入还款记录点修改(可修改指定借条、修改还款金额、还款性质、还款时间等内容)。

四、如何计算

(一)进入计算界面

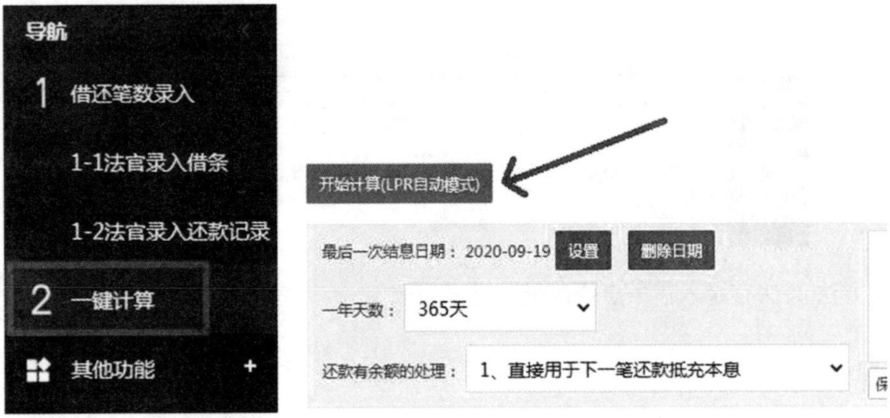

（二）如何调出计算结果

五、计算结果分析

本案中，有借条一张，还款记录4笔，系统根据计息日期增加金额为0的还款一笔。

借条编号	借款本金	借款时间	还款金额	还款时间	还款类型	借条约定利率	计息开始日期	计息结束日期	计息天数	涉及借条	借条约定_计息金额	法院判定_计息金额	冲抵利息	冲抵本金	尚欠本金	尚欠利息
第1张借条	100000	2019/9/15				36%									100000	
		第1次还款	4000	2019/10/14	还利息	36%	2019/9/15	2019/10/14	30	借条1	2958.9	1972.6	1972.6	1041.1	98958.9	0
		第2次还款	2000	2019/11/15	还利息	36%	2019/10/15	2019/11/15	32	借条1	3123.31	2082.2	2000	0	98958.9	82.2
		第3次还款	1500	2020/8/19	还利息	36%	2019/11/16	2020/8/19	278	借条1	27133.72	18089.15	1500	0	98958.9	16671.35
		第4次还款	1000	2020/9/19	还利息	15.40%	2020/8/20	2020/9/19	31	借条1	1294.33	1294.33	1000	0	98958.9	16965.68
		第5次还款	0	2020/9/19	仅计息	15.40%	2020/9/19	2020/9/19	0	借条1	0	0	0	0	98958.9	16965.68

本案计算结果如下：

（一）计算结果

合计：尚欠本金：98,958.9元，尚欠利息：16,965.68元，累计偿还本金：1041.1元，累计偿还利息：7458.9元。

（二）计算方法说明

1. 关于还款金额用于“先息后本”的说明：先还所有借条的利息，所剩金额再还本金。

2. 关于适用司法解释的说明。

（1）关于2020年8月20日前的利息计算问题。该案立案时间为2021－3－21，合同成立于2019－9－15。由于本案中，承办法官认定2020年8月20日前的年利息为36%，且以36%年利息录入了系统，所以2019－9－15日至2020－8－19的利息，系统根据法官录入的36%进行了“两线三区”计算。

计算依据：根据《最高人民法院关于审理民间借贷案件适用法律若干问题的规定》（2020年第二次修正）第31条“2020年8月20日之后新受理的一审民间借贷案件，借贷合同成立于2020年8月20日之前，当事人请求适用当时的司法解释计算自合同成立到2020年8月19日的利息部分的，人民法院应予支持”的规定。

（2）关于2020年8月20日以后的利息计算问题。2020－8－20之后的利息，以该案立案时间即2021－3－21公布的LPR的4倍计算利息。这部分的计算由系统自动查找合同成立时的LPR完成。

计算依据:根据《最高人民法院关于审理民间借贷案件适用法律若干问题的规定》(2020年第二次修正)第31条"对于自2020年8月20日到借款返还之日的利息部分,适用起诉时本规定的利率保护标准计算"。